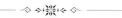

国家社会科学基金

"中小学生的公共空间意识及培育机制研究"

（BAA190235）

新时代教育思想丛书／丛书主编 严从根

培养公共人

公共空间意识教育

严从根 等著

CULTIVATING PUBLIC-MINDED INDIVIDUALS

Education on Public Space Consciousness

ZHEJIANG UNIVERSITY PRESS
浙江大学出版社
·杭州·

图书在版编目（CIP）数据

培养公共人：公共空间意识教育 / 严从根等著.
杭州：浙江大学出版社，2024. 12. -- ISBN 978-7-308
-25364-2

Ⅰ. D648.3

中国国家版本馆 CIP 数据核字第 202466J9C9 号

培养公共人：公共空间意识教育
PEIYANG GONGGONGREN: GONGGONG KONGJIAN YISHI JIAOYU

严从根　等著

责任编辑　朱　玲
责任校对　傅宏梁
封面设计　春天书装
出版发行　浙江大学出版社
　　　　　（杭州市天目山路148号　邮政编码310007）
　　　　　（网址：http://www.zjupress.com）
排　　版　杭州林智广告有限公司
印　　刷　杭州宏雅印刷有限公司
开　　本　710mm×1000mm　1/16
印　　张　19
字　　数　300千
版 印 次　2024年12月第1版　2024年12月第1次印刷
书　　号　ISBN 978-7-308-25364-2
定　　价　79.00元

少年自有凌云志

——"新时代教育思想丛书"序一

2019 年，杭州师范大学经亨颐教育学院正处于建设省优势特色学科教育学科的重要时期，恰逢一群干劲十足的青年教育学者加盟学院。从学院学科建设的目的出发，尤其是基于"教育学原理"学科建设的需要，我和学院班子商议，组织一批青年学者，依托学院"教育基本理论研究项目组"平台，依据教育基本理论立场，基于自己的学术积累和兴趣，编写一批具有专著性质的教材，以科研反哺教学，以教学提升科研。在学院的倡议下，一群志同道合的青年博士很快组成了团队。我们非常荣幸地邀请到了华东师范大学教育学部范国睿教授对教材撰写进行指导，并确定了"学术沙龙"的组织交流形式。四年来，范国睿教授克服种种常人难以想象的困难，投入巨大的心血，为教材的推进提供高水平的专业指导。在范国睿教授的引领和指导下，项目组每月开展一次学术沙龙，即使受到新冠疫情的影响，大家也克服了重重困难，将沙龙从线下转到线上，保证沙龙不间断。

项目组最初根据成员已有的学术积累，拟定探讨教育价值、道德教育、教育文化学、教育社会学、教学论、教师发展论、农村教育论、基础教育治理论等论题所涉及的相关理论与实践问题。四年来，由于种种原因，项目组成员几经变动，并不断有新的成员加入，后来还吸引了来自浙江师范大学和内蒙古师范大学的两位青年学者加盟。经过数年的努力，在无数次的思想交锋和思维碰撞中，项目组最终确定将成果汇成"新时代教育思想丛书"，并最终打磨沉淀出第一批书目。

丛书的第一批书目涵盖道德教育、教学论、教育政策、教师教育和儿童心理等五个领域，共八部主题著作。这些著作或从坚持启蒙和反思启蒙的双重视角重思现代教育的价值问题；或从精神哲学的视角探讨道德教育的问题；或从价值范式的角度切入探讨正义的教育问题；或立足于智能时代的背景尝试构建深度学习的模式；或重点展开对基础教育学校内部治理方式的研究；或从历史和时代视角探讨"大先生"养成的教师发展理论和实践问题；或尝试寻找多元文化教育和中国特色学前教师教育体系的融合之道；或着力构建以存在主义心理学为基础的儿童心理教育理论体系。

尽管视角不一，但这些著作都是新一代青年学者面对新的时代背景和新的教育议题，基于自己的理论探索，尝试给出的"新时代"教育学的"答卷"。自"西学东渐"以来，我国的教育现代化经历了追求西方模式的长久历程，在长期的探索中，有识之士逐渐认识到实现教育现代化没有可以照抄照搬的捷径和模式。因此，中国教育的现代化，应该是在借鉴西方经验的基础上，立足中国传统、基于中国国情、彰显中国特色的教育现代化，是在理念、体系、制度、内容、方法、治理等方面展现中国魅力的教育现代化。当今世界的发展风云变幻，世界多极化、经济全球化、社会信息化、文化多样化等均已呈现不可逆转之势，新一轮科技革命和产业变革迅猛发展，新冠疫情对世界发展格局产生了深刻影响。与此同时，我国正处在推进中国式现代化的伟大征程和实现中华民族伟大复兴的关键时期。这些背景和变化给教育带来了前所未有的挑战，也给教育提供了前所未有的机遇，如何抓住机遇、应对挑战，推进中国教育现代化的进程，是摆在新一代教育学人面前的重大议题。

"新时代教育思想丛书"，正是由一批有活力、有信仰的青年教育学者，依托杭州师范大学经亨颐教育学院平台，直面教育的时代议题，立足新的教育生态，以中国教育实际为研究起点，借鉴我国教育传统和域外经验，提出具有原创性的理论观点，建构具有中国特色的教育学学科体系、学术体系和话语体系的尝试。

丛书直面"新时代"，回望历史传统，思考未来教育，坚持理论探讨高屋建瓴与关注实践脚踏实地相结合，坚持吸收传统与反思传统相结合，坚持借鉴西方与批判西方相结合，对教育基本理论的诸多议题进行了深入的探讨，这对于推进中国教育现代化的进程而言，无疑是非常有益的尝试！

丛书的探索得益于范国睿教授的深入指导，亦是八位青年学者在学术上努力耕耘的硕果，在此深表感谢！四年来，我有幸见证了范国睿教授的严谨与负责，见证了青年学者的努力与成长，见证了杭州师范大学经亨颐教育学院的发展与壮大。"少年自有凌云志，不负黄河万古流"，有青年的教育学是有希望的教育学！祝青年学者和杭州师范大学教育学科的发展能够相互成就，更上一层楼！

张斌贤

2023 年 4 月 26 日

于北京师范大学

风华正茂青云上
——"新时代教育思想丛书"序二

  四年前的初秋，应张斌贤教授之约，我有幸走进杭州师范大学经亨颐教育学院。在这里，恰遇一群朝气蓬勃的青年教育学人，他们铆足了一股劲儿，渴望在教育学学术上有所建树，为杭州师范大学教育学科的发展做出自己的贡献。这些志同道合的年轻人自发组织了"教育基本理论研究项目组"，以每月一次的"学术沙龙"形式，试图从自己的学术兴趣与学术积累出发，基于教育基本理论立场，探讨教育价值、道德教育、教育文化学、教育社会学、教学论、教师发展论、农村教育论、基础教育治理论等论题所涉及的相关理论与实践问题。很荣幸，我能参与其中。2020年1月，受新冠疫情的影响，学术沙龙由线下转为线上，大家的学术热情不减，每月一次的线上交流、争辩，以及为此而做的各种艰苦准备，都成了抗疫过程中的珍贵记忆。这些年来，参加学术沙龙的新面孔不断增加，每一位新人的加入，都会给大家带来新的研究问题、研究视角与研究思路，智慧的碰撞，使这个研究项目组永葆新意。

  "教育基本理论研究项目组"最初设定的目标是每位成员最终形成一部具有专著性质的教材（大家亲切地称之为"'学术味'教材"），这既是大家希望的学术上术业专攻的成果，也是青年教师站稳讲台的需要。本来，"科研反哺教学"理应是大学学术生态的常态。尽管参与学术沙龙研讨的诸位同仁对其所治论题的思考深度与研究进展并不尽一致，但多样化的思维创获既是那些陆续发表的教育学专论，更是几经打磨沉淀下来，汇成的"新时代教育思想丛书"的第一批书目。八部著作的作者，有六位是杭州师范大学"教育基本理论研究项目组"的成员，而浙江师范大学的钱晓敏和内蒙古师范大学的杨日飞带着自己的作品加盟，使得这个团队更加开放、更具活力。

八部著作，大致可分为"培养什么样的人""谁来培养人"和"如何培养人"三类。

"培养什么样的人"，关乎对儿童的本质、儿童发展与儿童素养的认知。近年来，杭州师范大学在儿童研究方面成果颇丰，已得到国内教育学界的广泛认可与赞誉。其中的三部著作，表明了他们的研究基于儿童，又超越儿童。严从根等的《培养公共人：公共空间意识教育》，坚持现代教育的价值在于"培养公共人"，从坚持启蒙和反思启蒙等角度论述公共空间意识教育作为培养"公共人"的必要性和实施路径，为读者重思教育的价值提供了新的视角。杨日飞的《培养精神健全的人：存在转向的儿童心理教育》，从存在主义理论立场出发，认为儿童心理教育要以培养精神健全的人为根本目的，为此，着力构建了以存在主义心理学为理论基础的儿童心理教育理论体系。徐洁的《走向自律：道德教育论》，从精神哲学的视角，尝试回答"人应该如何幸福生活""我们应该如何在一起"等问题，所建构的道德教育内容的精神生产方式与基本实践体系，无论在理论上，还是在实践上，都有独到的借鉴价值。

"谁来培养人"的答案无疑是教师。近年来，教育学对教师的研究大多集中在教师专业发展上，这里的三部著作在不同视角上超越了对教师发展的理论探讨。钱晓敏的《走向正义：教师教学价值论》尝试为教师教学走向正义提供理论原则和实践建议，基于教育学立场对公平分配范式、道德应得范式以及价值承认范式的教育适用边界的探讨，以及"一元三维"教师教学正义原则的理论辩护，使本书的"原理"意蕴更加浓厚。这些年，冯慧的主要心思都花在了孩子们身上，那个"余杭塘河边的儿童大王"公众号上的一篇篇推文，无不透露着她对孩子们的爱、对学前教育这片事业的爱。可喜的是，她的政策研究亦见功力，她努力通过《他山之石：学前教师政策的国际经验与借鉴》寻求多元文化教育与中国特色学前教育体系的融合之道。教师政策的比较研究，终归还是为了推动我国学前教师质量，提升儿童的幸福感，在这一点上，冯慧初心不改。相比之下，杨茜的《成为大先生：教师发展论》则侧重于将教师置于社会与教育转型的大背景的宏大叙事中，从历史与当代视角探讨"大先生"养成的理论与实践问题，探究教师发展的未来新路向。

"如何培养人"涉及的范围很广，其中的两部著作分别关注教学变革与学校治理变革两大核心问题。程建坤的《走向优质：深度学习与教学改革》，立足智能社会的时代背景，围绕教学的基本要素，重新思考教与学的辩证关系，尝试构建智能时代的深度学习模式，以适应智能时代的学习生态变革。张舟的《多元共治：基础教育学校治理新论》，立足我国教育治理体系与治理能力现代化建设，着力探讨现代学校制度、学校治理主体、治理维度、治理方式、不同教育主体参与和协作等基础教育学校治理问题，以期为我国基础教育治理体系和治理能力现代化建设提供理论与实践支撑。

"新时代教育思想丛书"具有时代性、开放性和实践性等特点。其中的每一部著作，都坚持"原理"立场，突出对某一专题教育研究成果的梳理并加以结构化，透视教育现象与问题背后的理论逻辑，形成系统化的教育知识体系；坚持古今统一，既吸收教育学经典著作的思想精华，又吸纳当代教育研究的最新成果，做到古为今用；坚持中外融通，既关注中华优秀传统文化教育与近年来的教育学本土理论研究以及教育变革实践成果，又借鉴国外尤其是西方发达国家的教育研究成果与教育改革经验。

习近平总书记在哲学社会科学工作座谈会上指出："只有以我国实际为研究起点，提出具有主体性、原创性的理论观点，构建具有自身特质的学科体系、学术体系、话语体系，我国哲学社会科学才能形成自己的特色和优势。"①进入新时代后，我国的教育实践发生了深刻变化，许多问题亟待从理论上加以阐释，新时代，加快构建中国特色教育学学科体系、学术体系、话语体系，成为时代之需、教育改革实践之需、教育理论创新之需。近年来，杭州师范大学的教育学科发展迅速，集聚了一大批有教育信

---

① 习近平：在哲学社会科学工作座谈会上的讲话（全文）[EB/OL].（2016-05-18）[2023-05-01]. https://www.xinhuanet.com/politics/2016-05/18/c_1118891128.htm.

仰、有学术追求、有胆识、有干劲、有活力的青年学者，他们紧跟时代发展步伐，追寻教育理论前沿，关注教育现实，分析和解决新时代教育变革与发展的新问题、新技术、新方法、新生态，建构新观点、新理论。教育改革的希望在青年，教育理论创新的希望同样在青年。四年前，我为杭州师范大学这群有学术理想的有为青年的情怀与干劲所感动；四年来，他们追求学术的韧性令人敬佩，而他们的持续陪伴，又帮助我度过了许多艰难困苦的时光；四年后，时时浮现在我面前的，是从根与徐洁的理性与思辨，建坤与张冉的实证与严谨，冯慧与杨茜的求新与求活……

呈现在读者面前的这套沉甸甸的著作，是曾经的学术沙龙的"作业"，是这群年轻人历四年之功的学术探索，虽不完美，其中的观点、命题或思想也必有进一步探讨甚至商榷的空间，但其中的研究视角、研究方法，那些点点滴滴的闪光思想，已足见他们的努力、他们的智慧、他们每个人为中国特色教育学学科体系、学术体系、话语体系所做的独到贡献。每一个时代的教育学，都有每一个时代的问题，有每一个时代的探索和答案。"苟日新，日日新，又日新"，拥有青年，就拥有未来。"风华正茂青云上，恰是乘风破浪时"，祝愿所有青年教育学人学术精进，更上一层楼！祝愿杭州师范大学教育学科发展顺利，再创辉煌！

范国睿

2023 年 5 月 8 日

于华东师范大学

中篇　公共空间意识教育内容

下篇　公共空间意识教育方式

导　言

公共空间是现代人生活的重要空间。然而，由于缺乏公共空间意识，一些人往往没有意识到自己已经进入了公共空间。为此，加强公共空间意识，明确公共空间意识及其教育的内涵和外延，厘清公共空间意识教育的实践路径，就显得非常必要。

一、公共空间、公共空间意识和成人

人是时空的存在者，时间本质上是空间的历史。空间有物理空间和文化空间之分，但从本质来说，没有纯粹的物理空间，有了人才有了空间及其区分，一切空间都打上了人类的烙印，都是充满着社会关系、社会权利、社会矛盾和冲突的文化空间。

私人空间，也可称为私人领域、己域，是免于他者干涉和强制的私密空间。公共空间，也可称为公共领域、群域，它是属于所有人、为所有人共享的开放空间。

就成为大写意义上的富有德性的自由人而言，公共空间有着更为重要的作用。私人空间的确立是以私人性和公共性相分离为前提的，它既包含着善的可能性，也包含着恶的可能性：当个人从整个空间中分离出来，处于私人空间，排除所有世俗的干扰，探讨人生意义和价值，当领悟到自身存在的公共性，并以整个空间特别是公共空间的发展为自己本质的时候，私人空间形成的个体主体意识就会升华为类主体意识或公共空间意识的中介。但是，如果个人在私人空间中完全为自然冲动所支配，将堕入恶的深渊，他会以自我为坐标把所有空间都私人化，都理解为满足个人欲望的场域，这有可能会引起公共空间的混乱。①公共空间，特别是政治公共空间则会使个人的目光从自我转向共同体和公共福祉，并在共同体和增进公共福祉中认识和实现自我。在这种自我实现中，个人会摆脱动物性的自然冲动，使公共性和私人性重新获得统一，成为富有德性的大写意义的自由人，即"成人"。因此，尤尔根·哈贝马斯（Jürgen Habermas）认为，人天生就处于公共的关系网络之中，只有当他进入公共空间，"他才成为一个人"②。汉娜·阿伦特（Hannah Arendt）甚至说，在公共空间中，在公共行动而非劳动和工作中，人可以摆脱生物必然性的制约，超越生死，获得荣耀和不朽。③

公共空间能够使人"成人"，这只是从历史必然性的角度来说的，并不意味着现实中的个人只要进入公共空间，就必然"成人"。只有当人愿意进入公共空间，喜爱公共空间的生活，积极行使权利和履行义务时才有可能体会到公共空间的美善，才会扬弃自然冲动所带来的任性，才有可能把私人空间养育的私人性和公共空间涵养的公共性统一起来，成为富有德性的人。易言之，拥有公共空间意识及其品质是"成人"的前提和基础，而且也只有当足够多的人具有公共空间意识及其品质，既有的公共空间才能得以维系和发展，新的公共空间才能被创建出来。可见，公共空间意识是公共空间和个人之间产生积极互动与影响的桥梁及中介。

二、公共空间意识教育的本质

公共空间意识是指个体对于自己在公共空间中的地位、应享有的权利和应履行的义务的自觉意识，是一种"成人"意识。相应之，公共空间意识教育自然是一种"成人教育"。这里所说的"成人"实际上是从公共性培养的意义上言说的。

公共空间意识教育是一种主体性教育，但又不是个体主体性教育和主体间

---

① 高兆明. 存在与自由: 伦理学引论 [M]. 南京: 南京师范大学出版社，2004: 168.

② 哈贝马斯. 公共空间与政治公共领域——我的两个思想主题的生活历史根源 [J]. 符佳佳，译. 哲学动态，2009（6）: 5-10.

③ 阿伦特. 公共领域与私人领域 [M] // 汪晖，陈燕谷. 文化与公共性. 北京: 生活·读书·新知三联书店，1998: 64-67.

性教育，它是一种包含个体主体和主体间性精神培育的公共性教育。只有拥有私人空间，形成私人空间意识，个体才有可能成为主体，才会认识到自己和他人都拥有的神圣不可侵犯的空间和权利，才会认识到私人空间之外属于所有人所有的空间才是公共空间，才会产生公共空间意识；只有当人们普遍满足了私人空间的基本需要，才不会普遍地把公共空间私人化。可见，没有私人空间意识也就不可能具有公共空间意识。正因为如此，公共空间意识教育不仅不排斥而且还非常重视培育私人空间意识及其权利品质的个体主体性教育和主体间性教育，但是，它的内涵和外延远比此丰富。公共空间是公有共用的空间，公有共用的目的不只是方便个人谋求更好的个人生活，还要促使所有人能够协同合作谋求公共福祉。因此，公共空间意识教育是一种公共性教育，它所要培养的主体是关心公共福祉的公众。

同主体性教育和主体间性教育一样，作为公共性教育之一的公共空间意识教育会尊重个体的主体性地位，培养个体的主体能力；不同于主体性教育和主体间性教育的地方在于，这种教育还重视公共空间的独特性诉求，而非只注重主体意愿或主体间的共识，它是在私人性和公共性的统一中，使个人诉求和共同体诉求都得到实现。易言之，公共空间意识教育培养出来的个人是既具有自由权利意识，又注重共同体诉求的"精明的公民"（smart citizens）。"精明的公民"不是精明的个人，也非具有主体间性品质的个人，"精明的公民"不是精于盘算自己的利益，也非精于盘算主体间的共识，而是精于明晰公共生活的意义和价值，精于反对公共空间私人化，维护公共空间的公共性。

三、公共空间意识教育的基本内容

公共性是公共空间的主要特性，公共空间意识教育的内容是由公共空间的公共性决定的。

（一）公有共用和公共空间规范意识教育

公共空间之所以是公共的空间就在于它为所有人所有，为所有人所用，因此其公共性首先体现在公有共用方面。公有共用不仅表现为对物体、空间的公有共用，也包括对权利的公有共用。公共空间规范是公有共用性的体现和保障，只有当这些规范为大众所普遍明晰和遵守，公共空间才能得以维系和发展。因此，公共空间规范意识是公共空间意识中最基本的意识。公共空间规范意识主要包括知晓、遵守和维护公共空间规范的意识。按照金里卡（Kymlicka）的理解，知晓、遵守、维护和完善公共空间规范的意识实际上可统称为公民礼仪意识，其内核是把公共空间中的所有人都当作平等者加以对待。①因此，践行公共空间意识教育首先要践行公共空间规范意识教育，公共空间规范意识教育是公共空间意识教育结构中最基本的部分。

（二）公利共谋和公共空间参与意识教育

强调对公共物品和公共权利的公有共用，最重要的目的并不是增进个别人的福祉，而是增进公共福祉。在此过程中，个人生活可能会变得美善，个人福祉会得到增进，不过这不是公共空间的本体功能和价值所在。如果把增进个人福祉作为公共空间最重要的价值追求，公共空间就已经私人化了。有时候只要遵循既有的公共空间规范，公共福祉就会增进，但更多时候，需要人与人之间的协商沟通和共同谋划。沟通和共谋的外在形式就是公共空间参与。公共空间参与意识是一种积极的公民意识，是公共空间意识结构中更高层次的一种意识。公共空间参与意识教育是公共空间意识教育的重要组成部分。

公共空间参与意识包括公共空间参与意愿、协商意识、公共理性意识、妥协意识等。公共空间参与意愿是个人走出私人空间，拒绝私人沉沦，拥抱公共生活的集中表现，是公共空间参与的前提。民主协商是主体之间为谋求共识、增进公共福祉，开展的理性交流和讨论，它从形式上排除了强权的介入。因此，协商意识是公共空间参与的核心意识。协商如要顺利进行，每个人都必须运用所有人都能明晰的话语、所有人都能认可的前提和论证方式进行说理，否则，协商就会异化为自说自话。因此，公共理性意识也是公共空间参与意识的重要组成部分。并不是在所有的公共事务上，人们都能通过协商达成理性的共识，必要的时候，人们必须学会运用妥协达成共识，妥协意识是协商意识的重

---

① 金里卡. 当代政治哲学[M]. 刘莘，译. 上海：上海三联书店，2004：545.

要补充。卡尔·科恩（Carl Cohen）甚至说："妥协是民主程序的核心。"[①]强调妥协意识，并不是顾虑对手的强大，而是为了打破霸权和强制，实现共赢和公共福祉，"但妥协并不就意味着一味地无原则的退让，妥协也不是无底线的……底线共识是妥协的基石，合乎法律是妥协的边界，自由合意是妥协的精髓"[②]。因此，公共空间参与意识教育具体可包括公共空间参与意愿教育、协商意识教育、公共理性意识教育、妥协意识教育等。

（三）公义、公理和公约意识教育

"有了共识后，还需要进一步确立共识的权威性。要树立共识的权威性，就需要把共识变成人们的一种公意、公义和公理，成为公共的理念"[③]，指导人们开展公共生活，实施公共行动。公意的目标是增进公共福祉，体现了康德（Kant）所谓的普遍意志，它表现为公共舆论和公共价值。公意如能经受住历史的考验，它就转变为公义、公理。"西方，人权即最基本的公理。在人民主权的国家里，维护好、实现好人民的利益就是公理"[④]。公义、公理一部分外化为普遍的公共行事原则，一部分凝聚为人们共同追求的理想。公义以道德、良心等形式，公理以自明性、普遍接受性和普遍有效性等规定着人们行动的范围和方式，确保行动的公共性和有序性，并成功实施公共空间认同。

坚守公义、公理，个人就具有了"公约意识"，开始有意识地按照普遍约定采取公共行动。公约意识是从契约意识升华而来的，但又不同于契约意识。同契约意识一样，公约意识强调对约定的遵守，是一种实践意识，不过两者强调的约定不一样。公约意识强调的约定是抽象的普遍原则和共同理想，契约意识强调的约定是主体间的具体契约；前者的约定体现了私人性和公共性的统一，后者的约定则有可能缺乏公共性，只是体现了一些人达成的私人共识。

公约意识一方面与公共空间规范意识相似，强调规范的公共遵守，但比公共空间规范意识更抽象，强调的是对普遍原则而非具体规范的遵守；另一方面

① 科恩.论民主[M].聂崇信，朱秀贤，译.北京：商务印书馆，1988：183-184.
② 冯建军.公民身份认同与学校公民教育[M].北京：人民出版社，2013：315.
③ 郭湛，王维国.公共性的样态与内涵[J].哲学研究，2009（8）：3-7.
④ 郭湛，王维国.公共性的样态与内涵[J].哲学研究，2009（8）：3-7.

与公共空间参与意识相似，强调行动和实践，但比公共空间参与意识更具有反思性，不仅强调公共行动，还强调对一切行为是否符合义理进行反思、判定和完善。因此，公约意识是公共空间规范意识和公共空间参与意识在更高层面的辩证统合，它是消极的公共空间意识和积极的公共空间意识、自由主义的消极公民意识和共和主义的积极公民意识的辩证统一。

具有"公约意识"的个体已经不是"私人"，也不是一般意义上的"公民"，而是前面所说的"精明的公民"。他们不仅遵守公共空间规范，还反思公共空间规范；他们不仅喜好公共空间参与，还反思公共空间参与；他们不仅是公共空间得以存在、维系、完善、充盈的主体，而且是创建新的公共空间的主体。甚至，即便是在私人空间，由于他们的存在，私人空间也会变为公共空间。譬如，当家庭成员以公众面目相聚于家中，讨论公共事务，反思公共行动，谋求公共善的时候，本属于私人空间的家庭也立刻会变为公共空间。因此，"公约意识"是公共空间意识结构中的最高层次的一种意识，公约意识教育是最高层次的公共空间意识教育。

四、公共空间意识教育的实践路径

（一）确保私人空间及其权利不受侵犯

有学者指出，通过公共生活能够有效地培育个体的公共空间意识及其品质。[1]这种认识对于批判和超越抽象的说教具有重要意义，但是没有充分认识到私人活动开展、私人空间意识的形成对于培育公共空间意识的重要性。

对于公共空间意识教育而言，重视私人空间创设和私人空间意识培育具有重要意义。首先，如前所述，公共空间意识是在私人空间意识产生的基础上产生的，拥有了私人空间意识才有可能拥有公共空间意识。其次，只有当个人意识到自己拥有不可侵犯的私人空间，他人也拥有不可侵犯的私人空间时，个人才会具有"开明的自我利益"，即为了更有效地维护自己的利益和权利，必须同等尊重他人的利益和权利，不干涉他人的私人空间，在公共空间互相尊重，

---

[1]　刘铁芳. 公共生活与公民教育：学校公民教育的哲学探究[M]. 北京：教育科学出版社，2013：47-68.

平等共享公共福祉。①再次，只有当个人拥有丰富的私人空间及其意识时，才会有丰富的个性、丰富的视角、与众不同的思维和观点，才会不至于变得人云亦云，才能为公共生活提供新鲜"血液"，提高公共空间参与的质量，更好地增进公共福祉。②

为了实施公共空间意识教育，首先要让学生拥有私人空间意识，成为个体主体。为此，要确保学生私人空间及其权利不受侵犯，学校不得以任何名义随意进入学生的私人空间，如宿舍、书包、日记本等，不得强制学生敞开自己的私密世界；要惩罚不正当侵犯学生私人空间的教师。当然，并不是说私人空间中的私德品质不需要培育，只是说不可以通过强制进入私人空间的方式进行培育，而只能通过倡导或公共空间对私人空间的间接引导来实施。

（二）实现公私互利

私人空间的创设和维护只为个体具有公共空间意识创造了前提和可能，但还不足以保证个体进入公共空间会按照公共空间规范行事，有积极的公共空间参与意愿等，也不能保证私人空间意识和公共空间意识之间会产生良性互动。为培养个体的公共空间规范意识、公共空间参与意识等，还需要创设丰富多样的能为个体争取权利、展示个性的公共空间及其活动。

一方面，这些公共空间及其活动能"活私"。进入能为个体争取权利的公共空间，参与其中的活动，如恳谈会等，个体可以在其中表达自己的权利主张，影响公共决议，可使决议更加有利于维护和发展私人空间及其权利；进入能为个性展示提供舞台的公共空间，如舞台秀、辩论赛等，个体可以展示自己的真实自我。③通过比较和学习，个体可以找到私人空间中奋斗的动力和努力的方向。另一方面，这些公共空间及其活动能"开公"。进入这些公共空间，参与公共活动，不仅能够维护个人权利，还能收获赞誉或完善个性品质的建议等，这会促使更多的个体愿意进入公共空间。在这些公共空间，并不是所有的

---

① Dagger. Civic Virtues: Rights, Citizenship, and Republican Liberalism[M]. Oxford: Oxford University Press，1997：195.
② 阿伦特. 人的条件[M]. 竺乾威，等译. 上海：上海人民出版社，1999：53-54.
③ 阿伦特. 人的条件[M]. 竺乾威，等译. 上海：上海人民出版社，1999：53-54.

个性和展示个性的方式都会获得赞誉，只有不妨碍且有利于公共生活开展、公共空间发展和公共福祉增进的个性和个性展示方式才会得到赞誉。因此，公共赞誉不仅可以引导私人生活的公共走向，使个体开始有意识地使私人生活具有公共价值取向，而且还可以使个体意识到要用具有公共性的方式展示自己的个性。难能可贵的是，所有这些对私人空间的影响不仅有效，还非常正当，没有侵犯个人的私人空间及其权利。正是在这种"活私"和"开公"中，公私分离但不对立的思维模式才会形成，私人空间意识和公共空间意识将实现互利：个人逐渐会把难以名状、无法言说、零碎琐碎、漂浮不定的私人问题和民族、社会、国家的公共问题有机联系起来。①

（三）创设各类公议空间和公议活动

实现公私互利仍然是不够的，它能够消解私和公的矛盾，能够间接培育个体的公共空间规范意识和公共空间参与意识，但毕竟没有直接承担起公共空间意识培育，特别是公约意识培育的重任。为进一步实施公共空间意识教育，须创设大量与增进公共福祉直接相关，而非只与个别人权维护和个性展示相关的公共空间及其活动，如公益实践活动等。在这些公共活动中，通过践行和反思，个体能充分地了解各种公共空间规范，并意识到公共空间规范的优点和不足，进而习得遵守、维护和完善公共空间规范的意识和能力；通过体会和揣摩，个体能觉察到公共空间参与的美善，并在其中习得公共协商、妥协等能力；通过交流和抽象思考，个体逐渐能养成从抽象的普遍原则和共同理想出发思考公共问题。在所有的这些创设的公共空间和公共活动中，公议空间的创设和公议活动的开展尤为重要。

公议是以公众福祉及其相关普遍性原则为标准，议论、评议公共事务和公共事件的活动，它是培育公共空间意识特别是培育公约意识的有效举措。在公议中，只有积极参与，从公众普遍认可的基点出发，以公义、公理为依据，以公共理性进行论证，以公众赞赏的情感进行言说，以公众达成的协商共识或妥协共识行动，才能获得承认和荣耀。如此反复，个人逐渐会超越一己之视野和

---

① 严从根.论公共空间意识教育[J].教育研究，2016（5）：60-65.

个人利益的考量，习惯性地从公约出发思考问题，把个人目光转向公共空间和公共福祉，并在公共空间和公共福祉中认识和实现自我。

为实施公议，学校首先要注重通识教育，具有公共智慧是学生参加公议的主观条件。通识教育可以调动各种学科，特别是人文学科的各种资源，来培养个人的综合素质，使个体具有公共智慧，即"形成宽阔而又深邃的视野、充满理性智慧而又不失人伦情感的生命立场、端坐于书房同时又可以行走于社会的生命自由、既在庙堂之上又在江湖之远潇洒自如的生命风度、可以参悟苍天玄远也可以体知草木冷暖的生命美感"①。其次，学校要围绕公共议题创设各种公议空间和开展各种公议活动。创设公议空间和开展公议活动是学生参加公议的客观条件。需要注意的是，为有效培育个体的公共空间意识，学校要充分意识到最重要的公议空间是课堂而不是课外，最重要的公议活动是课堂教学而不是各种课外的公议活动。课堂是学生生活最重要的场域，生活的时间久、实施的影响大。为把课堂培育为公议空间，把课堂教学培育为公议活动，我们要把知识看作公共的而非个人的，知识不是个人发现的真理，而是协商达成的共识，教材是供师生交流的重要资料或平台而非"圣经"；教学不是为了吃透教材，而是为了更好地显现、丰富和增进个性，更好地谈论公共议题，更好地理解世界和人生；教学过程不是教师改造学生的过程，而是师生审议、共求公共福祉、共度公共生活的生命提升历程。

为确保公议空间得到保护和充盈、公议活动得以开展，学校管理要走向治理，成员之间的关系要建立在水平而非垂直的关系之上，学生拥有公共空间参与和公共决策的权利和机会，拥有摆脱行政和教师操纵，开展自主活动的权利和机会。所有规制学生的规范必须是学生、教师各方公共协商的产物，必须是不断更新、普遍互惠、更具人性的规范。

---

① 哈佛燕京学社. 人文学与大学理念[M]. 南京：江苏教育出版社，2007：11.

上篇

公共空间意识教育论纲

第一章　公共人与公共空间意识教育

第一节　公共空间意识教育

"公共空间"是相对于"私人空间"而言的，它不是某个人的空间，也不是亲密人交往形成的空间，而是"公众的空间"，"是一个敞开的场所，人人都可以走得进去，人人都可以看见他人，他人也可以看见自己。而且这种所见所闻，是与他人一道分享完成的。你能够见到的，我也能够见到，对你是熟悉的，对我也不陌生"①。公共空间有消极和积极之分。消极意义上的"公共空间"（如公园、电影院等）是一种物理学意义上的空间，在这个空间中，个人只要按照常理、习俗和一般规矩行事即可。积极意义上的"公共空间"（如社区大会、报纸、网络等）是一种公共论坛，在这个空间中，原则上每个人都可以发表自己的意见，对公共事务进行论辩。当然这种区分只具有相对意义。因为公共空间有消极意义上的公共空间和积极意义上的公共空间之分，所以公共空间意识教育既包括消极意义上的公共空间意识教育，也包括积极意义上的公共空间意识教育。在当今时代，实施公共空间意识教育具有丰富的蕴含，具有重要的意义和价值。

一、公共空间意识教育：提升国民素质的一个重要方式

空间是存在者的生活之域。从社会角度来说，现代空间可分为私人空间（或私人领域）和公共空间（或公共领域）。私人空间是属于自己的生活领域；公共空间则是属于公众的社会生活场域和政治场域。私人空间为个人主体意识

---

① 崔卫平.敞开与隐蔽——我们如何学习讨论（之九）[N].经济观察报，2012-04-09（48）.

的萌发和生成创造了可能；公共空间则为主体间的交往、互动和共建创造了可能。综上所述，公共空间有消极和积极之分。在消极的公共空间里，人们只要按照约定俗成的公共空间规范行事，公共秩序就可得以维系。公园、公路、电影院、公共图书馆等都属于此类空间。在积极的公共空间里，只有当人们积极参与其中，并按照公共理性行事时，公共秩序才能得以维系，意义才能得以充盈。会议、报纸、论坛、网络等都属于积极意义上的公共空间。

在古代中国，没有明确的公私空间区分。相对于个人而言，家是公，但相对于国家而言，家又是私，不过，相对于天下而言，国家又是私。总而言之，一切都是私，家是小私，国是大私，天下是更大的私。因此，有学者明确指出，在古代中国虽有公和私的概念，但"只是观念上而非实体场域上的区隔"①。清末民初，受西方和日本影响的一批先进的中国人开始意识到中国人公私不分问题，以及因此带来的公共空间意识和品质缺失问题。梁启超很早就指出中国人消极意义上的公共空间品质的缺失，他在《国民浅训》中指出："我国人……一涉公字，其事立败……公林无不斩伐，公路无不芜梗，公田无不侵占，公园无不毁坏。有一公物于此，在西人则以为此物我固有一份也，乃拥护而保全之，使我能长享此份。在中国人则以为此物我固有一份也，乃急取我一份所有者割归独享，又乘他人之不觉或无力抵抗，则并他人之一份所有而篡取之。"②林语堂则很早就指出中国人积极意义上的公共空间品质的缺失，他指出，中国人都很喜欢豪侠。"他们是单身汉，不结婚，有一颗浮浪不肯安稳的心儿，常很愿意纵身入水以拯救不相识的小孩。或则他们是结了婚的人，而死的时候，往往身后萧条，不名一文，让他的妻子含辛茹苦以度日。吾们欢迎这种人，爱这种人，但不愿我们自己的家庭中产生这样一个人物。当我们瞧见一个孩子具有公共精神太丰富，勇于参加困难纠纷，吾们将确信地预言这个孩子定为父母的致命伤。"③

时至今日，百年已过，中国发生了翻天覆地的变化，虽然中国人的公共空

---

① 肖群忠. 现代中国应并重公共道德和个体美德——对陈来、蔡祥元两位先生的回应[J]. 文史哲，2020（4）：23-31.

② 陈弱水. 公共意识与中国文化[M]. 台北：联经出版事业股份有限公司，2005：21-22.

③ 林语堂. 吾国与吾民[M]. 南京：江苏文艺出版社，2010：174.

间品质有了很大的提升，但仍然存在一些问题。在消极意义上的公共空间，国人不是把公共空间私人化、无主化，就是把公共空间政府化。因为私人化或无主化，在公共空间才会有随意插队、乱闯红灯、乱扔纸屑、随地吐痰等现象；因为政府化，在公共空间才会有异常冷漠、推卸自己的公共责任的情况。在积极意义上的公共空间，国人要么秉承"事不关己，高高挂起"的心态，要么用血缘情感关系去厘定社会关系，对公共福祉或伤害陌生人的行为都表现冷漠。

意识是行动的先导，公共空间品质的缺失和公共空间意识的缺失或淡漠有着不可分割的关系。正是由于国人往往不能充分意识到公共空间是属于公众的空间，没有意识到自己是公共空间的主人，从而把公共空间当作无主空间或政府空间，没有意识到自己的公共责任和公共义务，甚至对主动承担公共责任和义务的行为表示不理解。由此可知，为提高国人的公共空间品质，实施公共空间意识教育就非常之必要。

二、公共空间意识教育：批判和超越传统公德教育的新视角

从空间的角度来说，私德指向的是私人生活领域，它调节的是自己和与自己有情感联系的他人之间的道德伦理关系；公德指向的是公共生活领域，它调节的是自己和陌生人之间的道德伦理关系。相应之，私德教育是私人空间品质的教育，公德教育是公共空间品质的教育。意识不仅是行为的先导，它还可以指导、监督和完善行为。相应之，公共空间意识不仅是公共空间行为的先导，它还可以指导、监督和完善公共空间行为。因此，公共空间意识教育不仅是公德教育的一部分，而且是公德教育的基点，是保障，也是一种方向。通过审视公共空间意识及其教育的本质、萌发和发展的规律，我们不仅可以发现我国传统公德教育中存在的问题，也可以明确我国传统公德教育的改革方向。

（一）基于公共空间，提出合理的公德要求

从社会发展的角度来说，公德是萌发于公共空间、适应于公共空间的伦理要求；从个体德性养成的角度来说，公德应是能够从公共空间意识生成和发展出的伦理要求。但是，我国传统德育往往把一些不可能从现代公共空间生发，也不适用于现代公共空间，同时也不能从公共空间意识生发出的道德要求列为现代社会的公德要求。例如"老吾老以及人之老，幼吾幼以及人之幼"，以及由此生发的扶危济困、乐善好施、助人为乐、见义勇为、忠信笃敬等。私人空间中人与人之间的关系是以情感为纽带的关系，公共空间中人与人之间的关系是一个人同陌生人之间的关系，是以相互尊重和契约为纽带的普遍关系。像"老吾老以及人之老，幼吾幼以及人之幼"及其生发的道德要求是一种把私人亲情推展到公共空间的道德要求。在古代中国，这类道德伦理要求有其合理性，它适合公私空间不分，"修身、齐家、治国、平天下"于一体的社会要求。但是，在当今中国，这类道德已失去其存在的空间根基。"离开'每个人都是人'这样一种平等精神，如何能够有公共生活的规则？人对于他人的爱的感情就其本性来说是有差等的、由近及远的。这种感情联系产生于共同生活。在现代国家的生活现实中，同陌生人之间除了偶然的打交道之外不存在更多的共同生活，所以只存在很稀薄的、时常令人无法觉察的感情，这种稀薄的感情不足以发动一个人去强烈地关心不相识的陌生人，尽管它可以支持对一个人的尊重的态度。"[①]简言之，在公私空间界分的现代社会，人们不可能从公共空间和公共空间意识生发出基于亲情之上的道德要求。因此，如想要解决公德危机，公德教育最重要的不是把私人亲情推展到公共空间中，而是基于公共空间和公共空间意识提出适宜的道德伦理要求，即基于公共交往提出促使陌生人之间相互尊重的伦理要求。当然，这并不是说，像"老吾老以及人之老，幼吾幼以及人之幼"及其生发的道德要求不值得提倡，在此只是说，这并非公德教育的内容和任务，而是私德教育的内容和任务，这类道德不能通过契约及制度来强制推行，而只能通过倡导和个人自觉来推行。

（二）为了公共空间，拓展公德教育的内容

公共空间有消极和积极之分，公共空间意识也有消极和积极之分。对于整个社会和国家而言，最重要的不是消极意义上的公共空间的维系和发展，而是积极意义上的公共空间的维护和发展。但是，我国公德教育提出的公共空间意识和公德要求大多是关于遵纪守法、不大声喧哗、不随地吐痰等消极意义上的

---

① 廖申白. 交往生活的公共性转变[M]. 北京：北京师范大学出版社，2007：237.

公共空间的道德要求。这些道德要求是公德要求，但并非全部，而且不是公德中最重要的部分。喜好公共生活，具有公共意识、公共情怀和公共精神才是最重要的公共空间意识和公德要求。只有具有这种意识和品质，个人才能关心超出个人利益之外的公共空间福祉，才会投身到积极意义的公共空间中去，关心社会和政治。恰如有人所说："如果把公德仅仅作为一种五讲四美之类的个人修养，实际是贬低了公德的意义。公德关系一个国家、一个民族是否能健康地保持它现代文明的体制。比如说对于腐败，对于社会的进步，包括对于国家一些重大事件的处理，你是否有足够的关怀，这种关怀不是被迫的、不是别人给你灌输的，而是自己自由地作出决定的。有这种公共精神，才是真正意义上的公德。"①正因为如此，为了公共空间的发展，我们的公德教育不仅要实施消极意义上的公共空间的道德要求，更要实施积极意义上的公共空间的道德要求。

（三）通过公共空间，实施正确的公德教育

生活是最好的教育，只有过上公共生活，在美善的公共空间中，个人才有可能具有强有力的公共空间意识，并具有相应的公德品质。因此，公德教育的关键不是说教，而是让学生过上公共生活。

如要让学生过上公共生活，最重要的是要把班级、学校、社会和国家建设为公共空间。公共空间是面向所有相关者开放的空间，是所有人的空间。在公共空间内，人际差别将被取消，一个人仅仅因为他是公共空间的一个成员，在享有的权利和义务方面，他必须同公共空间里的任何他者一样。权利和义务的平等性、无人际差别性，是公共空间、公共空间意识的本质特性。因此，为了把班级、学校、社会和国家建设成为公共空间，个人在这些空间的自由平等权利必须得到无条件的尊重和维护。

三、公共空间意识教育：厘清现代性教育的一个新概念

严格来说，私人空间意识和公共空间意识都是现代社会的产物，因此，公共空间意识教育也是帮助我们准确把握现代性教育的一种重要视角。

---

① 尤西林.中国人的公德与私德[J].上海交通大学学报（哲学社会科学版），2003（6）：7.

就本质而言，现代性教育是公私空间界分的教育，是公私空间品质的教育。无论西方还是东方，在古代社会，空间都是君主或部分人的空间，而非所有人的空间。只有到了现代社会，个人有了人身自由、财产权以后，私人空间才得以产生，与之相应，不属于任何私人但却能供众人交流互动的公共空间才得以产生。正因为如此，有人从空间的角度认为，现代性精神的本质并非右派主张的个人主义（其核心观点为私人空间及其权利优先于公共空间及其权利），也非左派主张的集体主义（其核心观点为公共空间及其权利优先于私人空间及其权利），而是两者的共同点，即公私空间界分。[①]这些共同点就凝聚着启蒙的要义，简言之，启蒙就是严复所说的"己域要自由，群域要民主"。具体而言就是说：①公私空间要界分；②个人具有免受公权力侵犯的私人空间，在这个空间，只要不侵犯他人的权利和自由，个人就享有充分的权利和自由；③公共空间是属于公众的空间，公共空间要民主，任何人都不可以在公共空间实施专断；④哪些属于私人空间、哪些属于公共空间要有最基本的共识，模糊区域要通过公众的不断协商来划定。[②]

如果现代性启蒙的本质是公私空间界分，那么现代性教育的本质可被认为是培育公私空间界分意识及其品质的教育。由此看来，公共空间意识教育是现代性启蒙教育的一部分，它是改造国民性，使国人成为现代人的启蒙教育。

就内容而言，现代性教育需要注重私人空间意识及其品质的培养，但更为重要的是需要注重公共空间意识及其品质的培养。现代社会不同于古代社会的地方在于古代国家的主权属于君主或部分人，现代国家的主权属于人民。从道义上说，在一个现代性国家中，个人不仅是私人空间的主人，也是公共空间的主人。但成为公共空间的主人更为重要。因为"私人生活的存在是个体生存以及物种延续的必然要求，是保护个人私密、隐私权利的需要。私人生活不仅有助于培养个人的私人自主能力，还能够培养个人的独特性，私人生活把人与人区别开来，培养出独特自我。不过，'私人性的特点之一是，人不是作为一个真正的人，而是作为动物种类的一个标本（即作为种的人类）而存在于这个领

① 秦晖. 变革之道[M]. 郑州：郑州大学出版社，2007：200.

② 秦晖. 变革之道[M]. 郑州：郑州大学出版社，2007：200.

域中。这正是古人对私人性表示极大蔑视的终极原因'。公共生活领域是追求公共福祉、维护公共利益而表现的公共行动的领域。人的本质是社会关系的综合，是公共领域中的公共性使人成为社会关系中的人。易言之，是公共生活而非私人生活使人区别于动物，而成为人"①。总之，就使人之为人而言，现代性教育更需要注重公共空间意识及其空间品质的培养。

就目的而言，现代性教育培养的目的是"公民"，不是"私民"，也非"国民"。相对于私人空间意识及其品质培养而言，公共空间意识及其品质的培养更为重要，但这并不意味着私人空间意识及其品质培养不重要，其实两者相辅相成。公共空间和私人空间不是截然划分的，而是相互通融的。一方面，私人空间的私人生活可为个体参与公共空间的公共生活提供前提。在私人空间，个人可养成生活自理能力。具有生活自理能力并过上相对富足生活的个人才会积极主动地参与公共空间的公共生活。在私人空间，个人还能养成属于自己的独特人格和独特视角。具有不同人格的个人的聚集会使公共生活愈发多彩和丰富，而且，因为不同视角的聚集还会提升公共协商的品质。另一方面，在公共空间，特别是在积极意义上的公共空间里，通过参加公共活动，个人可以影响公共决议，赢得政策支持和制度保障，从而确保个人在私人空间的权利和活动得到保护和发展。正因为如此，私人空间意识及其品质的培养和公共空间意识及其品质的培养都具有重要意义。不过，只具有私人空间意识不具有公共空间意识的个体只注重个人权利的获取，这种人是"私民"或"单子式个体"；只具有公共空间意识不具有私人空间意识的个体只注重共同体利益，这种人实际是丧失了个体权利意识的"国民"。同"私民"一样，"公民"具有私人空间意识，同"国民"一样，"公民"具有公共空间意识，除此以外，"公民"还能把私人空间意识和公共空间意识辩证统合起来。从这个角度而言，现代性教育本质上也可称为公民教育。

从过程而言，为了培养理想的公民，现代性教育不能只是个人主体性教育，也不能只是主体间性教育，而必须是基于个人主体性和主体间性之上的公

---

① 阿伦特. 公共领域和私人领域 [M]//汪晖，陈燕谷. 文化与公共性. 北京：生活·读书·新知三联书店，1998：57-107.

共性教育。在现代社会，无论在私人空间还是公共空间，个人都应成为主体，成为公民。因此，个人主体性教育是现代性教育不可缺少的一部分。但是我们不能把个人主体性教育等同于现代性教育。"如果主体性只是单个个人、个人主体的独立性、自主性和自由，每个人都成了绝对化的主体，相互间不能有适当的联系和结合，那么社会就会离散"①，公共空间根本得不到维系和发展。"同时，一个绝对意义上的主体必定会把其他一切都当作客体，甚至把他人等同于物的客体。这样极端的主体性会把人和社会推上绝境，其结果只能使人从根本上丧失主体性"②。

为了取代个人主体性的培养，有人提出了主体间性教育。主体间性教育旨在帮助个人认识到人与人之间的关系不是主客体关系，而是主体间性关系，帮助个体承认和尊重他人的主体地位。具有主体间性品质的个人会把同一空间里的他人都看作主体，重视相互尊重、协商和契约。但是他很可能只重视个人之间的契约，而无视公共空间和共同体（特别是国家）本身的独特的公共性诉求。"单子式主体只重视个人权利，往往会忽视他人的需求和国家的独特诉求。具有主体间性品质的人会把他人当作目的来对待，但是，他们也不会充分尊重国家的独特需求。因此，无论是具有单子式主体性精神的人，还是具有主体间性精神的人，看重的都是个人的发展，都潜意识地认为国家是为人服务的。他们都希望去国家化，去政府化，政府管得越少越好。"③其实，任何公共空间及其所属的共同体（特别是国家）都不能完全依附于任何个人之间达成的主体间共识，它有自己独特的自主性诉求。例如，从国家维系和发展的角度来说，为了维护某大学这个公共空间的公共性，我们就不能按照空间介入各方（政府、某大学、学生、家长、企业等）达成的共识，实施急功近利的功利性办学。

为了培养理想的公民，理想的现代性教育只能是公共性教育。同主体性教育和主体间性教育一样，公共性教育会尊重个体的主体性地位，培养个体的主体性能力和主体间性能力；不同于主体性教育和主体间性教育的地方在于，公

---

① 郭湛．社会公共性研究[M]．北京：人民出版社，2009：代自序．

② 郭湛．社会公共性研究[M]．北京：人民出版社，2009：代自序．

③ 严从根．在权利个人和国民之间——我国教育研究的百余年求索[J]．教育学术月刊，2013（12）：27-31．

共性教育还重视公共空间发展的独特性诉求，而非只注重主体意愿或主体间的共识。易言之，公共性教育培养出来的个人是既具有自由权利意识，又注重共同体诉求的"精明的公民"。精明的公民不是精明的个人，也非具有主体间性品质的个人，精明的公民不是精于盘算自己的利益，也非精于盘算主体间的共识，而是精于明晰公共生活的意义和价值。他们能够体会到民主参与和公共生活的美善，"他们能够自由而理性地思考，对事物有自己独立的看法和判断"，并据此能有效反对公共空间私人化或政府化，能有效维护公共空间的公共性。①

四、公共空间意识教育：展望未来的一个新坐标

一旦公共空间意识教育受到各方重视并有效推行，我们相信，社会公德水平将有质的飞跃，不会再有人把公共空间理解为私人空间或无主空间，也不会将其理解为政府的空间，而是将其视为所有人的空间。他们都将以公共空间主人的身份要求自己，不仅遵纪守法、文明优雅，而且能够积极参与公共空间的营造、维护和建设；他们不仅自己不会把公共空间私人化、无主化，还能够有效而优雅地制止别人把公共空间私人化、无主化。那个时候，一个新的具有现代精神的良序社会将形成。

一旦公共空间意识教育得到普遍重视并有效推行，我们相信，人的政治德性也将会有质的飞跃。不具有公共空间意识的人只关注自己的个人利益或家庭福祉，至多只是关注自己个人德性的提升，由这些人组成的社会不能称为真正意义上的共同体，没有任何东西可以把他们凝聚起来。相反，具有公共空间意识的人不仅遵纪守法、文明优雅，而且还会有效地介入到积极意义的公共空间中，以增进公共福祉为共同目标，以公共理性为基本要求，积极有效地进行民主参与，在成为公共空间主人的同时，也希望和接纳别人成为公共空间的主人。如此，民主将不再只是一种制度，而且将成为一种生活方式：友善相处，人们普遍喜好以促进公共福祉为目标进行公共空间参与和民主协商。这意味着一种旧的生活方式的消逝和一种新的生活方式的产生。新的生活方式必然会造

---

① 徐贲. 政治是每个人的副业[M]. 北京：东方出版社，2013：3.

就新型的人，即"精明的公民"。那时候，人的政治德性将有质的飞跃，将成为真正意义上的具有现代主人翁意识和能力的现代文明人。

在任何时代，任何民族或国家的崛起都要靠以文明素养为核心的软实力，不具有公共空间意识，就不可能具有自由、民主的现代文明。如果人人都具有普遍的公共空间意识，并具有相应的公共精神和能力，那么文明社会也将建成。

第二节　公德教育

公德是公共人的道德要求。自从 1902 年梁启超引介"公德"概念之后，理论界就一直都比较关注公德研究。但在我国公德实践中却常有危害公共安全、破坏公共秩序、损害公共形象、避免公共责任等失范行为。为什么理论研究长期不衰，提出的方案丰富多彩，实践效果却总有点不尽如人意？转化新的视角，反思公德研究和公德教育实践，提出新的方案，可能是一种有益的尝试。"不同社会形态中道德原则的根本对立、不同类型社会空间中道德规范的显著差异已然承认了道德具有一定的空间特性"[1]。众所周知，公德是适用于公共生活的道德要求，私德是适用于私人生活的道德要求。公共生活和私人生活的区分源自公共空间和私人空间的界分。公共生活是生发于公共空间，促进公共空间发展的生活；私人生活则是生发于私人空间，丰富私人空间的生活。因此，从空间，特别是从公共空间的角度分析公德和公德教育就具有重要的意义与价值。

一、公德：公共空间的道德要求

自梁启超引介公德、私德概念之后，国人对公德、私德问题就展开了持续讨论。主要有两种界说：第一种是从自律性与他律性角度进行界分，认为私德是内生要求的行为主体性的道德要求，公德是外在规范的群体性的伦理要求；第二种是从道德和法律区分的角度进行界分，认为私德是法律管辖之外的要

---

[1]　曲蓉. 公德论[M]. 北京：社会科学文献出版社，2020：52.

求，公德是法律管辖之内的要求。这两种界分都有其科学性和合理性，但都不能称之为本体性的界分。空间是人的存在之域，对人有着本体性的规定；在某种意义上可以说，有什么样的空间就会有什么样的自律和他律要求，就会有什么样的道德和法律，因此，从空间角度对道德进行界分才是根本性的界分，"其他如自律性（自主性）与他律性（规范性）、内生性与外在性等划分，只是由此进一步衍生出来的划分"①。

在中国古代，公私空间一直不分。按照费孝通的话来说，中国古代社会是差序格局的社会，"差序格局的人与人之间的关系中最主要之点是人与人的亲疏之分，以'己'为中心推出，和别人组成亲疏不同的社会关系，像石子投入水中那样，形成一圈圈的波纹"②。

但到了现代以后，无论西方还是东方，随着启蒙运动的兴起和推进，虽然看法并不一致，但人们日益明确公共空间和私人空间有着完全不同的内在规定性：私人空间是行为主体免于被干涉和打扰的私密领域，公共空间是开放的、众人共有共享的空间。在私人空间，行为主体拥有不被政府和他人侵犯的权利；在公共空间，众人协力当家做主。正因为如此，有人就指出，启蒙要义就在于公共空间和私人空间的区分；在私人空间，行为主体享有充分的个人权利和自由，在公共空间，任何人都不可以实施专断；人们基于共识判定哪些领域属于私人空间，哪些领域属于公共空间。③

道德的价值并非存在于人的存在之外，而是由人的存在决定的，"善的追求在于实现人存在的价值"④。道德之所以需要是因为人的存在需要；道德之所以多样，是因为人的存在的需求多样。同理，公德的具体要求是公共空间中人的存在所需要和决定的。

"人的存在方式有两种形式：身体与权利。身体是人作为肉体或感性的部分，标志着人的自然属性；而权利代表了人所具有的社会历史内容，标志着人的社会历史性。公共空间的共处使公共交往和公共生活越发频繁。行为主体通

---

① 陈乔见. 公私辨：历史衍化与现代诠释[M]. 北京：生活·读书·新知三联书店，2013：317.
② 朱滢. 中国人的自我[M]. 香港：开明书店，2021：57-58.
③ 秦晖. 变革之道[M]. 郑州：郑州大学出版社，2007：200.
④ 杨国荣. 伦理与存在——道德哲学研究[M]. 上海：上海人民出版社，2002：67.

过身体和权利寻求在公共空间中的恰当位置，确立与他者身体和权利的适宜关系，提升对他者身体和权利的道德敏感度，并以此确认和实现自我。行为主体在公共空间中的存在方式蕴含了价值诉求，这构成了公德的价值基础"[①]。

（一）身体自由与规制

公共空间的所有权可能属于国家或集体，例如森林、河流，也可能属于私人，例如商场、酒店，但公共空间的使用权却必须属于公众。开放性是公共空间的重要特性：向公众开放，允许公众进入。注视和活动是公共空间区别于私人空间的重要特性。私人空间之所以又被称为私密空间，就在于在此空间，不是每位行为主体都有资格进入的空间，是免于他人随意进入和规制的空间。正因为如此，公共空间也被称为公共场所。

公共空间是向公众开放的空间。向公众开放意味着行为主体的身体享有移动的自由：行为主体的身体可以进入一个公共空间，也可以离开一个公共空间；可以在公共空间实施交往和活动，也可以在公共空间停止交往和活动。为了实施公共交往和活动，身体还必须具有行动和言说的自由。只有在行动和言说中，人才能与他人实施交往，才能在公共空间中展现自己的个性和优秀，才能与他者一起，为谋取公共福祉，创生公共空间。

自由不是任性，自由是所有人都能享有同等的权利。为了避免行为主体任性，确保所有人都能享有同等的身体自由，规制就必不可少。自由与规制是对孪生姐妹，拥有多少自由就要承担多少规制。正因为如此，黑格尔（Hegel）说，作为规制的"法的体系是实现了自由的王国"[②]。当行为主体享有身体移动、行动和言说自由的时候，他必须遵守身体移动、行动和言说的公共空间规范，否则就会助长行为主体的任性，导致强制，剥夺他人身体移动、行动和言说的同等自由，就会让公共空间缺少公共性和公开性，使其私人化。为了保持公共空间的开放性，必须通过各种方式让身体移动、行动和言说的自由限制在一定的范围之内，比如将个人污物、未净化的语言、不尊重他人的身体姿态等

---

① 曲蓉. 公德论[M]. 北京：社会科学文献出版社，2020：127.
② 黑格尔. 法哲学原理[M]. 范扬，张企泰，译. 北京：商务印书馆，2016：10.

限制在私人空间内。① 桑内特（Sennett）指出，在私人空间，行为主体可以根据需要和个性穿衣服，但在公共空间，行为主体为了把自己与其他人塑造成为一类人，则必须按照一定要求穿衣服。②

规制的手段多种多样，除了法律之外，还包括风俗习惯、道德伦理等。对身体在公共空间的规制，就成为公德的重要内容和组成部分。恰如有人指出，"身体的自由与规制是人在公共空间中的存在方式之一，构成了公德研究的第一个问题"③。

（二）权利实现与边界

公共空间是众人协力当家做主的空间。为了确保众人协力当家做主，大家必须诉诸显性或隐性的契约，享有平等的权利。"在公共空间中，个人的身份性差异被排除，他是公众中的一员，拥有不超过也不少于其他公众的同等的权利和地位。公众间的伦理关系类似于一种契约关系或交换关系，以尊重换取尊重、以善意换取善意，从而实现在公共空间中的共处"④。在这种契约关系中，行为主体虽然承担了责任，但也因此享有了权利。只不过，这种享有的权利只是应然意义上的权利，权利如要实现，必须得到彼此承认和社会认可。从空间的角度来说，权利实现是指行为主体享有彼此承认和社会认可的空间位置。当行为主体享有一定的空间位置，也就意味着此人拥有了切实的身份地位和协同当家做主的权利。

在私人空间，行为主体所处的空间位置及其身份与其他行为主体所处的位置及其身份并不必然相等，比如父亲和儿子所拥有的空间位置及其身份就不相称。但在公共空间，行为主体所处的空间位置及其身份必须与其他行为主体所处的位置及其身份相称，只有如此，才能避免行为主体对其他行为主体的强制和奴役，才能确保公共空间是众人协力当家做主的空间。易言之，公共空间中的权利实现包含了对权利实现者的责任要求，按照康德的话来说，你的自由能

---

① 拉波特.屎的历史[M].周莽，译.北京：商务印书馆，1961：26-150.
② 桑内特.公共人的衰落[M].李继宏，译.上海：上海译文出版社，2014：91.
③ 曲蓉.公德论[M].北京：社会科学文献出版社，2020：131.
④ 曲蓉.公德论[M].北京：社会科学文献出版社，2020：113.

否和其他所有人的自由共存。① 如此，"权利构成了权利的边界，这是权利特有的价值规定"②。

总而言之，在公共空间中，"个人无法与陌生他者建立亲密而不设界限的交往关系，而是要按照行为主体在公共空间中的位置和角色建立无差别的普遍性交往关系"③。公德就是这种普遍性交往关系的一种外在形式。

二、私德外推：公德教育的误区

清朝末年，中国受到西方列国数次碾压式的打击，一批先进的中国人逐渐意识到，中国如要自强，必须向西方列国学习，不仅要学习西方的技术和制度，还要学习西方的文明，重塑中国人的素养，培养"新民"。梁启超特别指出，国人民智易开、民力易鼓，但民德难成，公德素养尤其缺乏。梁启超指出，公德是道德的本源，是国家和社会的基础，但国人"一涉公字，其事立败""公林无不斩伐，公路无不芜梗，公田无不侵占，公园无不毁坏"④。为了培养国人的公德品质，他提出："公德者，私德之推也。"⑤梁启超提倡的这种私德外推的逻辑为很多学校及其教师推崇：一些学校把一些只适合私人空间的私德要求，诸如"老吾老以及人之老，幼吾幼以及人之幼"，以及由此生发的乐善好施、助人为乐的品质认定为公共空间的公德要求。在私人空间，人与人之间的关系比较亲密，人与人之间的交往以维系亲密关系和促进私人福祉为主要目的。在公共空间，人与人之间的关系比较淡漠，人与人之间的交往以相互尊重、履行契约和促进公共福祉为主要目的。诸如"老吾老以及人之老，幼吾幼以及人之幼"及其生发的道德要求，实际上是要把私人空间中的亲密关系推延到公共空间中。在熟人社会，私德外推有其合理性，但在陌生人社会，在人与人之间的情感比较淡漠的公共空间，私德外推就显得过于理想，不切实际：绝大多数人虽然都能够尊重陌生人，但却无法像对待亲人一样关心和关爱陌生人。

---

① 康德. 法的形而上学原理——权利的科学[M]. 沈叔平，译. 北京：商务印书馆，1991：41.
② 曲蓉. 公德论[M]. 北京：社会科学文献出版社，2020：131.
③ 曲蓉. 公德论[M]. 北京：社会科学文献出版社，2020：135.
④ 陈弱水. 公共意识与中国文化[M]. 台北：联经出版事业股份有限公司，2005：21-22.
⑤ 梁启超. 梁启超全集 第二集 论著二[M]. 北京：中国人民大学出版社，2018：634.

即便个别人能把陌生人当作亲人一样对待，我们也要充分意识到，这种品性实际上是私德而非公德。有人所说甚是，"儒家主张建立在道德精神上的立公去私，即个人应该依照伦理精神，在涉及公共秩序问题或公共利益问题时摒弃个人私利而成全公共利益。很多儒学培养的优秀人物都具备这种意义上的公德。然而，这种公德的来源显然还是个人德性，是属于个人德性在公共领域实践时的体现。在严格意义上，公德的来源如果不是建立在群体本位的基础上，则不能称之为公德"①。

"私德外推"实施的公德教育之所以无效，其重要原因在于，在现代公私空间界分的社会中，其蕴含的两个预设根本不成立。

（一）人己同类

"私德外推"之所以预设私德可以推出公德在于其预设"人己同类"：其他人、群体和我具有相似性，乃至相同，行为主体觉得良善的道德追求可以沿用到其他人和群体中。只有预设"人同此心，心同此理"，"人"和"己"之间才能进行无障碍的换位思考，做到设身处地，进而做到"亲亲而仁民，仁民而爱物"（《孟子·尽心上》）。②

在传统不流动的熟人社会中，在现代的私人空间中，个人和他人的处境、思维、追求基本相似，"人己同类"意识和思维具有重要价值，可以通过将心比心，实现"好心办好事"。但是在与陌生人相处的公共空间中，陌生人和自己的处境、思维、追求相去甚远，其差异性远远超过彼此的一致性，通过将心比心，很有可能导致"好心办坏事"。比如，对于中国人而言，给老人让座是一种良善行为，但对于西方人而言，给老人让座则很有可能被视为一种年龄歧视。赵汀阳就指出，在传统社会，"己所不欲，勿施于人"之所以有效，被视为人与人交往的金规则，就在于人们拥有价值共识，"人同此心，心同此理"；但在现代陌生人社会，彼此不了解，也没有明确的价值共识，"人同此心，心同此理"已经失效。因此，现今社会推崇的人与人交往规则应是"人所不欲，

---

① 田超.公德、私德的分离与公共理性建构的二重性——以梁启超、李泽厚的观点为参照[J].道德与文明，2013（3）：28-34.

② 曲蓉.公德论[M].北京：社会科学文献出版社，2020：249-250.

勿施于人"。①

当涉及公共空间中的人与群体关系的时候,"人己同类"及其派生的将心比心更不适用。群体虽然是由个人组成的,但群体一旦形成以后,就具有独立性,拥有自己的独特追求、组织形式和活动方式。普通行为主体很难通过将心比心,从自己的道德观念、特殊利益和需要出发,准确推演出群体的需要和追求。比如常人很难知晓政府、素食协会等群体的利益和需要。

更何况,"人己同类"思维的出发点仍然是"己":根据自己的想象和意愿去揣摩他人所需所想,根本没有认真对待他人的所需所想;这意味着只有"己"才有权力判断对方应该需要什么,应该做什么;这实际上也是一种主体霸权。②在公共空间,除了众人达成的共识,无人有权将自己秉持的道德原则提升为绝对的道德权威,否则将带来道德上的强制和奴役。

(二)推己及人

"私德外推"的另外一个预设是行为主体能够做到"推己及人":从爱亲人、爱他人,逐渐过渡到爱社会、爱国家和爱世界。恰恰是这种思维的影响,一些学校按照"能近取譬""由己及他"的逻辑,构建出爱亲人、爱他人、爱社会、爱国家、爱世界的公德教育体系。在这种体系中,社会、国家和世界都是扩大了的"家庭",社会人、国家公民和世界公民都是推演出来的"亲人"。正是在此逻辑下,这些学校喊出了"学校是我家,爱护靠大家""社区是我家,文明靠大家""全世界都是我们的家"之类的口号。

这种"推己及人"的公德教育如要有效,需要行为主体从爱亲人拓展到爱熟悉的人,再到爱陌生人,再到爱社会、国家和世界。如前所说,在与陌生人交往的公共空间中,除了个别人能把对亲人的爱拓展到爱所有陌生人,拥有"泛爱众"精神,绝大多数人都不可能形成这种博爱精神,因此这种公德教育很难有效。可能恰恰如此,从清朝末年开始,尽管千千万万的学校都在努力实施公德教育,但成效不是特别显著,民众随地吐痰、乱扔垃圾的现象仍然比较

---

① 赵汀阳.论道德金规则的最佳可能方案[J].中国社会科学,2005(3):70-79,206.
② 赵汀阳.论道德金规则的最佳可能方案[J].中国社会科学,2005(3):70-79,206.

普遍。当然，通过强制的方式，或许可能让一些人遵守相关公共空间规范，但这些人之所以遵守公共空间规范，并不是因为内心认可这些规范是公共的，所以需要遵守，而很可能是因为遵守这些规范可以避免遭受惩罚或可以获得个人利益。当公共空间规范执行不力的时候，他们就会原形毕露，我行我素。

"推己及人"的公德教育虽然不能有效地做到"泛爱众"，但至少能够比较有效地让行为主体爱自己熟悉的人，特别是亲人。但恰恰如此，"推己及人"的公德教育会进一步巩固社会中的差序格局。在"推己及人"这种私德外推的公德教育中，行为主体更容易爱自己的亲人和熟悉的人。因此，关系越亲密，就越容易做到关照和爱护。当发生价值和伦理冲突的时候，行为主体自然偏向于关照和爱护关系亲密者，而疏远关系不太亲密者，如此自然会导致"任人唯亲"，出现"各人自扫门前雪，莫管他家瓦上霜"的现象。可见，在这种公德教育中，行为主体不仅没有形成公共品质，反而可能成为利己主义者。在这种教育引领下，行为主体很可能会和家人、朋友一起构筑一座城堡，城堡内的亲人朋友们一方面实施最大限度的协作和互助，另一方面则对城堡外的他人采取冷漠，甚至敌对的态度。[1]

三、公共空间意识的萌发和生成：公德教育的基点

意识不仅是行为的先导，它还可以指导、监督和完善行为，相应之，公共空间意识不仅是公共空间行为（包括道德行为）的先导，它还可以指导、监督和完善公共空间行为。正是由于一些人没有充分意识到公共空间是众人协力当家做主的公众空间，所以没有意识到每个行为主体都是公共空间的主人，以至于把公共空间当作无主空间或政府的空间，没有意识到乱扔垃圾、让小孩随地小便等是一种不道德的行为。因此，国家和社会有必要按照公共空间意识萌发和生成的规律，明确私人空间和公共空间之间的界限，培育成熟的公共空间，实施指向公共空间品质培养的公德教育。限于篇幅，在此只谈谈学校应该如何有效实施公德教育。

（一）基于公共空间意识的萌发，实施有效的公德教育

从心理学的角度来说，只有当行为主体生成了公共空间意识，才有可能形成公共意识及其相应的公德意识，才能形成公德素养。因此，为了有效实施公德教育，首先要激发学生生成公共空间意识，为此可以采取"活私开公"的方式实施公德教育。这里所谓的"活私开公"是相对于"立公灭私"和"立私灭公"而言的，是指在充分尊重行为主体私人空间权利和利益的基础之上，鼓励行为主体积极进入公共空间，参与公共空间交往和活动，实现公私互利。①

之所以重视"活私"，是因为只有通过"活私"，才能让行为主体萌发公共空间意识。公共空间意识是相对于私人空间意识而言的，只有当行为主体拥有他人不可侵犯的私人空间时，行为主体才能形成公共空间意识，明晰与私人空间相对应的空间是公共空间，私人空间是行为主体的私密空间，公共空间是行为主体共建共享的空间。恰如金耀基所说，公共空间和私人空间密不可分，缺少其中之一，另外一个空间也不可能存在，因为中国传统文化完全否定了个人的私人空间，所以中国的公共空间也不可能真正确立。②重视"活私"，尊重和维护行为主体的私人空间，还能帮助行为主体形成独特的视角、与众不同的个性和观点，让其进入公共空间之后，为公共交往和公共生活提供更加丰富多彩的见解和行动。

之所以要重视"开公"，是因为只有通过"开公"，才能让行为主体生成完整的公共空间意识。只有生活在真实的公共空间中，行为主体才能充分领略到公共事务的重要性，充分体会到公共行动的艰辛，充分享受到增进公共福祉的美好。正是在这种领略、体会和享受中，在这种亲身经历中，行为主体才能知晓公共空间为什么叫公共空间；为了促进公共空间共建共享，行为主体为什么要有公共空间规范意识；为了促进公共空间公利共谋，行为主体为什么要有公共空间参与意识；为了促进公共行动，增进公共福祉，行为主体为什么要有公约意识等。

---

① 佐佐木毅，金泰昌. 21 世纪公共哲学的展望[M]. 卞崇道，王青，刁榴，译. 北京：人民出版社，2009：444.

② 金耀基. 金耀基自选集[M]. 上海：上海教育出版社，2002：150.

为了"活私"，要确保学生私人空间及其权利受到充分尊重，不得以任何名义侵犯学生的私人空间，要严惩侵犯学生私人空间及其权利的人和组织。为了"开公"，可为学生创设丰富多彩的公共空间活动，组织学生就各种公共议题，为增进公共福祉，展开协商对话。为了让"活私"和"开公"产生良性互动，彼此促进，有必要在明确公私空间界分的基础之上，让"公私互利"：第一，创设的公共空间及其活动能够"活私"。创设维权的公共空间活动，让行为主体在公共协商和决策中学会维护私人空间的行为主体权利和福祉；创设能够表现各自个性和特长的公共空间舞台，让行为主体学会展现在私人空间中成长起来的精彩自我；创设能够促进彼此相互学习的公共空间平台，让行为主体知道自己的差距和私人空间的努力方向等。如此，行为主体不只是在为发展公共空间而行动，也是在更好地为维护自己私人空间的权利和荣誉而行动。在此过程中，行为主体会更有动力和意愿进入公共空间，参与公共空间活动，逐渐形成公德素养。第二，创设的公共空间及其活动能够"开公"。在这些创设的公共空间及其活动中，不能让所有私人空间形成的个性都得到肯定，只能让那些有利于公共空间发展和公共福祉增进的个性及其展示方式得到赞誉。通过公共赞誉的这种引导，旨在克服梁启超批判的"束身寡过"主义，使行为主体有意识地让私人空间及其活动具有公共性。如此，"正是在这种'活私'和'开公'中，公私分离但不对立的思维模式才会形成，私人空间意识和公共空间意识将实现互利：个人逐渐会把难以名状、无法言说、零碎琐碎、漂浮不定的私人问题和民族、社会、国家的公共问题有机联系起来"[①]。

当然，此处所说的"活私开公"与"私德外推"有着本质的区别。"活私开公"的本质是在明确公私空间边界的基础之上，让私人空间和公共空间的活动实施有序互动，"私德外推"的本质则是在模糊公私空间边界的基础之上，让私人空间的德性成为公共空间德性生成的基础。在"活私开公"中，行为主体是独立的现代自我，知晓行为主体可以在公共空间为谋取个人福祉积极有所作为，但是这种作为必须以不损害他人的利益为基础，要以增进公共利益为目的，即以增进所有人同等福祉为目的：我只是千万人的代表，实现了我的福祉

① 严从根.论公共空间意识教育[J].教育研究，2016（5）：60-65.

诉求，也让所有人实现了同等的福祉诉求。在"私德外推"中，个人并不是独立的现代自我，而是生活在血缘、亲缘、地缘关系中的人伦角色，把私人空间的生活逻辑无限推演，让公共空间私人化，实施有差别对待，对熟人恩爱有加，对陌生人则冷漠待之。

（二）基于公共空间意识的生成，实施完整的公德教育

从空间主体能动性发挥的角度，可以把公共空间分为消极的公共空间和积极的公共空间。当然这种划分只是相对而言，没有绝对意义上的消极的公共空间，也没有绝对意义上的积极的公共空间，而且，在一定的条件下，消极的公共空间和积极的公共空间还可以相互转化。例如，当图书馆成为公共论坛的时候，图书馆就从消极的公共空间转化为积极的公共空间；当网络公共空间只提供浏览服务，不提供互动服务的时候，网络公共空间就从积极的公共空间转化为消极的公共空间。

消极的公共空间是公众能够实施公共交往和活动的基本场域，积极的公共空间是公众为促进公共福祉，诉诸协商论辩，实施集体决策，生成集体智慧的重要场域。因此，消极的公共空间和积极的公共空间都特别重要，不过，很显然就促进整个社会和国家的发展而言，积极的公共空间可能更为重要。

公共空间有积极和消极之分，因此，有关公共空间中行为主体权利义务分配的公共空间意识也有积极和消极之分。因为公共空间意识有积极和消极之分，所以由此生发的公德要求也有积极的公德要求和消极的公德要求之分。消极的公德要求是一些遵纪守法的道德要求，积极的公德要求则是一些关心公共福祉、喜好公共空间参与的道德要求。相应之，公德教育可分为消极的公德教育和积极的公德教育。

当然，无论是就消极的公德教育而言，还是就积极的公德教育而言，都不能采用私德外推的方式实施教育。在公私空间界分的现代社会，人们不可能从公共空间和公共空间意识生发出基于亲情之上的道德要求。因此，如要想解决公德危机，公德教育最重要的不是把私人亲情推展到公共空间中，而是基于公共空间和公共空间意识提出适宜的道德伦理要求，即基于公共交往提出促使陌生人之间相互尊重的伦理要求。当然，这并不是说私德外推没有任何价值和意义，而只是说，这并非公德教育的适宜方式；私德外推的方式可以成为私德教育的一种重要方式，通过倡导来推行，但不可以通过契约化的制度强行实施。

为了让公德要求成为从公共空间意识能够生成和发展出的道德要求，至少要做到如下几点：首先，提出的公德要求必须是公众协商的产物。公共空间是公众的空间，因此，任何一方都无权把自己的道德要求提升为公德要求。能够成为公共空间中公众认可的公德要求，只能是众人通过平等协商达成的共识。当然，为了让众人达成的共识成为公共空间的道德要求，要使行为主体在协商中，尽量站在血缘、学缘、地缘等局部性立场之外，运用公共理性，为谋求公共福祉而建言献策，寻求共识。其次，在实施公德教育的过程中，要让学生充分意识到，之所以要遵守公德要求，并不只是因为这有助于自己获益，更重要的是因为其有助于增进公共福祉。

第三节　公共人教育①

一些民众在公共场合乱扔垃圾、随地吐痰、大声喧哗、乱闯红灯等行为，与他们不明白何谓公共空间，不明晰公共空间和私人空间之间的区分是密切相关的。他们往往意识不到公共空间和私人空间之间的伦理要求是不一样的：在公共空间，他们仍然只是按照私人空间的"自我"去行事。公共空间意识的缺乏不仅会导致公共生活私人化，还会影响公共人的培养和发展。

一、公共空间意识：一种公共人意识

在中文里，"公"和"共"都有与"私"相对的基本意思，有"共同""无私"的解释。在《现代汉语词典》（第 7 版）中，"公共"被诠释为"属于社会的；公有公用的"。其对应的英文为"public"，可解释为"公众的；为公众的；与公众有关的；由公众所有的；为公众而做或由公众所做的；为公众所知

---

① 胡旭东参与了本部分内容的讨论。

的"①。中文中的"空间"和对应的英文"space"或"sphere"都有"领域""范围"的意思。②综上所述,"公共空间"("publicspace"或者"publicsphere")可理解为"公众的领域或属于公众的领域"。由于公众在他们所属领域的活动方式不一样,公共空间又可分为两种:一是指日常公共生活的"公领域",例如公交车厢、地铁站等,在这一领域中的个人是无所作为的,只要遵规矩、按常理、依旧俗就行,这就是以赛亚·伯林(Isaiah Berlin)所谓的"消极自由"。当然,这里所说的"消极自由"之"消极"并不是完全消极无为的,它本身包含着守住个人的"底线"之意,不能让外在的强势力突破这一"底线"(比如生命、自由、尊严等)。二是将各种各样的"个人"之"私"(私人意见、看法、观点)汇集为"公"[卢梭(Rousseau)的"公意"]的地方,例如报纸、杂志、网络等。没有这样一个"公共空间",就不会形成真正的"公共意见"和"公共舆论"。为了提高"公共意见"和"公共舆论"的理性程度,介入之人需要强调理性,拒斥暴力,具有论辩说理和宽容的品质。③

　　公共空间意识主要是指个体对于自己在公共空间中的地位、应享权利和应履行义务的自觉意识。在专制社会,所有的空间都是帝王或教皇的空间,没有所谓的属于所有人的公共空间。只有在民主社会,大家都成了独立的个人,为个人提供共同交往和论辩的公共空间才会产生。不过,只有当每个人都意识到公共空间不是属于某个人的空间,而是属于所有人的空间,每个相关者都是其主人时,公共空间的公共性才能得以确认。因此,公共空间意识的灵魂是民主的主体意识,即所有相关者都是其主人的意识:在日常生活的"公领域"能够遵守习俗约定或默认的公共规则等;在汇集私人意见的"公领域"能够积极参与协商论辩,致力于影响当局的公共决策等。这种主人意识是权利平等的共享意识,共同参与公共生活、积极影响公共决策、遵守契约的意识。由此可见,具有公共空间意识的人实际上并不是一般意义上只关注个人权利的市民,而是具有契约精神、公共精神及其情怀的公民,即公共人。因此,就其本质而言,

① 牛津现代高级英汉双解词典[M]. 北京:商务印书馆,1988:903.
② 中国社会科学院语言研究所词典编辑室. 现代汉语词典[M]. 7版. 北京:商务印书馆,2016:744;牛津现代高级英汉双解词典[M]. 北京:商务印书馆,1988:1104,1109.
③ 雅诺斯基. 公民与文明社会[M]. 柯雄,译. 沈阳:辽宁教育出版社,2000:13.

公共空间意识实际上是一种公共人意识。

二、培育公共空间意识：公共人教育的基点

公共空间意识是一种公共人意识，而且是一种基本的公共人意识。公共人是公共人意识的核心概念，为了弄清楚公共人意识是什么，首先有必要明晰公共人是什么。对于公共人的概念，人们的理解非常多样化。我们很难说清楚"公共人是什么"，但是我们可以很清楚地说出"公共人不是什么"："公共人"是"公民"，是相对于"臣民"和"私民"而言的，它不是"臣民"，也非"私民"。因此，可以认为公共人是具有民主平等意识及其公共品质的民主国家的主人。相应的，公共人意识就是个体对个人作为民主国家主人的一种心理认同与理性自觉。只有当个人的主体意识及其自主意识开始觉醒，并意识到个人具有不可剥夺的权利，国家和社会都应该尊重和维护个人基本权利的时候，个人才能意识到自己是国家的主人而非臣民[①]；只有当个人的主体意识发展到主体间意识的时候，意识到在"我"之外，还有"他人"，"我"和"他人"都应享有同等权利的时候，个人才能意识到自己不是"私民"。因此，权利主体意识及其派生的主体间意识是公共人意识中最主要的意识。换言之，只有意识到自己的尊严和价值需要得到他人、社会与国家的认可及保证，同时认为他人和自己一样都是具有权利、尊严和价值的自由主体时，个人才是严格意义上的公共人。为了有效维护自己的权利，个人需要通过积极参与公共生活来影响当局的公共决策，保护个人的权利、尊严和价值，因此，参与意识也是重要的公共人意识，因为这些权利、尊严、价值和参与都需要国家和社会予以保障，所以公共人意识还包括对相应国家和社会的责任感等。权利主体意识、参与意识、对国家和社会的责任感等都不是个体天然形成的，它主要是在公私空间界分的生活中形成的。在古代社会，公私空间是没有严格界限的，两者相互渗透，因此，公共生活很容易被强者私人化，私人生活也很容易受到强权的侵入。只有到近现代以后，公私空间才开始界分，并受到法律的认可和保护，私人空间被认为是个人的私有空间，是个体免受任何侵犯和奴役的场所；在没有

---

① 华中师范学院教育科学研究所.陶行知全集（第2卷）[M].长沙：湖南教育出版社，1984：1.

直接危害他人的情况下，在个体没有同意的情况下，任何人都不能以任何理由介入；公共空间不再被认为是"王者"或"强者"的空间，而是所有人的空间，在公共空间，每个人都是主人，公共规则必须是所有人同意的，它旨在保证所有个体的权利、尊严和价值得到公平公正的对待。在私人空间，个人可以逐渐形成权利和尊重他人权利的意识；在公共空间，在积极参与中，公共人的参与意识也可以被培养起来。同时，正是在这种公共空间和私人空间明确划分的生活中，个人逐渐意识到，没有社会和国家的支持和保证，个人在私人空间和公共空间所有的权利和福祉都得不到保障，由此，对国家和社会的义务感和责任感油然而生。可见，如要培养公共人意识就必须重视私人空间意识和公共空间意识的培养，这是实施公共人教育的必要基点。

三、基于公共空间意识培育的学校公共人教育

为了更好地践行以培育公共空间意识为基点的学校公共人教育，我们至少要做到如下要求。

确保个体私人空间免受任何不正当侵犯。公共空间是相对于私人空间而言的，没有私人空间也就没有公共空间。因此，为了培养个体的公共空间意识及其公共人品质，学校首先需要确保个人的私人空间免受任何不正当的侵犯。具体而言，有如下理由：第一，确保私人空间免受任何不正当侵犯，促使个体具有主体独立意识是个体公共空间意识得以形成的前提和基础。一个社会中，如果个体普遍不具有主体独立意识，那么这意味个体不是作为独立的个人存在的，而是作为国家、部落、宗教或家族的附属物。如此，所有空间都将沦为国家、部落、宗教或家族的附属物，将不可能存在专属于公众的公共空间。只有当一个社会里的个体普遍具有主体独立意识，可以作为个人独立存在并促使个体交往时，属于每个人但不属于某个人的公共空间才有可能产生，个体的公共空间意识才有可能产生。私人空间是涵养个体独特性和独立性的基本领域。为了培育个体的主体独立意识，我们需要重视个体的私人空间，必须保证它免受任何不正当的干涉和侵犯。第二，满足个体在私人空间里产生的需求是个体积极参与公共空间的动力。私人空间是处理个人偏好、满足个人基本需求的领

域。公共空间是属于大家的空间，是满足所有相关人诉求的领域，是事关公共利益及其福祉实现的领域。马斯洛的需要层次理论告诉我们，只有当个体的基本需求得到满足，个体才会积极关注公共空间及其相关的公共利益和公共福祉。因此，为了成功实施公共空间意识教育，有必要先明确界分公私空间，确保学生私人空间免受不正当侵犯。第三，确保私人空间免受任何不正当侵犯也是确保公共空间公共性的需要。私人空间经常受到侵犯，个体就无法在私人空间满足自己的基本需求。在这种情况下，为了满足自己的基本需求，个体很容易把公共空间当作私人空间来看待和利用，用以满足在私人空间无法满足的需求。如此，公共空间就会私人化，公共空间的公共性就得不到保障。

确保公共空间向所有人开放，使每个参与者的权利都得到平等尊重和增进。只有确保公共空间向所有人开放，确保所有人都可以对自己生活于其中的公共空间及其公共事务表达自己的建议时，公共空间的公共性才会显露出来，如此，公共空间才能称为公共空间而非私人空间。因此，开放性是公共空间最基本的特性。同时，也只有生活在具有充分开放性的公共空间中，个人才容易形成一系列公共空间意识，诸如价值多元共生意识、民主平等宽容意识与公共规则意识等。因此，为了培养个体的公共空间意识，我们要确保公共空间（特别是要确保学校公共空间）向学生开放，并使参与的学生的权利都得到同等尊重和对待。

重视主体参与性的培养。只有具有主体参与意识，个人才有可能主动并富有激情地进入公共空间，进而体会到公共空间有着与私人空间不同的规范和追求。这种参与意识也是一种积极的心理状态，它能促使个体主动承担公共空间赋予个人的责任。总而言之，只有当个体具有这种参与性，公共空间才能得以形成，并得以维系、发展和完善。以培育个体公共空间意识为基点的学校公共人教育自然要重视这种主体参与性的培养。培养个体的主体参与性，需要做到如下两个方面：一是需要通过教育来"培育自由、平等、民主、权利、契约、法制等现代政治文明观念"，因为这有利于让个人"更多地认识到参与社会公共生活、政治生活不仅是自身权利，更是自身义务"，这是培养公共空间意识及其公共人意识的重要方式和途径；二是需要通过教育来"培育'以人为本''科学发展''社会和谐'等主流意识形态所宣传的社会主义价值观念",因为这有利于唤醒个人权利意识。

培育个体的公共理性。公共空间得以存在和发展至少还要有如下要求：个体不仅要遵守公共空间规范，还要能不断致力于完善这些规范，正确而及时地解决公共空间内的公共事务等。因此，公共空间意识教育不仅涉及公共空间内公共空间规范的遵守，还涉及公共空间规范的完善、公共事务的解决等。公共空间规范的完善和公共事务的解决必须依靠公共理性的论辩。"公共理性不同于私人理性，它不会只强调个人利益和福祉的增进，它还非常强调要尊重他人和共同体对各自利益和福祉的追求。它也不同于一般的共同体理性，不会为了共同体利益和福祉的增进而作出损害个人正当利益的决策，它强调每个人都有正当权利追求各自的利益和福祉"[①]。只有通过公共理性，个体才会基于公共性和互惠的基础进行协商论辩，彼此理解，相互妥协，达成共识，超越冲突，使公共空间的规范、公共事务等向有利于每个人的方向发展。因此，为了培育个体的公共空间意识，最终旨在促使个体形成良善的公共人品质，我们需要重视公共理性教育。

四、在公共生活中培养公共人

公共人是喜欢公共生活的人，是心怀天下、以增进公共福祉为目的，展开公共交往的人。在现今社会，培养公共人具有重要的意义。随着市场经济的发展，个人主体性开始觉醒。个人主体性觉醒既包含着善的可能性，也包含着恶的可能性。在个人主体性觉醒的过程中，当个人在自由自觉中领悟到自身存在的公共性，并以共同体的发展作为自己本质的时候，个人主体性就会上升为公共性，个人就会成为公共人。但在个人主体觉醒的过程中，当个人心甘情愿地为私人性所支配时，将会坠入恶的深渊，患上哈贝马斯所说的"唯私主义综合征"：不愿参加公共生活，不愿承担公共责任，自愿沉沦于私人生活，甚至以自我为坐标，把公共空间私人化和私人空间公共化，忽视乃至无视他人需求和共同体需求，满足一己欲望。遗憾的是，当今社会仍然存在着一些患有"唯私

---

① 严从根. 在正当与有效之间——社会转型期的道德教育[M]. 杭州：浙江大学出版社，2017：113.

主义综合征"的个人。为了治疗"唯私主义综合征",让个人主体性上升到公共性,我们需要注重培育公共人。

恰如只能在游泳中学会游泳,在驾驶中才能学会驾驶一样,最有效的公共人培育的方式就是让人生活在公共生活中。以育人为目的的学校自然应该以培养公共人为目的,致力于让学生生活在公共生活中,生发公共空间意识,养成公共人品性。

(一)建造适宜公共生活的物理空间

随着时代的发展,虚拟空间已经成为公共生活所需要的重要空间,但无疑,物理空间仍然是公共生活所需要的最基本的和最重要的空间。存有适宜公共生活的物理空间是顺利进行公共生活的前提。遗憾的是,在现今学校里,看似存在大量适宜公共生活的物理空间,比如教室、图书馆、操场等,但实际上,这些空间近乎成了桑内特所说的"死亡的公共空间"。这些空间的设计基本沿用了透明墙设计原理:为了让物理空间内部和外部融为一体,墙面尽量采用玻璃等透明材质,不过,墙体的框架结构则让这种透明空间变成了封闭的,人们可以随时看见空间里的人和物,但却很难有机会进入这种空间参与活动。这种设计除了提高了空间的采光度,以及无处不可、无时不在的监控之外,并没有创造更多的空间容许学生停留、议事和举办各种公共活动。甚至,学校里的各类通道也只保留了安全和快速流动功能,普遍不再具有柏拉图学院里的各类通道所具有的功能:随处停留,方便议事。可见,现今学校里的这些物理空间貌似是开放的学生公共生活空间,实际上却对学生公共生活呈现出拒绝的姿态,很难让学生生发公共空间意识。为了培养公共人,有必要重新设计和建造学校的物理空间。在确保必要的透明性和封闭性的前提下,要进一步提高学校物理空间的开放性,增加允许学生停留、休闲、议事和举办各类公共活动的功能。

(二)建立适合公共生活的独立社团

凭借个人旨趣和能力,学生个人可以组织和参加公共活动,过上公共生活,但要让学生的公共生活组织化和常态化,组建独立社团是一种绝佳策略。

独立社团不是以营利为目的的社团，也不是因为强迫才形成的社团，而是人们基于共同愿景，自愿结成的社团。独立社团的章程并不是一人制定的，而是社团里的所有人通过协商制定的；负责人也不是权威人士指定的，而是选举产生的；社团成员可以自愿参加，也可自动退出。在这种独立社团里，任何人都不能任性而为，都必须基于公共利益进行思考，为了公共利益而奋斗。正是在这种思考和奋斗中，个人才能逐渐拥有公共空间意识，养成公共人所需要的公共品质，因此，独立社团是公共活动得以开展的重要组织和主体。现今，学校社团日益丰富，但很多社团都缺乏足够的独立性：这些社团的章程往往都不是学生参与制定的，负责人往往也不是通过学生选举产生的，甚至学生参加和退出社团都是教师主导的。在这种缺乏独立性、教师主导的社团里，学生被教师驱使着行动，他们很难养成公共协商品质，自愿承担公共责任，为共同体谋福祉的公共精神。当然，学生，特别是中小学生还不是成熟理性的人，他们需要引导，需要在国家法律法规允许的范围内，在教师的指导和监督下，以增进公共福祉为目的，组建社团，建立章程，选举负责人，开展活动。

（三）设计适切公共生活的公共活动

公共活动是公共生活的表现样态，是以获取公共福祉为目的开展的活动。正是在公共活动中，个人才能过上公共生活，生发公共空间意识，也正是通过公共活动，个人才能让公共空间的公共性得以彰显，让独立社团成为具有公共性的社团。现今学校组织的很多所谓的"公共活动"往往是些以升学为目的的活动，这些活动往往都是教师主导的，帮助学生谋取个人福祉的活动，并不是真正意义上的公共活动。

为了改变这种情况，首先，要变革学校治理方式，让学生有机会参加真正意义上的公共活动。公共活动是共同参与、集体协商、共同决策的活动。公共活动所需要的管理体系显然不是自上而下的垂直型的单主体主导一切的管理体系，而是多主体共治共商共享的治理体系。在学校多主体治理体系之中，教师、学生、家长，乃至社会人士都可参与学校重大决策活动，就诸多问题进行协商论辩，转变偏好，寻求共识。在这种寻求共识的过程中，学生成了学校名副其实的公共人：他们逐渐明白，要基于学校共同体的立场进行思考，担负起公共责任，诉诸公共理性进行言说，为了社团、班级、学校，乃至国家的发展寻求共识。因此，为了让学生能够过上公共生活，学校治理体系要进行变革，要让管理走向治理。

其次，要围绕公共福祉的获取，把学生的部分活动提升为公共活动。学习往往是一种私人性的活动，但这并不意味着学生们的学习活动都是私人性的活动。如果教师不把班会上成一节课，而是把班会开展为议事的会议，如果不是采用任命的方式确定班干部人选，而是组织学生选举班干部等，学生参与的这些活动就具有了公共性，成了公共活动。当然不可把学生所有活动都提升为公共活动。不适合公开、与公共福祉无关的活动都不宜以公共的方式组织，否则，轻则会干扰学生的生活节奏，妨碍其成长，重则侵犯学生的权利等。能够提升为公共生活的活动必须是可以具有公共性，也应具有公共性的活动。

最后，要适度引导学生走进社会，拓展学生的公共活动。组织学生参加社会公共活动，能让学生经历社会上真实存在的政治、经济、文化等方面的公共生活，感触解决公共问题的迫切性和重要性，勇敢地承担起公共责任，体会公共生活的美妙。不过，这种参加必须是适度的，学生是以学习为主要存在方式的人，过度参与社会公共生活，不仅会分散学生学习的注意力和精力，违背教育规律，妨碍学生成长，而且有可能让非理性支配公共活动，妨碍公共福祉的获取。

（四）打造适用公共生活的公共传媒

公共传媒是收集、复制及传播公共生活信息的机构或手段，比如报纸、杂志、书籍、广播、微博、微信公众号等。公共传媒不仅能让社会知晓学生组织或参与的公共生活，达到宣传的目的，而且能让学生成为自己的发言人，让自己的价值和个性得到充分彰显。正因为如此，公共传媒是激励学生参与公共生活的有效工具。公共传媒还是非常重要的虚拟的公共空间。通过公共传媒，特别是网络传媒，学生不仅拥有了更多机会和空间参与讨论，拥有了更加平等的地位和身份参与讨论，而且还可以更加自由地表达自己的想法和观点，形成公共舆论，捍卫公共福祉。为了丰富学生的公共生活，宣传学生的公共生活，激励学生更加喜欢公共生活，为学生打造公共传媒就非常必要。

公共传媒是具有公开性、批判性和公共福祉性的传媒。如果传媒是隐秘的或封闭的，那么这种传媒就是拒绝众人参与的非"公共"传媒；如果传媒是缺乏批判的，那么这种传媒就是单向的、非沟通的、拒绝共识的非"公共"传媒；如果传媒传递的信息只是猎奇的、娱乐的和私人的，那么这种传媒就是不关心公共福祉的非"公共"传媒。因此，学校为学生打造的公共传媒必须是所有学生都有平等机会参与的传媒，是所有参与讨论的学生都可以畅所欲言，既能咨询、质疑，也可以发表自己看法的传媒，是聚焦公共议题、拒绝娱乐、诉诸公共理性、实施协商论辩、谋求公共福祉的传媒。

第二章　人类命运共同体和公共空间意识教育

近年来，全球公共空间问题不断涌现，如新冠疫情的全球蔓延，席卷全球的极端高温，日本福岛第一核电站的核污染水排海⋯⋯流行病、气候问题、海洋污染等全球性的公共空间问题，对人类的生存环境、生命健康产生重大威胁。面对全球性的公共空间问题，一些国家的行为却让人们感到，似乎"每个人都只顾自己的事情，其他所有人的命运都和他无关⋯⋯他的世界只有他自己，他只为自己而存在"①。事实上，我们共处一个地球，同处一个家园，随着全球化程度的加深，不同国家和地区之间、不同个体之间的相互依存关系空前密切，正如习近平总书记所指出的："人类生活在同一个地球村里，生活在历史和现实交汇的同一个时空里，越来越成为你中有我、我中有你的命运共同体。"②因此，基于世界人民共同利益的现实考量，面对全球性的公共空间问题，我们有必要反思人类的公共空间意识培养问题，以回应构建人类命运共同体的时代需求。

第一节　人类共同体的发展

"共同体"在英文中为"community"，意为"社区、社会、团体"等。实践中，"共同体"与"社会"常混淆，实则两者不同。从性质上来说，共同体是好的，正如社会学家齐格蒙特·鲍曼（Zygmunt Bauman）所言："共同体总是

---

① 桑内特. 公共人的衰落[M]. 李继宏，译. 上海：上海译文出版社，2014：1.
② 国家主席习近平在莫斯科国际关系学院的演讲（全文）[EB/OL].（2013-03-24）[2024-07-05]. https://www.gov.cn/ldhd/2013—03/24/content_2360829.htm.

好东西。"①在他看来，"共同体是一个'温馨'的地方"②。在共同体中，个体之间可以相互依靠，但社会中的个体关系似乎并非如此，往往是"陌生人"。从时间上而言，共同体产生更早，而社会是生产力发展到一定阶段后形成的。③虽然共同体是古老的，但共同体也随着私有制的发展经历了不同的发展阶段。马克思指出："首要的是，劳动者同他的天然的实验场即土地相脱离，从而自由的小土地所有制解体，以及以东方公社为基础的公共土地所有制解体。"④这为共同体的产生创造了条件。

一、共同体的理论脉络和内涵

认识共同体不能脱离其历史发展境遇，而且，每个理论的发展都有其前提。共同体的形成基于"个人是一个由各个相互影响的部分所组成的共同体的成员。他的本能使得他为了在这个共同体内取得一席之地而去竞争，但是他的伦理观念也促使他去合作"⑤。

（一）共同体的理论脉络

在词源上，共同体源自古希腊语"koinonia"，原指集体、群体、联盟、共同体—集联合等；在德语中，共同体为"gemeinschaft"，是指有机的联合或统一；⑥"共同体"的英文community是由拉丁文前缀"com"（"一起""共同"之意）和伊特鲁亚语单词"munis"（"承担"之意）组成的。⑦"共同体"是一个备受争议的概念，正如鲍曼所言："词都有其含义，然而，有些词还是一种'感觉（feel）'，'共同体（community）'这个词就是其中之一。"⑧正因为如此，

① 鲍曼. 共同体[M]. 欧阳景根，译. 南京：江苏人民出版社，2003：2.
② 孙敏敏，袁祖社."共同体团结悖论"的破解之道——中华民族共同体思想的智慧与方案[J]. 黑龙江民族丛刊，2024（1）：47-57.
③ 鲍曼. 共同体[M]. 欧阳景根，译. 南京：江苏人民出版社，2003：1.
④ 中共中央马克思恩格斯列宁斯大林著作编译局. 马克思恩格斯选全集（第30卷）[M]. 北京：人民出版社，1995：465.
⑤ 利奥波德. 沙乡年鉴[M]. 侯文蕙，译. 北京：商务印书馆，2017：236.
⑥ 胡寅寅. 走向"真正的共同体"马克思共同体思想的致思逻辑研究[M]. 哈尔滨：哈尔滨工程大学出版社，2016：11.
⑦ 入江昭. 全球共同体：国际组织在当代世界形成中的角色[M]. 刘清，颜子龙，李静阁，译. 北京：社会科学文献出版社，2009：译序.
⑧ 鲍曼. 共同体[M]. 欧阳景根，译. 南京：江苏人民出版社，2003：1.

共同体的概念众多，据华裔美国社会学家杨庆堃教授 1981 年的统计，在当时，"共同体"的定义就多达 140 多种。① 在古代，共同体的形式多种多样，包括如中国的"家族"和古希腊的"城邦"。可以说，在古希腊，人们一般都是在共同体意义上讨论城邦的。柏拉图（Plato）在《理想国》中提出："由于需要许多东西，我们邀集许多人住在一起，作为伙伴和助手，这个公共住宅区，我们叫它作城邦。"② 亚里士多德（Aristotle）则认为，共同体是一种达到某些"善"之目的的"政治共同体"，即城邦。他认为，"每一个城邦的存在都是自然的，因为它本身就是自然存在的共同体的结合而已。这种自然性同早期的、城邦由之而形成的共同体的本性是相同的，它是共同体发展的目的或结果，而事物的本性就在其目的或结果之中"③。而且，在亚里士多德看来，人不能离开共同体而存在，如果离开了共同体而存在，不是野兽就是神。在古罗马时期，西塞罗（Cicero）在《论法律》中秉持了亚里士多德的观点，认为共同体是一种"道德的"共同体，即由一个拥有共同财富和遵守相同法律的人的道德集合体。他提出，"除非国家是一个为了伦理目的的共同体，除非国家是被道德的纽带联系起来的，否则就像奥古斯丁在后来所说的那样，国家只是一个'大规模的江洋大盗'而已"④。后经阿奎那（Aquinas）、约翰·密尔（John Mill）、黑格尔到杜威（Dewey），共同体的概念不断得到发展，但始终没有形成统一的界定。威廉姆斯（Willams）认为，"共同体这个词的复杂性，是与历史过程中所发展出来的各种思潮复杂的互动关系有关：一方面，它具有'直接、共同关怀'的意涵；另一方面，它意指各种不同形式的共同组织，而这些组织也许可能、也许不可能充分表现出上述的关怀"⑤。

对共同体的内涵进行深入探讨的是在社会学领域。在 19 世纪，不同于政治学上的共同体的内涵，社会学基于自身的学科框架对共同体进行了探讨。在

---

① 转引自：陈凯. 从共同体到联合体——马克思共同体思想研究[D]. 泉州：华侨大学，2017：24.
② 柏拉图. 理想国[M]. 郭斌和，张竹明，译. 北京：商务印书馆，1986：58.
③ 亚里士多德. 政治学[M]. 高书文，译. 南昌：江西教育出版社，2014：5.
④ 萨拜因，索尔森. 政治学说史：城邦与世界社会[M]. 邓正来，译. 上海：上海人民出版社，2015：274.
⑤ 转引自：陈美萍. 共同体（Community）：一个社会学话语的演变[J]. 南通大学学报（社会科学版），2009（1）：118-123.

社会学框架内，共同体概念一开始指的是社会的某种组织形式、联系纽带和结合原则。[①]

1887 年，德国社会学家滕尼斯（Tönnies）在《共同体与社会：纯粹社会学的基本概念》一书中，把"共同体"从"社会"中抽离出来。他认为，"共同体"和"社会"是人类两种不同的生活形式。"共同体是古老的，社会是新的，不管作为事实还是作为名称，皆如此"[②]。而且，与"社会"相比，共同体更高级，他认为，"共同体是持久的真正的共同生活，社会只不过是一种暂时的和表面的共同生活。因此，共同体本身应该被理解为一种生机勃勃的有机体，而社会应该被理解为一种机械的聚合和人工制品"[③]。在滕尼斯看来，共同体包括血缘共同体、地缘共同体和精神共同体，它是以血缘、地缘或伦理等纽带而组成的自然的有机整体。其中，血缘共同体是最初的共同体，精神共同体是最高形式的共同体。滕尼斯认为，"血缘共同体作为行为的统一体发展和分离为地缘共同体，地缘共同体直接表现为居住在一起，而地缘共同体又发展为精神共同体，作为在相同的方向上和相同的意向上的纯粹的相互作用和支配。地缘共同体可以被理解为动物的生活的相互关系，犹如精神共同体可以被理解为心灵的生活的相互关系一样。因此，精神共同体在同从前的各种共同体的结合中，可以被理解为真正的人的最高形式的共同体"[④]。

在滕尼斯的共同体理论的影响下，鲍曼通过对共同体主义的批判，认为不确定性和确定性共存的矛盾中，个体追求安全感需要牺牲一部分的自由，因此，他把共同体看作个体让渡一定权利而保障安全的有机体。他认为，"社会中存在的、基于主观或客观上的共同特征（包括种族、观念、地位、遭遇、任务、身份等）而组成的各种层次的团体、组织"[⑤]。在这样的共同体中，能给人"不错的感觉"。鲍曼认为，共同体之所以能够给人不错的感觉"那是因为

---

① 转引自：陈美萍.共同体（Community）：一个社会学话语的演变[J]. 南通大学学报（社会科学版），2009（1）：118-123.

② 滕尼斯.共同体与社会：纯粹社会学的基本概念[M].林荣远，译.北京：商务印书馆，1999：53-54.

③ 滕尼斯.共同体与社会：纯粹社会学的基本概念[M].林荣远，译.北京：商务印书馆，1999：54.

④ 滕尼斯.共同体与社会：纯粹社会学的基本概念[M].林荣远，译.北京：商务印书馆，1999：65.

⑤ 鲍曼.共同体[M].欧阳景根，译.南京：江苏人民出版社，2003：1.

这个词所表达出来的含义——它所传递出的所有含义都预示着快乐，而且这种快乐通常是我们想要去经历和体验的"①。不仅如此，鲍曼认为，共同体是一个"温馨"的地方，是一个温暖而又舒适的场所，它就像是一个家，在它的下面，可以遮风避雨等。在共同体中，个体可以放松，因为在共同体中是安全的，在那里，即使是在黑暗的角落里，也不会有任何危险。②同时，在共同体中，个体之间紧密相依，互为支撑。鲍曼指出，在共同体中，"我们的责任，只不过是互相帮助，而且，我们的权利，也只不过是希望我们需要的帮助即将到来"③。鲍曼认为，共同体的世界并不是个体想获得就可以获得的世界。他指出，为了得到"成为共同体中的一员"的好处，个体需要付出自由的代价，如"自主""自决权"或"成为自我的权利"。鲍曼强调，"失去共同体，意味着失去安全感；得到共同体，如果真的发生的话，意味着将很快失去自由。确定性和自由是两个同样珍贵和渴望的价值，它们可以或好或坏地得到平衡，但不可能永远和谐一致，没有矛盾和冲突"④。

通过对上述内容的梳理可知，共同体是一个整体，是具有社会功能的生活方式，随着全球化的扩展和交通的日益便利，人与人之间、群体与群体之间的联系和交往突破了传统的限制，共同体的内涵也进一步丰富。《辞海》中指出，共同体包括如下几种意思：一是有较稳定的群体结构和一定的行为规范；二是成员间相互依赖，频繁互动；三是有一定的目标和成员的分工、协作；四是其成员有共同的归属感和认同感。⑤张新明认为，"共同体是指根据地域性和共同性而聚集起来的社会团体，即任何大小的一个社会组织，其成员居住在一个特定区域内，有共同的文化和历史传统、共同的特征或兴趣"⑥。基于此，我们认为，共同体是为了特定目的，基于共同的规则，以多样化的形式共同组成的群体。

---

① 鲍曼.共同体[M].欧阳景根，译.南京：江苏人民出版社，2003：1.
② 鲍曼.共同体[M].欧阳景根，译.南京：江苏人民出版社，2003：3.
③ 鲍曼.共同体[M].欧阳景根，译.南京：江苏人民出版社，2003：4.
④ 鲍曼.共同体[M].欧阳景根，译.南京：江苏人民出版社，2003：6-7.
⑤ 夏征农.辞海[M].上海：上海辞书出版社，1999：1498.
⑥ 张新明.网络学习社区的概念演变及构建[J].比较教育研究，2003（5）：55-60.

（二）共同体的特征

作为人的群体生活场域，共同体尤具独特性。共同体具有共同的奋斗目标、明确的身份认同和积极的情感归属。

1.共同的奋斗目标

不管是初级形式的血缘共同体还是高级形式的精神共同体，都是为了追求共同的目标凝聚而成的。因此，共同目标是共同体形成的前提。以民族为例，马克斯·韦伯（Max Weber）说："在明显的、模棱两可的'民族'一词背后都有一个共同的目标，它清晰地植根于政治领域。"[①]如果没有共同的目标只能成为松散的群体。换言之，如果没有共同奋斗的目标，只是集聚在同一个地方的一群人，既没有凝聚力，更没有战斗力，也就不是一个共同体。因此，共同体仅当所有成员为了实现共同的奋斗目标而努力时才能实现。

2.明确的身份认同

江宜桦认为"认同"包含三种含义[②]：一是"同一、等同"（oneness，sameness），是指某种事物与另一时地之另一事物为相同事物的现象。二是"确认、归属"（identification，belongingness）。"确认"是指一个存在物经由辨识自己的特征，从而知道自己与他物的不同，肯定了自己的个体性；"归属"是指一个存在物经由辨识自己与他物之共同特征，从而知道自己的同类何在，肯定了自己的群体性。三是"赞同、同意"（approval，agreement），是指一个主体的某个意见与另一个主体的某一意见表现吻合。根据这些内涵，共同体的身份认同是一个人确认自己属于哪个共同体，以及这个共同体是一个怎样的共同体的心理活动。现实中，由于每个人归属于不同的社会群体，如家庭、工作单位、社区等，这决定了个体同时承担着不同的身份。自我认同是个体把自己归属于哪个群体，持有哪个群体的价值观和行为规范。一般而言，个体的身份认同越强烈，共同体属性在其身上的体现就越彻底。

3.积极的情感归属感

"归属感"是个体对共同体的认同和依恋等心理感受。共同的愿景、共同

---

① 转引自：王联.关于民族和民族主义的理论[J].世界民族，1999（1）：1-11.
② 江宜桦.自由主义、民族主义与国家认同[M].台北：扬智文化事业股份有限公司，1998：8-11.

的实践活动、共同的情感体验，往往容易产生归属感。"人在群体中生活，必然与群体中其他个体具有一定的相似性，包括态度、情感、价值观和行为方式等，相似性高，就容易被群体接纳，得到其他人的认同，这时就会产生对群体的归属感"[①]。共同体中的个体，都是为了特定的目的，让渡相应的自由和权利而组织起来，开展实践活动的，而且，在共同体中，"如果我们犯了错误，我们可以坦白、解释和道歉，若有必要的话，还可以忏悔；人们会满怀同情地倾听，并且原谅我们，这样就没有人会永远记恨在心。在我们悲伤失意的时候，总会有人紧紧地握住我们的手"[②]。在这个有着共同价值追求、行动准则、实践经验和强烈安全感的团体中，很容易产生归属感。因此，积极的归属感是共同体的一个重要特征。

二、人类共同体的发展历程

共同体是个人生存的重要场域，有其产生和发展的过程。马克思立足于唯物主义历史观，认为共同体发展经历了天然共同体、虚假共同体和真正共同体三个阶段。

（一）天然共同体

马克思（Marx）认为，天然共同体是自然形成的共同体。在原始社会，生产力发展水平低下，迁徙成为人类最早的生存方式，正如马克思所言："游牧，总而言之迁徙，是生存方式的最初形式，部落不是定居在一定的地方，而是哪里有牧草就往哪里放牧。"[③]在这个过程中，个体必然要面对各种恶劣的自然环境、野兽或者其他个体的挑战。为了应对外界威胁，维持个体和家庭甚至整个部落的生存，个体之间必须形成联合体。在此背景下，以家庭为核心，通过家庭扩大为部落或者通过家庭之间的相互通婚，自然形成共同体，即部落共同体。马克思认为："部落共同体，即天然的共同体，并不是共同占有（暂时的）

---

① 邹明. 孤独与人的社会性需要 [J]. 心理与健康，2007（8）：9-10.
② 鲍曼. 共同体 [M]. 欧阳景根，译. 南京：江苏人民出版社，2003：3.
③ 中共中央马克思恩格斯列宁斯大林著作编译局. 马克思恩格斯全集（第30卷）[M]. 北京：人民出版社，1995：466.

和利用土地的结果，而是其前提。"①

马克思分析了基于亚细亚的所有制形式、古代的所有制形式和日耳曼的所有制形式等三种所有制形式的共同体形态。马克思认为，自然共同体是以血缘关系为维系纽带。在原始或天然的状态下，血缘关系是最强有力的关系，而且是促成共同体的倾向和重要力量。在原初状态下，主要包括三种关系使人联合，即"1.通过一个母亲和她的孩子之间的关系。2.通过丈夫和妻子作为夫妻之间的关系；这个概念必须从天然的或一般的动物的意义来理解。3.通过作为兄弟姐妹之间的关系，也就是说，至少作为同一个娘胎出生的后代相互认识的人之间的关系"②。以这三种关系为基础，家庭扩大为部落家庭，或通过家庭之间的联姻形成部落联合。

马克思指出，在天然共同体中，"在这两种形式中，各个个人都不是把自己当作劳动者，而是把自己当作所有者和同时也进行劳动的共同体成员。这种劳动的目的不是为了创造价值，——虽然他们也可能从事剩余劳动，以便为自己换取他人的产品，即剩余产品，——相反，他们劳动的目的是维持各个所有者及其家庭以及整个共同体的生存"③。因此，这种以生理和情感维系的社会群体具有天然的凝聚力和最原始的依存关系。作为原始共同体的天然成员，人的独立性还没有真正开始发育。④因此，天然共同体中的个体是自己人、家里人，没有外人，彼此之间具有天然的依存关系。

（二）虚假共同体

天然共同体的形成源于低下的生产力。随着生产力的发展，自然形式的社会分工进一步扩大，"首先引起工商业劳动同农业劳动的分离，从而也引起城乡的分离和城乡利益的对立……同时，由于这些不同部门内部的分工，共同

---

① 中共中央马克思恩格斯列宁斯大林著作编译局. 马克思恩格斯全集（第30卷）[M]. 北京：人民出版社，1995：466.
② 滕尼斯. 共同体与社会：纯粹社会学的基本概念[M]. 林荣远，译. 北京：商务印书馆，1999：58.
③ 中共中央马克思恩格斯列宁斯大林著作编译局. 马克思恩格斯全集（第30卷）[M]. 北京：人民出版社，1995：466.
④ 王天恩. 人工智能与马克思人类共同体思想的逻辑展开[J]. 哲学分析，2020（6）：17-30.

从事某种劳动的个人之间又形成不同的分工"①。社会分工引发阶级分化，进而导致利益冲突。在此背景下，原始共同体的价值日益式微，并出现新的组织形式——国家，即"虚幻共同体"。

马克思认为，社会分工是"虚幻共同体"国家形成路径中的根本原因和基本动力。②因此，在他看来，"国家"并非真正意义上的共同体。因为，国家是阶级发展到一定阶段的产物，它代表着特定阶级的利益。易言之，国家代表着统治阶级的利益。在资本主义社会，统治阶级为了维护自身利益，需要借助某种形式将其利益诉求合理化，国家就是实现阶级利益合理化的工具，使阶级利益演变成共同利益。但共同体内部蕴藏着暗潮涌动的阶级斗争，"国家内部的一切斗争——民主政体、贵族政体和君主政体相互之间的斗争，争取选举权的斗争等，不过是一些虚幻的形式——普遍的东西一般来说是一种虚幻的共同体的形式——，在这些形式下进行着各个不同阶级间的真正的斗争"③。因此，马克思认为，"正是由于特殊利益和共同利益之间的这种矛盾，共同利益才采取国家这种与实际的单个利益和全体利益相脱离的独立形式，同时采取虚幻的共同体的形式"④。可见，"虚幻共同体"并非真正意义上的共同体，"不外是资产者为了在国内外相互保障各自的财产和利益所必然要采取的一种组织形式"⑤。

私人利益——阶级利益——国家（普遍）利益这一过程是虚幻共同体形成的基本路径。⑥正如马克思所言，"个人利益总是违反个人的意志而发展为阶级利益，发展为共同利益，后者脱离单独的个人而获得独立性，并在独立化

---

① 中共中央马克思恩格斯列宁斯大林著作编译局.马克思恩格斯文集（第1卷）[M]. 北京：人民出版社，2009：520.

② 邵发军.马克思的共同体思想研究[J]. 北京：知识产权出版社，2014：114.

③ 中共中央马克思恩格斯列宁斯大林著作编译局.马克思恩格斯选集（第1卷）[M]. 北京：人民出版社，1995：84.

④ 中共中央马克思恩格斯列宁斯大林著作编译局.马克思恩格斯选集（第1卷）[M]. 北京：人民出版社，2012：164.

⑤ 中共中央马克思恩格斯列宁斯大林著作编译局.马克思恩格斯选集（第1卷）[M]. 北京：人民出版社，1995：132.

⑥ 邵发军.马克思的共同体思想研究[M]. 北京：知识产权出版社，2014：115.

过程中取得普遍利益的形式，作为普遍利益又与真正的个人发生矛盾"①。在这个过程中，个人利益会被资产阶级的阶级利益裹挟，导致共同体群体之间存在利益冲突，所以，虽然个体处于"共同体"中，但是只是基于"松散"的共同利益。共同体成员之间的关系是利益关系或交换关系，而非情感关系。马克思指出，在虚幻共同体中，"每个劳动者只有通过相互交换自己的产品才能满足自身的需要"②。这种交换关系掩盖了人与人之间情感相依、命运相连的社会关系，使人与人之间的社会关系被以交换价值为中介的社会关系所取代。因此，在虚幻共同体，人与人之间的依赖关系变成了人对物即商品的依赖关系，人与人的关系成为利益交换关系。因此，在虚假共同体中，人类违背了作为"类存在物"的本性，造成人的孤立化，无法实现人类的大联合。

（三）真正共同体

虚假的共同体"是一个阶级反对另一个阶级的联合，因此对于被统治的阶级来说，它不仅是完全虚幻的共同体，而且是新的桎梏"③。因此，马克思关于"真正共同体"的设想是在对"虚幻共同体"的批判中形成的。所以，"虚幻共同体"中不能实现人的自由发展，也无法实现个体之间真正意义上的联合。马克思认为，只有通过真正共同体才能实现全人类的大联合。在真正共同体中，消灭阶级和弱化社会分工让个人自愿参与活动，自由自愿的人们的联合必将成为一个更有凝聚力的共同体，表现为"真正共同体"。"真正共同体"中，个人特殊利益的满足是实现共同利益的条件，而共同利益的实现则是为了满足每个人的利益，换言之，利益冲突在"真正共同体"中得以真正解决。④

在真正共同体中，人们摆脱了"物的力量"的控制，而且也不再是需要依靠他人存活的个体，而是成为追求利益的自由发展的个体。在"真正共同体"中，每个人都是作为独立的个体，而不是附属某个阶级，由此获得个人自

① 中共中央马克思恩格斯列宁斯大林著作编译局.马克思恩格斯全集（第3卷）[M].北京：人民出版社，1995：273.
② 秦龙.浅析马克思关于国家作为"虚幻共同体"的思想[J].政治学研究，2008（1）：12-16.
③ 中共中央马克思恩格斯列宁斯大林著作编译局.马克思恩格斯选集（第1卷）[M].北京：人民出版社，2012：199.
④ 康渝生.马克思主义哲学研究的当代视域[M].哈尔滨：黑龙江大学出版社，2016：193.

由。这种自由并非游离于共同体之外，而是在个体与共同体统一的基础上实现的。① 正如马克思所言，"在真正的共同体的条件下，各个人在自己的联合中并通过这种联合获得自己的自由"②。

"真正共同体"的形成源于人的本质。真正共同体的人"共同"占有生产资料，即"自由联合起来的个人"一起占有全部的生产资料，破除了资产阶级对生产资料的私人占有，缓解了资本主义私有制对人的异化，实现了个人自由的发展。在"真正共同体"的社会，每个人都有机会充分发挥自己的天赋和才能，为了共同的利益，实现共同的社会目标。在现代社会，人类命运共同体是真正共同体的深化和发展。

人类命运共同体是真正共同体的具体化，包含"人性本位""尊重差异、包容多样""休戚与共"等文化内涵③，超越了种族、阶级、价值等因素的影响和制约，强调"生命"的价值，以"生命"为纽带，以实现全人类的自由全面发展为鹄的。习近平总书记认为："和平、发展、公平、正义、民主、自由，是全人类的共同价值，也是联合国的崇高目标……我们要继承和弘扬联合国宪章的宗旨和原则，构建以合作共赢为核心的新型国际关系，打造人类命运共同体。"④ 全人类共同价值是推动构建人类命运共同体的理论基石。同时，习近平总书记指出："推动构建人类命运共同体，不是以一种制度代替另一种制度，不是以一种文明代替另一种文明，而是不同社会制度、不同意识形态、不同历史文化、不同发展水平的国家在国际事务中利益共生、权利共享、责任共担，形成共建美好世界的最大公约数。"⑤ 因此，构建人类命运共同体以共同价值为理论基石，以共同利益为动力，以共担责任为保障。

当前不同地区和文化虽然存在着各种各样的差异，甚至出现一些冲突，但

---

① 康渝生. 马克思主义哲学研究的当代视域[M]. 哈尔滨：黑龙江大学出版社，2016：193.
② 中共中央马克思恩格斯列宁斯大林著作编译局. 马克思恩格斯选集（第1卷）[M]. 北京：人民出版社，2012：199.
③ 杨守明. 人类命运共同体的文化内涵及其构建[J]. 学术界，2019（8）：123-130.
④ 习近平在第七十届联合国大会一般性辩论时的讲话（全文）[EB/OL].（2015-09-29）[2024-08-21]. https://www.gov.cn/xinwen/2015-09/29/content_2940088.htm.
⑤ 习近平. 在中华人民共和国恢复联合国合法席位50周年纪念会议上的讲话[N]. 人民日报，2021-10-26（1）.

是，2006年，联合国教科文组织和世界文化与发展委员会在共同发布的研究报告《文化多样性与人类全面发展》中指出："即使在纷繁复杂的文化多样性之中也有统一性存在。"[①] 这种"统一性存在"即人类共同价值。人类共同价值是人类生存和发展的基础，是构建人类命运共同体的根基，如果没有共同的价值追求，不同群体之间就无法做到同呼吸共命运。马克思认为："'思想'一旦离开'利益'，就一定会使自己出丑。"[②] 共同利益是推动人类命运共同体建设的外部推动力，人类命运共同体是"命运"相连的共同体。共同体成员之间只有当具有共同的利益追求，而且彼此互相依赖，才能发展成为一个你中有我、我中有你、荣辱与共的大家庭，正如习近平总书记强调的："世界各国人民都生活在同一片蓝天下、拥有同一个家园，应该是一家人。"[③] 在追求共同利益的过程中，面对全球性的威胁和挑战，如重大流行病、环境污染、全球气候变暖、毒品、暴力犯罪、网络黑客、恐怖主义等，习近平总书记指出："没有一个国家能凭一己之力谋求自身绝对安全，也没有一个国家可以从别国的动荡中收获稳定。"[④] 因此，全体社会成员必须共同承担责任。责任共担是构建人类命运共同体的内在要求，也是构建人类命运共同体的保障。

第二节　人类命运共同体构建之需

人类命运共同体将各种文化、各民族的人民都纳入特定的范围之内，力求推进各种文明的和谐共处，构建一种世界范围内的民主秩序，以实现人的自由而充分的发展，因此，必须加强公共空间意识教育。

---

① 联合国教科文组织，世界文化与发展委员会. 文化多样性与人类全面发展——世界文化与发展委员会报告[M]. 张玉国，译. 广州：广东人民出版社，2006：2.
② 中共中央马克思恩格斯列宁斯大林著作编译局. 马克思恩格斯文集（第1卷）[M]. 北京：人民出版社，2009：286.
③ 习近平. 习近平外交演讲集（第二卷）[M]. 北京：中央文献出版社，2022：87.
④ 习近平在第七十届联合国大会一般性辩论时的讲话（全文）[EB/OL].（2015-09-29）[2024-08-21]. https://www.gov.cn/xinwen/2015-09/29/content_2940088.htm.

一、人类命运共同体的内涵和意蕴

人类命运共同体是马克思共同体思想的继承和发展。"'人类命运共同体'理念与人类解放、人的平等合作和自由发展直接相关，更与中国和世界的共同发展的现实联系紧密，它立足于现实创造性地继承和发展了马克思主义"①。

（一）人类命运共同体的内涵

2012 年 11 月，党的十八大报告提出："合作共赢，就是要倡导人类命运共同体意识。"2013 年，习近平在莫斯科国际关系学院发表演讲时，首次阐述了"人类命运共同体"的思想，他提出："这个世界，各国相互联系、相互依存的程度空前加深，人类生活在同一个地球村里，生活在历史和现实交汇的同一个时空里，越来越成为你中有我、我中有你的命运共同体。"②2015 年，在第七十届联合国大会上，习近平总书记指出："我们要继承和弘扬联合国宪章的宗旨和原则，构建以合作共赢为核心的新型国际关系，打造人类命运共同体。"③人类命运共同体思想内容、科学内涵深刻丰富。

人类命运共同体是"通过共同利益、共同责任、共同挑战把各国紧密联系在一起的状态，是国与国之间以共同利益为最大公约数，克服分歧和矛盾，和平发展、和谐相处、合作共赢的状态"④。从马克思"真正的共同体"到"人类命运共同体"，是"理想社会"的"理性"超越，也是"现实世界"的"现实"复归。⑤

（二）人类命运共同体的构成要素

基于共同体的内涵和人类命运共同体的内涵可知，价值相通、利益相连和责任共担是人类命运共同体的三个核心要素。

---

① 胡为雄."人类命运共同体"新议 [J]. 理论视野，2021（2）：36-42.
② 国家主席习近平在莫斯科国际关系学院的演讲（全文）[EB/OL].（2013-03-24）[2024-07-05]. https://www.gov.cn/ldhd/2013−03/24/content_2360829.htm.
③ 习近平在第七十届联合国大会一般性辩论时的讲话（全文）[EB/OL].（2015-09-29）[2024-08-21]. https://www.gov.cn/xinwen/2015-09/29/content_2940088.htm.
④ 王寅. 人类命运共同体：内涵与构建原则 [J]. 国际问题研究，2017（5）：22-32.
⑤ 何云峰，张文潮. 理论经纬·2016 [M]. 上海：上海三联书店，2018：223.

1.价值相通

共同的价值导向是构建人类命运共同体的根基，如果没有共同的价值追求，不同群体之间就无法做到同呼吸共命运。习近平总书记提出的人类命运共同体"在文化方面提倡和而不同、兼收并蓄的文明交流观，坚持平等包容的文明价值观，承认世界文明的多样性，尊重、包容不同文明的存在，培育共同的价值基础"[①]。习近平总书记认为，"和平、发展、公平、正义、民主、自由"[②]是世界人民共同的期盼。而且，就世界不同国家而言，尊重不同国家的社会制度、发展道路等，通过和平手段化解国际纠纷，有助于实现共同价值。

2.利益相连

从词上来看，"命运共同体"是由"命运"和"共同体"组成的。可见，人类命运共同体是"命运"相连的共同体。因此，共同体成员之间具有共同的利益追求，而且彼此互相依赖。特别是随着经济全球化，世界各国的利益交织在一起，程度越来越深。换言之，人类社会已经发展成为一个你中有我、我中有你、荣辱与共的大家庭。正如习近平总书记强调："世界各国尽管有这样那样的分歧矛盾，也免不了产生这样那样的磕磕碰碰，但世界各国人民都生活在同一片蓝天下、拥有同一个家园，应该是一家人。"[③]正是基于这一事实，中国积极倡导打造人类命运共同体，摒弃"你死我活、你输我赢"的丛林法则，提倡共同体成员在考虑自身利益的同时尊重他人利益，实现利益共享。

3.责任共担

在全球化时代，人类命运面临着各种挑战，从自然灾害、重大流行病、环境污染、全球气候变暖，到毒品、暴力犯罪，网络黑客、恐怖主义等，严重威胁着人类的生存和发展。倘若共同体中的某个成员只顾自身安危，对其他成员的危险视而不见，最终的结果只会害人害己。因此，人类命运共同体的形成要求共同担责，并肩作战，这样我们才能实现人类的繁荣与发展。

---

① 周明星，肖平.习近平人类命运共同体理念的基本内涵与时代价值[J].广西社会科学，2019（3）：19-23.

② 习近平在第七十届联合国大会一般性辩论时的讲话（全文）[EB/OL].（2015-09-29）[2024-08-21].https://www.gov.cn/xinwen/2015-09/29/content_2940088.htm.

③ 习近平.携手建设更加美好的世界——在中国共产党与世界政党高层对话会上的主旨讲话[J].中国应急管理，2017（12）：4-7.

二、构建人类命运共同体现实需要

因为人类命运共同体的成员来自不同民族、种族，拥有不同的文化和利益追求，而且社会发展程度也不一样。为了践行共同的价值追求，实现利益共享和责任共担，必须加强公共空间意识教育。

（一）文化差异并融需要加强公共空间意识教育

梁漱溟认为："文化就是人所依靠之一切。"[①]英国人类学家爱德华·泰勒（Edward Teller）在《原始文化》一书中认为："所谓文化或文明乃是包括知识、信仰、艺术、道德、法律、习俗以及包括作为社会成员的个人而获得的其他任何能力、习惯在内的一种综合体。"[②]由此可见，文化是一个复杂的总体。受地理环境、生理因素和历史传统等因素的影响，不同国家和地区的文化不可避免地存在差异。文化差异是指不同的群体，不同国家或地区的人们因地域差异或文化传统等因素的影响，经长期历史积淀而形成的差异。文化差异存在诸多的表现形式，如东西文化差异、地区文化差异、城乡文化差异、国家文化差异、民族文化差异，等等。

由于文化差异的存在，个体之间会表现出不同的认知方式、价值观念和行为方式等。基于不同的文化图式，个体在交流过程中往往会出现障碍，有研究指出，不同文化交流存在三大障碍，"分别是认识上的误区、刻板印象以及民族中心主义"[③]。第一，认识上的误区。受自我中心主义的影响，在实践交往中，往往将一切"'他'转化为'我'，将'异'转化为'同'"[④]，强调"我"是生活世界的核心，要求他者向"我"还原，实现"他者"与"我"的同一。在这种思维方式的作用下，个体往往把自己的文化行为模式误认为是他人所接受和认同的，这是造成不同文化交流的主要障碍。在日常交往中，不同文化背景的人总是期望别人与自己一样，但实际上，由于文化差异，不同个体之间的

---

① 梁漱溟. 中国文化要义[M]. 上海：上海人民出版社，2005：8.

② 覃光广，等. 文化学辞典[M]. 北京：中央民族学院出版社，1988：798.

③ 訾华东. 中美文化差异与交际失误[J]. 中国劳动关系学院学报，2011（6）：104-107.

④ 刘要悟，柴楠. 从主体性、主体间性到他者性——教学交往的范式转型[J]. 教育研究，2015（2）：102-109.

行为方式相去甚远，甚至会引发冲突。第二，刻板印象。刻板印象是人们对某个社会群体形成的一种概括而固定的看法。这是对某一类人的图式。①刻板印象会导致我们在未接触某一特定文化前就对其有先入为主的看法，甚至会对另一种文化产生不解。这会导致与不同文化的主体进行交流的时候产生障碍，甚至引发冲突。第三，民族中心主义。民族中心主义是自我中心主义的扩大化。民族中心主义就是个体按照本族文化的观念和标准以及基于本族文化的思维方式和行为方式去理解与衡量他族文化中的一切。在这种文化观念的影响下，不同文化之间的交往也可能出现转改甚至产生冲突。

文化差异和文化接触很可能产生文化冲突。文化冲突是指不同文化之间在接触和互动过程中，或统一文化体系的不同文化群体之间，在文化构成的各个方面所存在的紧张、敌视、对抗的现象。②因此，为了防止文化冲突，迫切要求加强公共空间意识教育，引导个体加强对不同文化的了解，尊重和包容文化差异，同时，为不同文化留出生存空间，实现文化共处与共荣。

（二）利益多元共享需要加强公共空间意识教育

马克思认为："人们奋斗所争取的一切，都同他们的利益有关。"③换言之，建立人类命运共同体也是为了实现利益诉求。但是，由于经济社会发展水平不同，所处的社会阶层不同，不同个体之间存在着利益差异，表征为利益多元化。所谓利益多元化，是指"在一个利益体系内，存在着多个、多种类型的独立的利益主体，各利益主体代表各自的利益并在一定的社会关系中自由地竞争，以实现各利益主体的不同利益需要"④。

利益多元化至少表现在如下两方面：一是在一个利益体系中，存在多个、多种类型的利益主体。中华人民共和国成立至改革开放以前、社会主义改造完成以后，我国的利益主体结构比较单一。但随着市场经济体制的确立和城镇化的推进，我国的利益主体开始出现分解，特别是随着城镇化的高速发展，我

---

① 吉洛维奇. 社会心理学：第 3 版 [M]. 侯玉波，等译. 北京：中国轻工业出版社，2016：18.
② 张岳，熊花，常棣. 文化学概论 [M]. 北京：知识产权出版社，2018：138.
③ 中共中央马克思恩格斯列宁斯大林著作编译局. 马克思恩格斯全集（第 1 卷）[M]. 北京：人民出版社，1972：82.
④ 张哲. 利益多元化格局中的党群关系问题研究 [M]. 天津：天津人民出版社，2015：36.

国城乡二元结构之间的矛盾逐渐凸显，并日益成为一组尖锐的矛盾，而且出现了工人阶级、农民阶级、工商业者、知识分子阶层和官僚阶层等诸多利益主体。二是不同利益主体是独立的，具有自主性。在现代社会，每个利益主体都是具有独立人格的个体，不受他人支配，也不依附于他人。因此，社会中的不同个体都占有各自的利益份额，而且这些利益具有差异性。换言之，不同利益主体的利益诉求是不一致的。在一定时期内，利益总体是一定的，根据市场经济的基本原则，不同利益主体之间只有通过自由竞争，才能实现自我利益的最大化。[①]

正处于社会转型期的中国，不同个体和阶层的利益是不一致的。所谓社会转型是指"社会从传统向现代转型的变迁，或者说由农业的、乡村的、封闭半封闭的传统社会向工业的、城镇的、开放的现代社会变迁的过程"[②]。随着我国市场经济体制的确立，城镇化进入高速发展阶段，社会经济水平迅速提升，人民日益增长的美好生活需要和不平衡不充分的发展之间的矛盾是新时代我国社会的主要矛盾。换言之，人民已经不再满足于解决温饱问题，在民主、法治、公平、正义、安全、环境等方面日益提出新要求。[③]也就是说，人民群众的利益需求日益多元化。不仅在我国，国际社会上也存在着诸多不同的利益主体。比如非洲等落后国家，其主要矛盾在于发展经济，解决人民群众的物质需要；但对于西方发达国家来说，环境保护是其重要任务。这样，不同国家和地区之间就会产生利益冲突。

因为"利益群体之间对利益的追逐会形成不同利益群体之间的利益矛盾关系，同一个利益群体里由于对利益的占有和分配不公也会形成利益矛盾关系"[④]。所以，为了协调不同利益主体的关系，保障公共利益，必须加强公共空间意识教育，引导不同利益主体适恰让渡自身利益。因为"为了得到'成为共同体中的一员'的好处，你就需要付出代价——只要这一共同体还存在梦想中，它就是无害的，甚至是无形的。付出的代价是自由，它还有不同的说法，

---

① 巩克菊. 人的利益与思想政治教育创新[M]. 北京：中央编译出版社，2019：111-112.
② 贺善侃. 当代中国转型期社会形态研究[M]. 北京：学林出版社，2003：27.
③ 林兆木. 正确认识我国社会主要矛盾的转化[N]. 人民日报，2018-03-30（7）.
④ 巩克菊. 人的利益与思想政治教育创新[M]. 北京：中央编译出版社，2019：114.

如'自主''自决权'或'成为自我的权利'。无论你选择什么，你将有所获得也会有所失去。失去共同体，意味着失去安全感；得到共同体，如果真的发生的话，意味着你将很快失去自由"①。

（三）人的社会性属性需要加强公共空间意识教育

人的本质不是单个人的属性，即不是"私人"。马克思认为，"私人"具有三方面的特征：一是私人是利己的。所谓"利己的"是指个人以追逐和实现私利为最高目的。当然，马克思并不反对个人拥有自身利益，但是，"私人"将公私利益关系完全颠倒，只有公共利益符合个人利益才是值得欲求的，"个人的存在是最终目的；活动、劳动、内容等等都只是手段"②。二是私人是对立的，即私人之间是互相对立互相排斥的。"因为双方都只顾自己。使他们连在一起并发生关系的唯一力量，是他们的利己心，是他们的特殊利益，是他们的私人利益"③。三是私人是非人。私人以实现自身利益为最高目的，因此，他不将自己或他人视为人，而是视为实现私人利益的工具。正如黑格尔所言："人作为私人进行活动，把他人看作工具，把自己也降为工具。"④在这样的社会关系中，"社会的权力越大，越多样化，人就变得越利己，越没有社会性，越同自己固有的本质相异化"⑤。

因此，人不是"私人"，也不是原始社会中未开化的"动物人"，而是"社会人"。亚里士多德认为，"人在本质上是社会性动物，那些生来就缺乏社会性的个体，要么是低级动物，要么是超人"⑥。换言之，社会性是人的根本属性，人存在于社会之中，在社会交往关系中人成其为人。马克思也提出："人的本质不是单个人所固有的抽象物，在其现实性上，它是一切社会关系的总

---

① 鲍曼. 共同体[M]. 欧阳景根，译. 南京：江苏人民出版社，2003：7.
② 中共中央马克思恩格斯列宁斯大林著作编译局. 马克思恩格斯全集（第3卷）[M]. 北京：人民出版社，2002：101.
③ 中共中央马克思恩格斯列宁斯大林著作编译局. 马克思恩格斯文集（第5卷）[M]. 北京：人民出版社，2009：204.
④ 黑格尔. 法哲学原理[M]. 范扬，张企泰，译. 北京：商务印书馆，1961：201.
⑤ 中共中央马克思恩格斯列宁斯大林著作编译局. 马克思恩格斯全集（第42卷）[M]. 北京：人民出版社，1979：29.
⑥ 亚里士多德. 政治学[M]. 吴寿彭，译. 北京：商务印书馆，1965：7.

和。"①因此，在马克思看来，人不是个体的人，人是在社会中从事生产实践活动，在社会中建立生产关系，而且，这是不以人的意志为转移的。正如他所言："人们在自己生活的社会生产中发生一定的、必然的、不以他们的意志为转移的关系，即同他们的物质生产力的一定发展阶段相适合的生产关系。这些生产关系的总和构成社会的经济结构，即有法律的和政治的上层建筑竖立其上并有一定的社会意识形式与之相适应的现实基础。"②这就是马克思"社会人"唯物史观典型表述。

人是社会人，个体与个体之间、个体与群体之间、群体与群体之间必将发生社会关系。在经济全球化的今天，人与人之间的交流非常频繁，人与人之间、不同国家和地区之间的矛盾已经从生产领域渗透到其他领域，范围也从单一地区扩散到整个世界。因此，只有开展公共空间意识教育，互相尊重，建立平等互利的共同体，才能实现个人劳动与社会劳动在世界范围内的和谐发展，实现全人类真正自由的发展。

第三节　指向人类命运共同体的公共空间意识教育

共同价值、共同利益和共同责任是人类命运共同体的三个核心要素。人类命运共同体的基本内涵是开展公共空间意识教育所需遵守的基本遵循，共同价值是开展公共空间意识教育的逻辑起点，共同利益是推动公共空间意识教育的现实动因，共同责任是实施公共空间意识教育的实践指向。

一、公共空间意识教育的实践逻辑

人类命运共同体以共同价值为基础，以利益共享为动力、以责任共担为保障。

---

① 中共中央马克思恩格斯列宁斯大林著作编译局. 马克思恩格斯选集（第1卷）[M]. 北京：人民出版社，1995：56.
② 中共中央马克思恩格斯列宁斯大林著作编译局. 马克思恩格斯选集（第2卷）[M]. 北京：人民出版社，1995：32.

（一）共同价值：公共空间意识教育的逻辑起点

价值观是指"社会生活中关于客体对于主体的性质和功能的观点"[①]。当不同个体或群体普遍认同并自觉维护的关于客体对于主体的性质和功能的观点形成之际，便构成共同价值观。基于共同价值观的行为具有持续性和长久性，共同价值观是集体智慧的结晶，是全人类共同的精神财富，代表着最广大人民群众的根本利益，代表着广大人民群众的价值理想和价值追求。共同价值观是全体社会成员处理人与人、人与社会、人与自然的共同行动准则。

共同价值旨在解决公共空间意识教育源自何处、去向何方的问题。共同价值是指共同体成员内化于心并指导实践的观念。它被共同体成员共同接受，共同遵循。习近平总书记多次在多种场合重申人类命运共同体的"共同价值"概念。习近平总书记指出："和平、发展、公平、正义、民主、自由，是全人类的共同价值，也是联合国的崇高目标。"[②]他还指出："纵观近代以来的历史，建立公正合理的国际秩序是人类孜孜以求的目标。从三百六十多年前《威斯特伐利亚和约》确立的平等和主权原则，到一百五十多年前日内瓦公约确立的国际人道主义精神；从七十多年前联合国宪章明确的四大宗旨和七项原则，到六十多年前万隆会议倡导的和平共处五项原则，国际关系演变积累了一系列公认的原则。这些原则应该成为构建人类命运共同体的基本遵循。"[③]就中华民族而言，"富强、民主、文明、和谐，自由、平等、公正、法治，爱国、敬业、诚信、友善"是我们的共同价值。传授共同价值观是公共空间意识教育的起点。在这个价值多元的时代，传授公共价值的知识是培育公共空间意识的重要任务，形成共同价值观是公共空间意识教育的追求。公共空间意识教育不仅要帮助个体掌握关于公共价值的知识，更重要的是实现个体将知识转化为价值观，并外化于共同体交往中。这是公共空间意识教育的目的与归宿。

[①] 徐光春. 马克思主义大辞典：纪念版[M]. 北京：崇文书局，2018：83.

[②] 习近平在第七十届联合国大会一般性辩论时的讲话（全文）[EB/OL].（2015-09-29）[2024-08-21]. https://www.gov.cn/xinwen/2015-09/29/content_2940088.htm.

[③] 习近平. 习近平外交演讲集（第二卷）[M]. 北京：中央文献出版社，2022：17.

（二）共同利益：公共空间意识教育的现实动因

在我国，人民日益增长的美好生活需要和不平衡不充分的发展之间的矛盾已成为我国社会的主要矛盾。由于地区的经济发展水平、地理环境等因素的影响，人们对美好生活需求的量与质存在差异，这势必造成不同个体之间的利益诉求存在一定的差别。当个体都在追求自身利益时，难免会出现矛盾、摩擦甚至冲突，影响人们对美好生活的追求。虽然，社会实践中各主体的利益往往相对独立抑或相互对立，为了实现自身利益的最大化，彼此之间必然展开激烈的竞争。在这一过程中甚至可能出现各种各样的利益冲突。即便如此，这也并不意味着各利益主体之间不存在任何共同的利益诉求。根据马克思主义的矛盾观，矛盾普遍性寓于特殊性之中，并通过特殊性表现出来，没有特殊性就没有普遍性。同理，个体之间的共同利益也是寓于特殊利益之中的，个体的私人利益与共同利益并非绝对对立的。正如马克思所言："个人利益总是违反个人的意志而发展为阶级利益，发展为共同利益，后者脱离单独的个人而获得独立性。"① 如新冠疫情问题、环境问题、交通问题和安全问题等，都是人类社会所普遍面临的共同利益问题，这些问题将会直接影响个人利益的得失。因此，在个人利益的基础上必然形成共同利益。②

人类命运共同体是利益共同体，追求共同利益是共同体成员交往实践的客观基础和现实动力。因此，开展公共空间意识教育亦源于利益驱动。马克思指出，"共同利益不是仅仅作为一种'普遍的东西'存在于观念之中，而首先是作为彼此有了分工的个人之间的相互依存关系存在于现实之中"③。换言之，由于共同体中的个体分工产生利益相依关系，这种关系保障了共同体的持久性。因此，为追求利益的公平公正分配，实现利益的全体人民共享，成为开展公共空间意识教育的现实动力。同时，强化个体对共同利益的价值认同，处理好私人利益与共同利益的关系，也是公共空间意识教育的重要目的。因为，共同利

---

① 中共中央马克思恩格斯列宁斯大林著作编译局. 马克思恩格斯全集（第3卷）[M]. 北京：北京人民出版社，1995：273.
② 张哲. 利益多元化格局中的党群关系问题研究[M]. 天津：天津人民出版社，2015：36.
③ 中共中央马克思恩格斯列宁斯大林著作编译局. 马克思恩格斯选集（第1卷）[M]. 北京：人民出版社，2012：163.

益是不同利益主体实现合作共赢的基础，增强共同利益机制认同，有利于化解利益矛盾和冲突，促进社会和谐。由此可见，公共空间意识教育和维护共同利益之间相互促进，互为动力。

（三）共同责任：公共空间意识教育的实践指向

康德认为，作为理性存在者努力去做某事的时候，一般出于所欲求的质料或者源于普遍立法。前者为"假言律令"，即为了获取某种欲求的质料，如幸福、健康、物质财富等，而去做道德的行为。在康德看来，这种命令仅仅是"机智的忠告"，并无关乎道德，而且这种行为也不可能长久。但是，作为普遍立法的"绝对律令"与之不同，它是不包含任何条件的，"它不是任何经验性的事实，而是纯粹理性的唯一事实，纯粹理性借此而宣布自己是原始地立法的"①。换言之，个体的行动只按照自己所遵照的法则能够成为普遍规律的准则，即"要这样行动，使得你的意志的准则任何时候都能同时被看作一个普遍立法的原则"②。责任则是绝对律令的具体表现，无论在什么时候都要遵守，在康德看来，责任是"你不在自身中容纳任何带有献媚的讨好，而是要求人服从，但也绝不为了推动人的意志而以激起内心中自然的厌恶并使人害怕的东西来威胁人，而只是树立一条法则，它自发地找到内心的入口，但却甚至违背意志而为自己赢得崇敬（即使并不总是赢得遵行）"③。可见，责任是每个人都需遵循的普遍法则。

"共同居住于地球上的世界各国，在共同的时代境遇面前是责任共担的共同体，每个国家都有义务承担起守护地球安全和人类健康的重任"④。人类命运共同体的形成要有两个基本前提：一是人类社会整体越来越受到共同的全球问题的威胁；二是这些共同的全球问题越来越受到国际社会的普遍关注并力图加以解决。⑤可见，人类命运共同体蕴含着责任共担的伦理精神。只有共同承担

① 康德.实践理性批判[M].邓晓芒，译.北京：人民出版社，2003：41.
② 康德.实践理性批判[M].邓晓芒，译.北京：人民出版社，2003：39.
③ 康德.实践理性批判[M].邓晓芒，译.北京：人民出版社，2003：118.
④ 徐艳玲.大变局下的价值、利益、责任、发展：人类命运共同体理念丰富意蕴的立体化呈现[J].人民论坛，2020（22）：52-55.
⑤ 方爱东.构建"人类命运共同体"需要处理好的几对关系[J].社会主义研究，2019（6）：148-155.

起责任才能化解各种问题的威胁，确保人类命运共同体的健康发展。但是，面对诸如资源紧缺、环境污染、毒品泛滥、贫富差距、种族歧视、新冠疫情等问题，许多个体甚至国家不愿担责，冷眼旁观。事实上，随着全球化的加深，面对困难和挑战，任何国家都不可能置身事外，共同应对、共担责任是谋求发展的唯一出路。新冠疫情发生后，这样一种带有明显中心主义的自我设定很大程度上"失效"了。[①]面对各种社会问题，需要全体共同体成员"共同化解矛盾、共同应对风险、共同攻坚克难、共同战胜挑战，共同探索前进"[②]。因此，责任是一切道德价值的源泉，是善的意志的表现，是全人类的共同追求。培养责任意识，造就愿担责、能担当的全球公民是公共空间意识教育的实践目标。

二、指向人类命运共同体的公共空间意识教育实践

培育共同价值，实现利益共享和责任共担是基于人类命运共同体的公共空间意识教育的目标。实践中，指向人类命运共同体的公共空间意识教育要坚持"他者意识"，明确"私"与"公"空间的边界，引导参与公共生活，培育公共空间意识。

（一）树立"他者意识"，开展公约意识教育，培育人类共同价值

人类命运共同体所追求的共同价值是差异化的共同价值。由于长期受"同一化"思维方式的影响，在共同体中，西方发达资本主义强国常以"美国"和"欧洲"为中心，坚持以"西方"为出发点，以"西方"的文化和价值观为标准去思考与行动，也就是说，西方发达资本主义国家将"西方的"文化、价值观和宗教信仰强加于他者，认为它们自身的价值就是真理，就是人类的行动准则。然而，人类命运共同体的共同价值蕴含和吸纳了不同文明成果，是个性与共同、特殊性与普遍性相统一的人类共同价值，是以尊重他者价值的"他异性"为基础。列维纳斯（Levinas）认为，"他者"包含两种类型：一是"相对他者"，即可以转化为同一或自我的他者；二是"绝对他者"，即不可以还原为自我或同一的他者。公共生活中的"他者"往往不是"有限他者"或"相对他

① 路强.他者、责任与超越的共同体——基于新冠肺炎疫情的伦理审思[J].学习与探索，2020（9）：24-30.
② 张献生.中国共产党在构建人类命运共同体中的使命、责任和担当[N].光明日报，2018-05-18（5）.

者"，而是"绝对他者"。列维纳斯认为，"这样的'他者'超越我的理解，是不可还原的'陌生者'，与我'相遇'的是完全不同于我的'他者'，保留着他者的独立性，他异性"①。面对绝对他者，不管我们对其认识多全面，对我们来说，他者总会让我们感到惊奇。因此，在人类命运共同体中，我们要加强"他者意识"的培养，在充分尊重他者的他性，尊重他者价值信念的基础上，追求人类共同价值。

塑造"他者"意识，培育共同价值。一方面，要破除"西方中心主义"的"自恋情结"。自恋情结将一切"异己"化约、纳入"同一"的统领与掌控下。正如公共空间生活中有些国家和地区将"我欲"当作"他人所欲"，所以，在世界范围内为所欲为，充当世界警察。实践中，要以破除"西方中心主义"的自恋情结作为"公共空间意识"教育的着力点，开展公理、公意与公约意识教育，实现以"自恋主导"的自我化的公共生活与人类命运共同体生活的联结。另一方面，尊重他者的"他性"。在人类命运共同体实践中，正如伏尔泰（Voltaire）所言，"我不同意你的说法，但我誓死捍卫你说话的权利！"也就是说，我虽然不接受他者的信仰、思想观念或价值观，但是我充分尊重他者的信仰，在异中求同，在多元中寻求和培育共同价值。

（二）明确"私"与"公"空间的边界，开展规范意识教育，维护公共利益

"公共空间意识是在私人空间意识的基础上产生的，拥有了私人空间意识才有可能拥有公共空间意识"②。自工业革命以来，资本主义国家迅速发展并创造出非凡的社会财富和精神财富。由此，西方资本主义似乎成了现代文明的标志。同时，加上强盛的综合国力，西方资本主义国家日益傲慢，家长式作风日胜。西方资本主义国家家长式作风的直接后果是将处理人类命运共同体的公共事务的政治原则降格为处理家庭关系的伦理准则。这就导致一个严重的问题：原本属于"共同体"的事情私人化。将"共同体"家庭化后，家庭生活进一步扩大，甚至将"共同体"的公共生活纳入家的生活之中，公共问题就按照家庭

---

① 孙向晨. 莱维纳斯的"他者"思想及其对本体论的批判[J]. 哲学动态，2001（1）：40-41.
② 严从根. 论公共空间意识教育[J]. 教育研究，2016（5）：60-65.

规则来处理。如此，以美国为首的西方资本主义强国强行将人类命运共同体的社会成员演变为"家庭成员"，并依附于"家庭""家长"，成为整个家庭的主宰者。在家庭中，作为主宰者的"家长"当然可以唯我独尊，而不曾考虑这对处于"家长"霸权外围的国家意味着什么。

因此，西方资本主义国家要放弃本位主义和家长式作风，明确"私人空间"和"公共空间"的边界，将"家长式作风"限制在自己的国家内部。私人空间和公共空间的分离是社会进步的重要标志，也是文明发展的重要体现。明确"私人领域"与"公共空间"的边界，保护"私人空间"，有利于提升个人的文明程度，培养公共空间意识。高兆明教授认为，私人领域是指"以个体独立人格为基础的私人或私人间活动界域"[①]。私人领域是理性主体对它的占有，个体可以在私人领域充分展现主体性甚至"为所欲为"。但是，在全球化时代，每个国家或主体都会通过自己的知识、权利或技术创造和拓展属于自己的空间，而不同主体之间所占有的空间可能会出现交叉或者重叠。当两者或者两者以上的私人空间出现交叉或重叠时就演变为公共空间。在人类命运共同体中，不同主体的行动，不管是国家还是个人都必须受到公共性原则的规约，否则，就会出现侵犯其他国家的领土或者自身的主权空间被侵犯的情况。实践中，明确"私人领域"与"公共空间"的边界，不管是国与国之间还是个体之间都要遵循一条普遍原则，如果将某一空间私人化或公共化只是被主体看作对其意志是有效的，那么，这一空间就不可被改变性质；如果将某一空间个人化或公共化，符合所有理性存在者的欲求，则可实现改变其性质的目的。即按照康德的观点看来，前者只是一种准则、一种熟巧规范，只对特定主体有效的主观准则；后者是客观有效的，是对所有理性存在者都适用的。当个体自持这一普遍原则，明确"私"与"公"空间的边界时，才能树立公共空间意识。

（三）参与全球治理，开展公共空间参与意识教育，造就全球责任公民

"全球化创造出了超越民族国家的新型经济、社会和文化空间，正在促

---

① 高兆明.公共权力：国家在现时代的历史使命[J].江苏社会科学，1999（4）：77-83.

成超越民族国家界限的新的身份认同和动员模式"①。因此，"在人类命运共同体中的个人，既属于自己的国家，是一个国家的公民；又超越了国家利益的局限，而成为一个世界公民、地球公民"②。要造就具有责任共担的全球责任公民，要积极参与全球治理，培育公共空间参与意识。全球治理是指以具有约束力的共同价值解决全球性的各类冲突、毒品犯罪、恐怖主义、环境污染、传染病等问题而获取和维持人类命运共同体的正常有序运转。面对霸权主义、"美国优先"抑或"西方中心"和责任缺位等全球治理问题，要开展公共空间参与意识教育，培养全球责任公民。构建人类命运共同体，一是要坚持协商对话。习近平总书记指出："我们要坚持共商共建共享的全球治理观，坚持全球事务由各国人民商量着办，积极推进全球治理规则民主化。"③我们与世界各国不搞小圈子，通过协商对话解决分歧和争端，以此求得广泛共识。二是要发挥政府的主体作用。全球治理不是依靠哪一个国家或地区就能够实现的，各国政府均为全球治理的主体，切不可"事不关己高高挂起"，也不可"自命不凡自以为是"，而是各国同舟共济，通力合作，实现全球治理的价值追求。我国作为世界第二大经济体，同时作为"人类命运共同体"的首倡者，更应该在全球治理中发挥积极作用，展现中国作为。三是依托"一带一路"实践平台开展治理实践。"一带一路"倡议超越了传统以西方跨国企业为主角，以贸易、投资、产业分工及金融自由化为主轴的经济全球化模式，以区域政策协调与合作平台为支撑，通过跨国运输、通信与能源等基础设施联通，致力于实现能源、环境、农业、卫生、通信、科技、司法互助、城市管理、文化与教育等各领域的深度合作。④"一带一路"倡议是开展全球治理的重要载体。我国通过"一带一路"的全球治理实践，既可以培养公共空间参与意识，造就世界责任公民，又可以探索新型全球治理模式，积累参与全球治理的有效经验。

① 联合国教科文组织. 反思教育：向"全球共同利益"的理念转变？[M]. 联合国教科文组织中文科，译. 北京：教育科学出版社，2017：65.

② 冯建军. 迈向人类命运共同体的价值教育[J]. 高等教育研究，2018（1）：1-8.

③ 习近平. 习近平谈治国理政（第三卷）[M]. 北京：外文出版社，2020：460.

④ 朱云汉. 全球化的裂解与再融合[M]. 北京：中信出版社，2021：164.

第三章　网络公共空间与公共空间意识教育

2023 年 8 月，中国互联网络信息中心（CNNIC）发布的第 52 次《中国互联网络发展状况统计报告》显示，截至 2023 年 6 月，我国网民规模达 10.79 亿人，互联网普及率达 76.4%。[①] 随着信息技术的发展和网民规模的平稳增长，网络在社会生活中发挥着越来越重要的作用。例如，2020 年 8 月 16 日至 29 日，我国"十四五"规划编制工作分别在新华社、中央人民广播电视台所属官网和新闻客户端、《人民日报》以及"学习强国"等平台，开展意见征求活动，广大网民可以通过手机、电脑等网络设备进入相关平台，为国家和社会未来五年的发展建言献策、贡献自己的智慧。据统计，为期两周的网上意见征求活动，累计收到网民的建言超过 101.8 万条[②]，为"十四五"规划的编制工作提供了大量有价值的参考意见和建议。在我国历年的规划编制史上，还从未有过用互联网的形式来征集和采纳社会民众的意见与建议，这充分体现和发挥了互联网在倾听民声、汇聚民智方面的独特价值。这表明，以互联网为载体的网络公共空间在中国已经形成。

随着时代的发展和互联网技术的进步，传统公共空间的地域限制被突破，一种以虚拟网络公共空间为代表的新型公共空间——网络公共空间——逐渐形成。网络公共空间主要依靠信息技术来建构和维持，使得它在参与主体、沟通媒介和公共舆论等方面具备建构公共空间的潜力。但是，网络公共空间在扩大传统公共空间公共性的同时，也潜藏着新的危机，可能给社会治理带来不良影响。与传统公共空间相比，网络公共空间的双重属性呼唤网络公共空间意识教

---

① 中国互联网络信息中心．第 52 次中国互联网络发展状况统计报告[R]. 2023-08-28.
② 习近平对"十四五"规划编制工作网上意见征求活动作出重要指示[EB/OL]．（2020-09-25）[2024-05-06]. https://www.gov.cn/xinwen/2020/09/25/content_5547028.htm.

育。而且，它更需要在一种积极的意义上实施网络公共空间意识教育，从而更好地发挥网络公共空间的公共性价值，助力社会治理。

第一节　网络公共空间何以需要公共空间意识教育

一、网络公共空间对传统公共空间的重构

随着信息技术的不断发展成熟，越来越多的个体开始通过互联网参与公共事务。互联网在推动公共空间的重构上具有不可替代的优势。首先，通过互联网获取信息，快速、便捷且成本低廉。在网络时代，普通民众只要拥有简单的移动设备，具备基本的上网技能，就能获取海量的信息。在时效性、便捷性和丰富性方面，互联网大大提高了民众对社会事务的知情能力。此外，互联网给民众提供了一个可以就某些社会政治问题进行讨论的公共空间。在此空间中，民众可以即时地对公共话题进行交流、评议和论辩。有研究者认为，网络公共空间的存在和发展极大地提高了民众的知情能力和表达能力，因而相应地加深了他们对社会生活和社会决策过程的介入程度。①

民众在网络公共空间中，可以借助公共话语形成网络舆论，进而参与社会公共事务。因此，网络在为民众建构一种虚拟活动空间的同时，也在不知不觉中创造出了一种全新的社会形态，在这种社会形态中，人们的交往方式、生活方式，人们的社会活动、精神活动，都发生了巨大的变化。美国媒介生态学家约书亚·梅罗维茨（Joshua Meyrowitz）在其出版的《消失的地域：电子媒介对社会行为的影响》一书中曾说："媒介的演化通过改变我们收发社会信息的方式重塑了社会地点与物质地点的关系，这就改变了社会秩序的逻辑。"②电子媒介影响了人的社会行为，"并不是因为信息的力量，而是因为重新组合了人们交往的社会环境，削弱了有形地点与社会'地点'之间曾经非常密切的联系"③。

---

① 马超. 互联网与公共领域：西方经验与中国语境[J]. 西南政法大学学报，2019（4）：71-83.
② 梅罗维茨. 消失的地域：电子媒介对社会行为的影响[M]. 肖志军，译. 北京：清华大学出版社，2002：298.
③ 梅罗维茨. 消失的地域：电子媒介对社会行为的影响[M]. 肖志军，译. 北京：清华大学出版社，2002：前言 3.

同样地，在加拿大媒介理论家马歇尔·麦克卢汉（Marshall McLuhan）看来，互联网引发了传播方式的巨大变化，它"以电的速度产生内爆"，对人们的社会生活和政治生活都产生了史无前例的影响。①换言之，个体在通过网络舆论参与社会公共事务的同时，也推动了社会形态的发展与变革。对此，美国社会传播学家曼纽尔·卡斯特（Manuel Castells）曾经说过："网络作为一种新的历史趋势，构成了新的社会形态，是支配和改变我们社会的源泉。一个以网络为基础的社会结构，是高度动态、开放的系统，在不影响其平衡的情况下更易于创新。"②

在哈贝马斯等提出的"公共领域"概念的基础上，很多学者认为，随着信息技术的发展，建立在基于虚拟空间之上的网络公共空间也已经形成。网络公共空间的形成有三个核心组成要素：第一，拥有广泛的具有独立人格和批判意识的参与主体，他们能够就某些社会公共问题发表独立见解，展开自由讨论。第二，具备一种新的沟通途径——网络媒介。不同于报纸、电视、广播等传统的传播媒介，网络不仅可以为民众提供一个更加及时、通畅的交流场所，同时还能够刺激民众参与对话和辩论的潜力，进一步促使民众公共空间参与意识的觉醒。第三，通过网络媒介形成的公共舆论，能够为决策机关的政策制定提供相应的参考借鉴。③正是在这个意义上，网络公共空间更加突显了它在网络时代的价值，即"以网络社群为代表的网络社会主体确乎型构了一种虽形式不同但又具有公共领域内涵的'网络公共领域'，这一公共领域事实上通过不同于传统的运作方式，重构了公共领域的范式、内容，并发挥其在社会中的积极作用"④。

此外，有研究者根据公众所属领域的活动方式及其发挥主观能动性程度的不同，又将公共空间分为"消极的公共空间"和"积极的公共空间"两种类型。前者指的是日常公共生活领域，如公交、地铁、影院、餐厅等公共区域，在这里，人们只需按照一定的公共空间规范约束自己的言行即可维系公共秩序；后者指的是将公众个人的意见、观点、看法等汇集起来的场所，如报纸、

---

①　麦克卢汉.理解媒介：论人的延伸[M].何道宽，译.南京：译林出版社，2011：5.
②　卡斯特.网络社会的崛起[M].夏铸九，等译.北京：社会科学出版社，2006：67.
③　熊光清.中国网络公共领域的兴起、特征与前景[J].教学与研究，2011（1）：42-47.
④　熊威.网络公共领域研究[M].北京：中国政法大学出版社，2016：25-26.

杂志、电视、网络等。在这里，人们可以相对自由地表达自己的思想见解、讨论公共事务，但需要依据公共理性行事，才能维持公共秩序，它具有相对独立性、自由参与性和舆论公共性等特征。[①] 从这个意义上讲，网络公共空间是一种积极的公共空间。

二、网络公共空间的双重属性

网络公共空间既扩大了传统公共空间的"公共性"，具有其独特的优势；又带来了公共空间新的潜在危机。因此，与传统公共空间相比，网络公共空间具有双重属性。

（一）网络公共空间的优势

哈贝马斯所描述的传统公共空间，以报纸、杂志为主要代表，这种传统传播媒介不利于人们及时、充分地表达自己的意见和观点。与传统公共空间相比，网络公共空间表现出更明显的开放性、赋权性和自组织性。这些特征又赋予了网络公共空间更大的"公共性"，表现为网络公共空间拥有平等而广泛的参与主体，能够为民众提供更加充分沟通的媒介，并更有助于公共舆论的迅速形成。

1.塑造最广泛而平等的主体

网络公共空间塑造了广泛而平等的主体。依靠信息技术嵌入形成的网络公共空间实现了最大限度的"开放性"，这主要表现为以下几个方面：第一，虚拟的网络公共空间最大限度地减少了民众进入公共空间的时空障碍。民众只需要拥有一台能够连接互联网的移动设备，就能进入公共空间。与传统公共空间不同的是，场所、出身、阶层等外在差异已不再是进入公共空间的障碍，虚拟网络打破了时间和空间的限制，民众可以随时随地进入网络公共空间进行信息交流。第二，由于网络具有的虚拟性和匿名性，也在一定程度上消除了民众在身份、地位、语言、文化等方面的差别，将受不同权力影响的不平等因素降至最低。在这样的网络公共空间中，个体的真实身份可能被隐匿，民众可以公开

---

① 严从根，胡旭东.培育公共空间意识：公民教育的必要基点[J].教育观察，2012（2）：1-4.

地畅所欲言，因而在最大限度上保证了交流的平等性，更有利于民众的自由表达。第三，与传统的报纸、电视等传播媒介单向传播的方式不同，网络具有交互性，个体在网络公共空间的言论能获得他人的迅速回应与即时反馈。网络具有的这种互动特征，使民众不再是信息的被动接收者，相反，他们还可以是信息的主动发布者。网络公共空间中流通的信息也不再由特定机构、特定人群所独享，这在一定程度上动摇了传统媒介所充当的"把关人"地位，因而在一定程度上大大增强了民众参与的主体地位。①网络公共空间的参与人数更多、信息流通更快、准入门槛更低，因此，参与主体在数量迅速扩大的同时，也大大提高了其社会代表性。②此外，网络的普及，既能够降低信息获取的成本，又可以提升信息获取的广泛性。网络公共空间相对隐匿了现实社会的身份、阶层、地位之差别，在一定程度上有助于民众减少现实中的顾虑。技术的普遍赋权使得每个人都拥有自己的"发声筒"，较传统媒体环境下更容易实现自由表达，相对扩大了参与的平等性。③因此，以新媒体、自媒体为代表的新技术使得民众参与公共事务的积极性大大增加，他们的参与意识亦随之觉醒。

2. 提供最优沟通媒介

网络公共空间提供了最优沟通媒介。传统传播媒介受信息单向传播的影响，无法实现最优沟通。传统媒介的一般特征是交流的单向性，即"报刊媒体发布信息——民众接受信息"。信息的传递者和接受者之间，不能及时地进行平等的交流、沟通、互动。在这种传统公共空间中，信息传递者一般代表了知识权威的一方，信息接收者代表了被动弱势的一方。而网络公共空间的出现，使民众可以平等、自由地交流和互动，既打破了信息交流之间的单向传递，又消解了信息主体之间的不对等状态，极大地增强了民众的参与主体性，提升了民众的参与平等性，也带来了民众利益表达和社会关切的多元化。④可见，网络的出现和普及，拓展了民众对社会事务和问题进行讨论的公共领域，延伸了

①　殷辂. 网络公共空间的治理路径研究[J]. 北京社会科学，2020（3）：70-77.
②　陈松燕. 善治视域下网络公共空间的建构研究[D]. 南京：东南大学，2018：17.
③　方颐刚. 从微博到知乎——从公共领域视角看网络公共空间的讨论理性[J]. 新闻研究导刊，2017（9）：261-262.
④　罗志洋，涂迎春. 从哈氏"公共领域"到网络公共空间[J]. 科技创业月刊，2011（6）：149-150.

民众对公共事务进行交流、争辩进而形成舆论的空间。随之而来的变化是，民众参与社会事务的积极性越来越高，对政策决策的介入程度也越来越深，民众的参与主体意识越来越强，社会治理水平也随之得到改善。美国计算机科学家尼古拉斯·尼葛洛庞帝（Nicholas Negroponte）在《数字化生存》一书中提出了"赋权"这一概念。"赋权"是指在数字网络时代民众具有一定的参与权力，这对未来的数字化生存意义重大。在尼葛洛庞帝看来，数字网络的诞生，"能够让我们的未来不同于现在"，那"完全是因为它容易进入、具备流动性且能够引发变迁的能力"①。换言之，数字化网络赋予了民众更多表达自我的机会，也进一步激发了民众的表达诉求，因此，网络公共空间呈现出更多元、更多样的社会生态。由于技术的支持，网络的赋权性使民众拥有了更多表达的渠道和平台，这进一步激发了民众的表达欲望。

3.最迅速地汇集公共舆论

网络公共空间能够助力公共舆论的迅速形成。网络公共空间在一定程度上具有"自组织性"特征，"自组织性"是指网络社群是自我形成、自我管理和自我监督的，它的建立不依赖于某种自上而下的科层制权威，不采用硬性的层级制度对成员进行约束和管理。在网络公共空间中，民众主要通过文字和语言建立起网络化的联系纽带，他们交流的内容涵盖政治、经济、文化生活的方方面面。这样一个虚拟网络公共空间，存在明显的"去中心化"特征，因为"它倡导自由、分享、多元、合作与共同治理，而不是依靠单一的控制与权威"②。因此，网络公共空间是一种"自组织"特征非常明显的社群组织，它要求其成员理性交流、协作共享，同时自我管理、自我约束，以维系公共空间的稳定和秩序，最终增进共同体的利益和福祉。网络公共空间具有的自组织性特征，使其能够在一定程度上进行自我治理，从而达到规范公共空间发展秩序的效果。正如有学者所言："在一个相对比较成熟、理性的空间中，随着事件实际情况逐渐水落石出尘埃落定，人们对事件的看法和评论也会趋于客观、公允、理

---

① 尼葛洛庞帝. 数字化生存[M]. 胡泳，译. 海口：海南出版社，1997：271.
② 赵成斐，何花. 网络公共空间视域中的公众政治生态及政治品质塑造[J]. 南京政治学院学报，2016（5）：50-56.

性。"①互联网的这种"自组织性"拓展了民意表达的空间，激活了民众的精神诉求，网民就某一事件在虚拟公共空间中广泛互动，形成公众议程，引起主流媒体和政府部门的关注，并帮助后者积极作出回应，迅速采取行动。②网络公共空间也因此成了广大民众参与公共事务的便捷平台。相较于传统公共空间，网络公共空间的优势在于能够将原本分散的民众意见迅速汇集起来，形成群体性的公共舆论，最终对社会决策产生影响。因此，有研究者直言，网络公共空间"有助于民众话语权的落实，使网络公共空间成为汇集、传递甚至组织民意的场所"③。网络公共空间的形成，可以在最短的时间内就某些社会公共热点话题将多样的、多元的民众智慧汇聚在一起，并形成有影响力的公共舆论，这也进一步凸显了网络公共空间在推进社会治理方面的独特价值。

（二）网络公共空间新的潜在危机

尽管网络公共空间相较于传统公共空间而言，具有更大的优势，但不可否认的是，由技术建构的网络公共空间的诞生也可能引发新的危机，在现实中产生负面效应。具体而言，数字鸿沟、泛娱乐化、沉默的螺旋、群体极化、道德失序等问题的出现，会影响网络公共空间公共性的发挥。

1."数字鸿沟"加剧

由于经济发展不平衡，我国城乡之间、地区之间民众的网络使用权仍然存在很大的差别，形成了一定的数字鸿沟。换言之，在一些经济发展落后的地区或偏远农村地区，能够熟练上网的民众比率偏低，这部分民众在一定程度上游离在网络公共空间之外。④据中国互联网络信息中心统计，截至 2023 年 6 月，我国农村网民规模为 3.01 亿人，占网民整体的 27.9%；城镇网民规模为 7.77 亿人，占网民整体的 72.1%，相比前几年，城镇网民规模增长速度更快，城乡

---

① 金兼斌. 发挥网络公共空间宝贵的"自组织"潜力[N]. 人民日报，2010-12-16（11）.
② 邱月. 虚拟"公共领域"话语权的表达及影响[J]. 吉林师范大学学报（人文社会科学版），2019（4）：71-78.
③ 秦前红，李少文. 网络公共空间治理的法治原理[J]. 现代法学，2014（6）：15-26.
④ 郝大海，王磊. 地区差异还是社会结构性差异？——我国居民数字鸿沟现象的多层次模型分析[J]. 学术论坛，2014（12）：88-95.

网民规模差距仍然十分庞大。① 随着国家数字化建设的加快，中国当下的网民群体已经覆盖了社会领域的绝大多数群体。即使如此，不同社会群体的网民数量、使用网络媒体表达意见的频次等情况都不是划一的。② 尽管处于网络公共空间中的个体，常常隐匿了其出身、阶层、职业等身份信息而以虚拟身份呈现于他人面前。但是，每个虚拟身份背后存在着真实的现实社会政治经济条件及文化教育水平的差异，这种差异会投射到网络公共空间中。③ 社会地位、文化资源、群体素质、数量规模等差异，会影响不同群体使用媒介的方式。即使同一个群体对待同一个公共话题，由于个体自身的科学文化教育水平、生活方式、价值取向或政治态度的不同也会产生巨大的差异。因此，不同群体不仅在网络话语影响力方面相差悬殊，他们的表达意愿和表达渠道也不一样，网络舆论往往呈现出巨大的群体性差异，从而形成难以逾越的数字鸿沟，影响民众的理性沟通。"数字鸿沟"造成的差别正在成为中国继城乡差别、工农差别、脑体差别"三大差别"之后的"第四大差别"，其本身已不仅仅是一个技术问题，正在成为一个社会问题。④

2.泛娱乐化倾向

所谓泛娱乐化，是指社会大众将网络空间内的一切事物娱乐化、庸俗化，社会责任感缺失，最终走向尼尔·波兹曼（Neil Postman）所说的"娱乐至死"的境地。⑤ 其后果是既浪费了个体自由发展的机会，又矮化了社会治理的空间。⑥ 在理想的状态下，网络公共空间中的民众需要客观、公正、理性地就社会公共议题或热点话题进行讨论，从"善治"的角度尽可能贡献自己的智慧。而"在事实上，商业化运作的网络公共空间中的娱乐八卦消息远远多于对社会公共议题和重大新闻事件的讨论，公共议题与私人话题相混淆，使得网络公共

---

① 中国互联网络信息中心.第52次中国互联网络发展状况统计报告[R].2023-08-28.
② 赵云泽，韩梦霖.从技术到政治：中国网络公共空间的特性分析[J].国际新闻界，2013（11）：73-87.
③ 陈松燕.善治视域下网络公共空间的建构研究[D].南京：东南大学，2018：29.
④ 赛佛林，等.传播理论：起源、方法与应用[M].郭镇之，译.北京：华夏出版社，2000：272.
⑤ 波兹曼.娱乐至死[M].章艳，译.桂林：广西师范大学出版社，2004：4.
⑥ 李丽，童静静.数字时代的网络公共空间：泛娱乐化危机及其教育治理[J].教育学术月刊，2023（8）：49-56.

空间议题趋于泛娱乐化"①。有研究者指出,"我国真正关注时事的网民并不占主流,在传媒娱乐化的浪潮裹挟下,青年一代更热衷于追星追剧而缺乏对国家事务的关心"②。更令人担忧的是,一些个人或娱乐媒体机构受利益驱使,为博人眼球、获取"流量",借助明星或公众人物的隐私问题进行大肆炒作,其后果就是"私人事件公共化"。这种因私人事件的传播而获得的公共性,是一种"伪公共性",它不但没有增强网络公共空间的"公共性"特征,反而弱化、损害了其公共性。③长此以往,当一些真正重大的公共议题或热点问题出现之时,民众已对其失去了敏感性。对此,后现代文化批评家鲍曼曾深刻指出,公众人物和社会名流的个人经验、观点、情绪甚至私生活等信息大量盛行于网络空间,网络出现了"公共领域被私人殖民化"的倾向,有时甚至"使得不可谈论的变得可以谈论,使得让人觉得可耻的东西变得体面起来,并将丑陋的个人隐私变成引以为荣的东西"④。网络公共空间中这种昙花一现式的泛娱乐化乱象,不利于培育民众对社会公共性问题进行严肃探讨的意识,也不利于良好网络公共空间生态的建设。

3."沉默的螺旋"循环往复

"沉默的螺旋"是德国学者伊丽莎白·诺尔–诺依曼(Elisabeth Noelle-Neumann)提出的一个概念,它是指个体进入虚拟公共空间后,在面对强大的"意见领袖"时,个人态度往往会选择向群体观点靠拢,造成的结果是"从众心理压倒了独立话语"⑤。在网络公共空间中,普通民众经常会遭遇"资深"网民所代表的意见群体的压力,从而经常出现"沉默的螺旋"现象。意见领袖往往会通过对话题的引导、对讨论过程和意见表达方式的控制,"得以使自己所代表的少数人的声音压倒大多数人的声音"⑥。受意见领袖的"魅力"驱使,普通民众很容易放弃自己独立思考的机会,用意见领袖的"意见"来代替自己的

---

① 常晋芳. 从"私民"到"公民":网络空间主体的公共性转向[J]. 山东社会科学, 2013(7): 35-39.
② 杨海艳, 张九海. 论文化"泛娱乐化"对青少年的影响[J]. 理论月刊, 2014(12): 53-55.
③ 马超. 互联网与公共领域:西方经验与中国语境[J]. 西南政法大学学报, 2019(4): 71-83.
④ 鲍曼. 流动的现代性[M]. 欧阳景根, 译. 上海:上海三联书店, 2002: 106.
⑤ 邱月. 虚拟"公共领域"话语权的表达及影响[J]. 吉林师范大学学报(人文社会科学版), 2019(4): 71-78.
⑥ 胡泳. 众声喧哗:网络时代的个人表达与公共讨论[M]. 桂林:广西师范大学出版社, 2008: 225-226.

思考，不能对社会公共问题进行客观评价，网络公共空间的群体意识同样会对网民个体施加压力，并导致社会孤立感的产生。个人因惧怕孤立、渴望认同往往会选择主动"沉默"。"沉默的螺旋"作用于虚拟公共空间，会使民众隐藏个体真实的声音，从众心理使得公共话语的多元化表达被信息的窄化所削平，民众互动产生的是"回音壁式"的效果。这种效果有两种表现结果：如果个人在网络公共空间中发表的意见和言论与意见领袖的接近或相同，他就会更加追随意见领袖，并不断放大这种观点；相反，如果他的意见和言论与意见领袖不同，就容易遭受主流意见群体的排斥，导致他最终选择保持沉默。当网络公共空间中这样一种"强者愈强，弱者愈弱"的现象出现时，底层民众的大量呼声就会被顶端的意见领袖所压制，"现实社会中金字塔式的话语结构会被投射到虚拟话语场域中"，形成所谓的"马太效应"[①]，"沉默的螺旋"就会循环往复地发生。"沉默的螺旋"所引发的后果之一是，它消解了网络公共空间中的个体主体性，导致个体独立思考社会公共话题的意识、勇气和能力的衰退。有学者认为弗雷德里克·詹姆逊（Fredric Jameson）所描述的后现代艺术的特点，即"主体性的丧失、距离感的消失以及深度模式的削平"正好与之相契合，这是网络版的后现代主义。[②]

4.群体极化的出现

美国学者凯斯·桑斯坦（Cass Sunstein）认为，在新兴的网络公共空间中，某些利益一致的共同体内部成员会形成一定带有偏向的共识，经过内部不断地讨论和辩论，共识会朝着之前偏向的方向继续发展，最终形成极端的观点，这就是"群体极化"的现象。[③]我们都知道在网络世界中，网民数量庞大，他们的观点、兴趣各异，在网络公共空间中也更容易产生群体极化的现象。究其原因，桑斯坦提出"信息茧房"的概念对其进行了分析。在网络公共空间中，人们各自关注不同的议题或话题，即便是同一个议题或话题，人们所掌握的信息来源也不同。因此，个体出于自身的经验和经历，更加容易关注自己所熟悉或

---

① 李彪，郑满宁.从话语平权到话语再集权：社会热点事件的微博传播机制研究[J].国际新闻界，2013（7）：6-15.

② 陈定家.网络"超文性"写作的几点缺失[J].西北师大学报（社会科学版），2009（6）：20-23.

③ 桑斯坦.网络共和国：网络社会中的民主问题[M].黄维明，译.上海：上海人民出版社，2003：47.

感兴趣的信息，而忽视或反对其他信息，进而将自己束缚在像蚕茧一样的"茧房"中。正是这种"由单一化信息元素包裹而形成的'信息茧房'，容易造成人们信息获取方式的闭塞和知识体系的单一"等问题。[①] 对社会而言，"信息茧房"会进一步发展出"群体极化"的现象，加剧对社会公共性的破坏。[②] 有研究者将网络共同体中出现的这种"同一性"现象比喻为"羽毛之鸟"：共同体中的个体就像是一片片的羽毛，最终都聚集到一只只的鸟儿身上；鸟儿飞向哪里，羽毛也就跟随到了哪里。同样地，由于网络公共空间具有开放性特征，它在为广大网民提供发表社会舆论的平台的同时，"也为相同背景、相近观点、相似爱好群体的自发集结提供了空间"[③]。古斯塔夫·勒庞（Gustave Le Bon）也在他著名的《群体心理研究》一书中指出，在群体中，个体意识有可能消失，群体中的所有个体的思想和情感会被导向一个既定的方向，形成集体心理。[④] 在群体极化倾向构成的网络舆论场中，民众各种形式上的广泛讨论并不会带来内容话语及观念上的多元化。处于群体极化中的个人通过不断接近同类信息，强化自身观点，将网络传播中的信息进行窄化处理，从而出现"协同过滤"这一伴生现象。"群体极化"现象一旦形成，群体内部的观点和主张在不断地得到强化和固化的同时，还会屏蔽外界的信息，不再主动与不同的群体交流、对话，甚至"敌视"或"对立"与自身观点不同的群体，导致不同立场的群体之间不能展开理性的讨论，反而容易导致互相攻讦的现象，这就会影响网络公共空间的公共性。

5.道德失序的隐忧

在传统的社会关系中，每个人都在一定的社会期许下按照一定的社会规范行事，人们会自觉不自觉地用社会规则来规范自己的言行。然而，网络公共空间的开放性特征所包含的虚拟性和匿名性，使得个体在其中无须以真实面目示

① 桑斯坦. 信息乌托邦：众人如何生产知识[M]. 毕竞悦，译. 北京：法律出版社，2008：25-30；桑斯坦. 网络共和国：网络社会中的民主问题[M]. 黄维明，译. 上海：上海人民出版社，2003：1-14.

② 杨慧. 微博的"信息茧房"效应研究[D]. 长沙：湖南师范大学，2014：1-45.

③ Mcpherson M, Smithlovin L. Birds of a feather: Homophily in social networks[J]. Annual Review of Sociology, 2001, 27（1）：415-444.

④ 勒庞. 群体心理研究[M]. 刘芳，译. 上海：上海社会科学院出版社，2018：14.

人，"带着面具"即可实现与他人的沟通对话。因此，在这样一种"身体缺场"的网络公共空间中，个体在现实中的社会角色被隐匿起来，其社会规则意识也大大降低，随之而来的后果是"相对失去了自我社会评价和社会角色期待的约束，其行为责任意识就会相应地降低，现实社会伦理道德的约束效能也会发生弱化"①。质言之，借助网络公共空间的"匿名"机制，个体会很轻松地抛开社会规范的自我约束和控制意识，把网络公共空间变成个人意见和情绪宣泄的出口。尤其是在"法不责众"的心理暗示下，个体"把自然的情绪宣泄变成本能的选择，展示最深层的'本我'，这为情绪化舆论提供了有利的空间条件和心理条件"②。网络公共空间的道德规范力和约束力一旦失效，带来的后果可能就是谣言盛行、网络暴力、网络审判等网络道德失范行为隐秘而频发③，进而影响网络公共空间的话语生态，产生网络公共空间的道德失序等问题。④道德失序的网络公共空间难以为民众提供理性沟通的场所，更难形成有效的公共舆论，从而影响网络公共空间公共性的发挥。⑤

三、网络公共空间的公共空间意识教育

网络公共空间的形成一方面扩大了传统公共空间的公共性，另一方面也带来了新的危机，即网络公共空间具有双重属性。一方面，与传统媒体受到政治和商业因素的裹挟而造成了公共空间的"再封建化"和"殖民化"相比，网络公共空间确实在一定程度上实现了公共空间的去"再封建化"和"殖民化"，为公共空间的复兴提供了新的空间。另一方面，在网络公共空间交往实践方面，尤其是在价值性议题中，网民经常表现出诸如极端化、暴力化、非理性、碎片化等解构公共空间的交往特征；不同层级的政府基于自身利益和行动逻辑，对网络舆论的反应具有"分类控制"的特征，这在一定程度上又抑制了某些网络舆论的形成及其调节力量。这两种境遇构成了网络公共空间的双重性，

① 李敏. 我国网络公共领域的法治化研究[D]. 北京: 中国人民公安大学, 2019: 31.
② 刘正荣. 从非理性网络舆论看网民群体心理[J]. 现代传播, 2023 (5): 167-168.
③ 袁希. 反思与重构: 公民网络道德建设路径的思考[J]. 思想政治教育研究, 2007 (3): 80-84.
④ 刘义富. 网络政治: 网络社会与国家治理[M]. 北京: 商务印书馆, 2002: 302.
⑤ 吴海琳、王敬贤. 网络公共空间分化及其发展新趋向——基于缺场网络公共空间的话语实践分析[J]. 福建师范大学学报 (哲学社会科学版), 2020 (1): 38-45.

即网络公共空间对公共空间的重构和解构的双重态势。①

网络公共空间的形成，离不开现代信息技术的发展。离开了信息技术，虚拟社区就无法建立，网络公共空间也就无法形成，民众表达诉求的意愿和参与公共事务的能力也会大打折扣。不可忽视的是，网络技术是一把双刃剑，它本身无所谓好坏，既可以为民所用，为弱势民众表达诉求、参与公共事务赋权，进而助力社会公共治理；也有可能被某些利益集团利用，成为控制社会舆论、压制民众呼声的工具。因此，对网络公共空间的探讨，不能仅仅停留在工具性层面，而应该向价值层面转化。换言之，我们要利用网络公共空间这一新型的社会形态，适时地对民众加以引导，在满足其表达诉求、增强其参与社会治理的意愿和能力的同时，将民众从一种"自在"的状态，转变为超越个体私利、具备公共精神的参与主体。因此，我们不仅要在技术层面考虑网络公共空间的公共性问题，更需要在社会价值意义层面讨论网络公共空间的公共性。这就需要对网络公共空间的民众进行网络公共空间意识教育。

公共空间意识是"个体对于自己在公共空间中的地位、应享权利和应履行义务的自觉意识"。这种"自觉意识"在本质上是一种"公民意识"，其灵魂是"民主的主体意识"。进而言之，这样一种"公民意识"包含了权利主体意识及其派生的主体间意识、参与意识以及对国家和社会的责任意识。②如前所述，公共空间可以分为积极的公共空间和消极的公共空间，同样地，公共空间意识也有积极和消极之分。前者是指民众在日常生活的公共领域能够遵守习俗约定或默认的公共规则，后者是指在汇集私人意见的公共空间能够积极参与协商论辩，在公共理性的指导下行事，致力于影响当局的公共决策。在网络时代，我们除了需要消极的公共空间意识之外，更需要养成和维系积极的公共空间意识，因为积极的公共空间意识的一个重要特征，就是"喜好公共生活，具有公共意识、公共情怀和公共精神"。③

与传统公共空间不同，网络公共空间的建立需要依靠网络信息技术所建立

① 申建林，邱雨. 重构还是解构——关于网络空间公共领域命运的争议[J]. 武汉大学学报（哲学社会科学版），2020（5）：146-154.

② 严从根，胡旭东. 培育公共空间意识：公民教育的必要基点[J]. 教育观察，2012（2）：1-4.

③ 严从根. 私德外推：公共空间意识教育的错误路径——基于H市的调研[J]. 中国德育，2017（2）：17-21.

的虚拟空间。各种不同文化背景的民众汇聚其中，自由沟通，讨论公共话题，进而建立起思想、情感和精神的交往关系。在这个过程中，网络公共空间的共同体达成某些共识，形成某种公共舆论，进而影响国家行政机关的公共决策，最终实现参与社会公共事务的目的。[1]因此，网络公共空间意识不仅包括民众应该遵循的基本行为观念和共识，即规范意识，它同时也是一种共同体意识、责任意识、契约意识和政治意识。[2]只有民众具备了这些意识，才能保障网络公共空间的公共性得到充分发挥，才能维护网络公共空间的公共秩序。加强网络公共空间意识教育，不仅要实施消极意义上的公共空间意识教育，即网络公共空间规范意识教育，更重要的是要实施积极意义上的公共空间意识教育。

网络公共空间的双重属性需要对网络公共空间的民众进行网络公共空间意识教育。无论是要最大限度地发挥网络公共空间的公共性，还是要消解网络公共空间潜的在危机，都需要网络公共空间的主体具备相应的公共空间意识。应该重点对网络公共空间的民众进行一种积极的网络公共空间意识教育，并采取相应的措施促进网络公共空间意识教育的实施。

（一）网络公共空间意识教育的内容

根据德国当代学者哈贝马斯的理论，一种理想的网络公共空间应该是一种"交往—行为"的理性空间。在这样一种理性的公共空间中，民众的权利主体意识很明确，他们具有较高的自我责任感，能够较为客观理性地就社会公共议题展开讨论，进而形成一套成熟的"协商—沟通—互动"的社会公共讨论流程，最终达成某些有建设性的共识，形成健康的网络舆论。要实现这个目标，网络公共空间意识教育需重点开展网络权利主体意识教育、网络公共空间参与意识教育和网络公共理性意识教育。

1.网络权利主体意识教育

培育民众的网络权利主体意识，是进行网络公共空间意识教育的前提。民众成为网络公共空间权利主体的先决条件，是其能够主动参与对公共事务的讨论。只有民众具备了网络权利主体意识，认识到网络赋予他们在公共空间中自

---

[1] 吴保顺.网络公共领域中的政治哲学研究[D].桂林：广西师范大学，2019：10-19.
[2] 陆俊.网络公共意识的自觉与培育[J].前线，2014（12）：51-53.

由发表意见的权利，认识到自己作为网络公共空间的参与主体时，网络公共空间才有可能实现从"自在"的公共性向"自为"的公共性之转变。网络公共空间的主体是指能够自由地对公共事务进行理性的判断，且能关注到带有普遍利益事件的网民群体。他们既要具有自由权利意识，又要注重共同体诉求；既要反对公共空间私人化，又要维护公共空间的公共性。这应该成为网络公共空间的一种公共性共识，明确网络公共空间的公共属性，就是强调网络公共空间作为公共性话语平台的重要价值。①

我们需要培育民众的网络权利主体意识，使其意识到自己不仅是信息的被动接收者，而且还是信息的生产者、传播者；使其意识到网络公共空间是所有人共同享有的开放公共空间，在其中，所有人权利平等，在共享信息的同时也需要遵守契约规则。因此，培育网络公共空间的权利主体意识就是要启发民众，在网络公共空间中参与公共治理是个体不可剥夺的一项基本权利；就是要培养民众产生一种"作为国家主人翁的心理认同和理性自觉，并能意识到在'我'之外，'他人'也同样享有不可侵犯的权利，从而产生'主体间意识'"②。只有培养民众形成了这种权利主体意识及其派生的主体间意识，网络公共空间意识教育才能进一步开展。网络公共空间意识教育是公共性教育的重要组成部分，它既重视主体性教育，力求培养个体的主体能力；同时也强调主体间性教育，其目的就是要"在私人性和公共性的统一中，使个人诉求和共同体诉求都得到实现"③。因此，我们要重视民众网络权利主体意识的培养，保证民众能够在网络公共空间中表达诉求，探讨公共事务，维护公共权利，保障公共利益，从而实现公共福祉。

2.网络公共空间参与意识教育

如果民众仅仅具有了权利主体意识，但他不参与公共事务，不具备网络公共空间的参与意识，那么依然无法实现网络公共空间从"自在"的公共性向"自为"的公共性之转变。因此，网络公共空间的参与意识，是一种更高层次

---

①　阎国华，何珍.公共性与反公共性：网络空间公共参与的悖论与破解[J].理论与改革，2022（6）：133-146.

②　严从根，胡旭东.培育公共空间意识：公民教育的必要基点[J].教育观察，2012（2）：1-4.

③　严从根.论公共空间意识教育[J].教育研究，2016（5）：60-65.

的公共空间意识。民众只有在具备了网络公共空间参与意识之后，才能走出私人领域，主动参与社会公共事务，才能在公共空间之中与他人沟通、协商和对话，才能达成共识，推进社会民主进程，增进公共福祉，增强公共精神，才能充分发挥网络公共空间的公共性价值。科恩提出了衡量社会民主发展的两个尺度，如果一个社会不仅准许普遍参与而且鼓励持续、有力、有效并了解情况的参与，而且事实上实现了这种参与并把决定权留给参与者，这种社会的民主就是既有广度又有深度的民主。①

3.网络公共理性意识教育

公共空间与私人领域相区别的一个重点在于，公共空间存在一定的公共规则。要推进公共事务的有序进行或完善解决，参与公共空间的民众必须遵守这些公共规则。公共规则的制定与遵守，要求民众具有一定公共理性意识，能够进行理性的交流、探讨和论辩。"公共理性不同于私人理性，它不会只强调个人利益和福祉的增进，它还非常强调要尊重他人和共同体对各自利益和福祉的追求。它也不同于一般的共同体理性，不会为了共同体利益和福祉的增进而作出损害个人正当利益的决策，它强调每个人都有正当权利追求各自的利益和福祉"②。

在网络公共空间中，网络公共理性意识表现为一种交往理性，即不同的主体之间彼此协商，进行平等对话，使不同的观点和意见交流融合，形成一种宽容、理解、尊重、求真知的公共精神，从而使网民群体成长为理性的交往主体。网络公共空间中民众公共理性意识的增强，在内在机理方面，可以通过网民自治机制激发民众对个体权利的认知与追求；在外在机制方面，可以通过促进不同群体间的商议互动，注重培养民众的合作交往能力和包容共助的精神，避免压制弱势群体或少数派发出的声音，尊重多元话语，减少网络公共空间的碎片化，避免使其成为线下经济政治力量的网上殖民地。此外，还应充分发挥网络公共空间的社会动员潜力，通过将网络商议转化为建设性的行动来扩大民

---

① 科恩.论民主[M].聂崇信，朱秀贤，译.北京：商务印书馆，1994：22.
② 严从根，胡旭东.培育公共空间意识：公民教育的必要基点[J].教育观察，2012（2）：1-4.

主参与，从而进一步发挥网络公共空间的公共价值。①

（二）网络公共空间意识教育的实践路径

作为一种新型的社会公共空间，网络公共空间在内部条件上，包括民众的广泛参与和理性沟通；在外部条件上，包括为民众提供可以自由开放地讨论和交流社会公共议题的场所。因此，可以采用"里应外合"的策略开展网络公共空间意识教育。

1.积极开展网络公约建设

一方面，要完善网络公共空间规范。公共空间规范是公共空间公有共用的保障，只有当进入网络公共空间的民众能够知晓、遵守并维护网络的公共空间规范时，民众才能逐渐养成"他人的权利不可侵犯"之"主体间意识"。金里卡曾指出，知晓、遵守、维护和完善公共空间规范的意识实际上是一种公民礼仪意识，其内核是把公共空间内的所有人都当作平等者加以对待。另一方面，网络公约的形成应该是网络公共空间中的民众共同商议的结果。公约的本质应该是一种公义、公理的普遍约定，凝聚着公共空间中人们的共同追求。其外化形式才是一种得到普遍认可的公共空间规范或约定。只有当网络公共空间中的民众都能主动、积极地参与网络公约的出台过程时，民众的网络权利主体意识才能被充分唤醒，才能使网络公共空间规范内化于心、外化于行，从而保证个体诉求与共同体的诉求得到最大程度的统一和实现。

2.适当增设网络公议平台

网络公共空间参与意识的提升，需要一定的平台和渠道。提升民众的网络公共空间参与意识，一方面要为民众提供网络公共空间参与的实践空间，完善和丰富民众参与网络公共空间的渠道和机制，提高民众的公共事务参与水平和网络自治能力。如根据不同性质的网络话题，开设相关论坛、网络留言板，鼓励民众就相关话题积极建言献策，以此培养民众的自由、平等、权利、契约、法制等现代政治文明观念，促使民众更多地认识到参与社会公共生活既是自身权利，也是自身义务。同时，通过教育唤醒民众的权利主体意识的同时，也要

---

① 高岩.公共空间2.0？——Web2.0视角下网络公共空间的转型[J].广西大学学报（哲学社会科学版），2011（3）：84-87.

提升其义务责任意识，从而促进公共空间参与意识的有效提升。另一方面，要建立常态化的网络对话机制，使民众的表达能够得到公共权力的良好回应，最终在网络公共空间中形成"公共表达—公共回应"的良性互动，从而进一步提升民众的网络公共空间参与意识。[①]

3.合理引导网络公共议题

一方面，充分利用"意见领袖"的影响力。美国社会学家保罗·拉扎斯菲尔德（Paul Lazarsfeld）等提出的"两级传播流"理论认为信息是从广播和印刷媒介流向意见领袖，再从意见领袖传递给那些不太活跃的人群的。[②]由上述信息传播规律可知，意见领袖在网民中具有强大的话语权与影响力。因此，教育工作者可以作为正向意见领袖进入网络公共空间，通过为网民群体答疑解惑、踊跃开展热点话题讨论、主动分享多视角观点等方式引导"意见气候"的形成。另一方面，开展网络多元议题探讨的实际训练。通过相关网络公议平台，就相关热点话题，组织网民进行讨论。在这个过程中，要注意落实平等对话机制，营造良好的沟通氛围。要强化网络民众的理性思维能力，提升对话题的思辨深度，提高民众的话语行为自律意识，将这种自律意识提升到社会道德和伦理的高度。[③]鼓励民众参与网络公议，让民众从其普遍认可的基点出发，以公义、公理为依据，以公共理性进行论证，以赞赏的情感进行言说，促使民众在达成协商共识或妥协共识的基础上行动，增强其网络公共理性意识，在网络公共空间和公共福祉中认识和实现自我。

第二节　网络公共空间的泛娱乐化危机及公共空间意识教育

波兹曼在其代表作《娱乐至死》中批判了美国电视传媒所出现的泛娱乐化

---

① 汪波.中国网络公共空间：镜像、异化与理性建构[J].南京农业大学学报（社会科学版），2011（4）：60-65.

② 拉扎斯菲尔德，贝雷尔森，高德特.人民的选择——选民如何在总统选战中做决定：第3版[M].唐茜，译.北京：中国人民大学出版社，2012：128.

③ 宋平锋.哈贝马斯交往思想视域下的网络公共空间话语伦理研究[J].鲁东大学学报（哲学社会科学版），2021（4）：44-51.

现象。他认为："一切公众话语都日渐以娱乐的方式出现，并成为一种文化精神。我们的政治、宗教、新闻、体育、教育和商业都心甘情愿地成为娱乐的附庸……其结果是我们成了一个娱乐至死的物种。"①几十年后，随着数字时代的崛起，波兹曼所描述的泛娱乐化现象进入网络公共空间，形成了网络公共空间的泛娱乐化危机。所谓网络公共空间的"泛娱乐化"，是指以现代网络技术为媒介和手段，用肤浅空洞的娱乐内容迎合个体的娱乐需求，以追求感官愉悦和短暂快感的娱乐性方法获取流量的一种文化现象。②其具体表现形态可以归纳为两种：一种是以娱乐为外壳，将社会重大事件或严肃问题以戏谑搞笑等娱乐化的形式呈现，并在"意见领袖"的渲染下激起偏离议题预期发展方向的讨论热度，以形成网络舆论；另一种是以娱乐为内核，片面放大信息中的娱乐成分，以消解信息的警醒、教育或规范等主体性功能，来刻意营造轻松愉悦的网络环境，放松人们的心情，满足大学生的感官需求。③网络公共空间的泛娱乐化有其自身的表征，会带来不良的社会后果。分析网络公共空间泛娱乐化危机产生的原因，并探讨如何通过教育去应对泛娱乐化危机，对于青年大学生的健康成长、网络公共空间的治理，以及营造风清气正的网络公共空间具有重要意义。

一、网络公共空间的泛娱乐化

当前，数字化网络已经成为人们传播文化、交流信息的重要平台，在互联网的推动下，娱乐逐渐超出自身的定义和界限，在网民的参与下呈现出了不同的文化传播现象，并逐渐走向"泛娱乐化"。

（一）网络公共空间泛娱乐化的表征

1.新闻报道以明星八卦博眼球

"人们对于网络信息资讯有着多种需要，在理想化的网络信息推荐中，内

---

① 波兹曼.娱乐至死[M].章艳，译.桂林：广西师范大学出版社，2004：4.
② 颜晴晴，葛笑如.网络"泛娱乐化"传播背景下的理想信念教育[J].天津中德应用技术大学学报，2021（3）：119-122.
③ 黄子纯.网络"泛娱乐化"背景下青年价值观引导研究[J].创造，2021（4）：54-59.

容的构成应该是时事政治、社会热点、经济新闻、体育赛事等多种类型的新闻资讯，按照一定的比例均衡和谐地出现"[1]。然而，现实的网络新闻却大多是娱乐明星八卦占据着各大网站的头版头条。新浪微博热搜榜数据显示，2021年11—12月热搜爆词33个，其中超过半数都与明星八卦有关。还有一些网络新闻为了迎合大众的感官刺激，以追求卖点为手段，通过书写"语不惊人死不休"的标题来作为吸引大众的噱头以提高访问量。加之以大数据精准推送等手段，使得大学生在浏览网络新闻时，往往被困在各种娱乐八卦的"信息茧房"中，很少关注国家大政方针、社会时事热点等新闻，新闻的严肃性和权威性因此被大大消解。[2]

2.综艺节目以恶搞戏谑增流量

近些年来，综艺节目种类的日益多样化加剧了网络综艺市场的竞争。在商业利益的驱使下，网络综艺节目的制作奉行"受众本位"，以收视率论成败，一些综艺节目为了增加收视率开始剑走偏锋：以一些低级粗俗的内容博人眼球，以恶搞戏谑的手段增加宣传噱头，以人为制造笑点来迎合大学生的娱乐需求。如某娱乐节目中，某歌手男扮女装饰演了"朱碧石"这一角色，以搞怪的女性造型和"娇嗔"的诙谐神态来博取大学生的关注；某综艺节目中，某些明星模仿神灯阿拉丁等，以戏谑恶搞的方式来增加收视率。如此一来，流量导向下的"大众娱乐"就变成了"大众愚乐"。

3.直播平台以庸俗虚假吸资本

网络直播以其低门槛、低成本、低风险等特点吸引了众多青年学生加入直播市场。第50次《中国互联网络发展状况统计报告》调查显示：截至2022年6月，我国网络直播用户规模达7.16亿人，占网民整体的68.1%。[3]通过直播，主播既能与用户实时交流来缓解原本因新冠疫情带来的内心压抑的情绪，又能获得相应的经济利益。然而，在"流量为王""利益至上"的驱使下，网络直播内容呈现"庸俗化"导向，具体有以下三种表现：其一，利用青年学生的猎

① 李龙鑫，刘占彦，赵雪，等.当前网络"泛娱乐化"现象分析[J].丝路视野，2020:28.
② 侯诗辰.信息时代"娱乐至死"对当代大学生的影响[J].现代商贸工业，2021（33）：154-155.
③ 中国互联网络信息中心.第50次中国互联网络发展状况统计报告[R].2022-08-31.

奇心理，采取极端的、低俗化的猎奇内容来吸引观众的兴趣，形成"注意力经济"；其二，利用大学生的好奇心理，将他人的隐私公之于众，并辅以添油加醋的陈述来博得大众的眼球，形成"窥私经济"；其三，公然宣传含有虚假广告、暴力、色情等性质的内容来获取关注，抱着迅速获利的心理不惜游走于法律的边缘，形成"擦边经济"。这些行为的背后都是为了不断扩大粉丝规模，最终实现其流量变现的目的。

（二）网络公共空间泛娱乐化的本质

在数字化时代，网络泛娱乐化的危机其实是"泛娱乐主义"在网络公共空间流行的表征。其本质是享乐主义、消费主义和个人主义价值观的过度凸显。

1.享乐主义

希腊哲学家伊壁鸠鲁（Epikouros）倡导的快乐主义认为，人的有些欲望是合理的、自然的，而有些欲望则是漂浮的、虚伪的。[1]于普通民众而言，快乐和幸福是不可剥夺的个人权利，人们享受物质或精神上的满足所带来的快乐过程，就是捍卫和实现主体权利的过程，这为享乐主义的发展提供了合理依据。目前，我国社会主要矛盾已经转化为人民日益增长的美好生活需要和不平衡不充分的发展之间的矛盾，人们基本的物质需求已经得到满足，转而对精神文化的需求愈加凸显。然而，由于精神文化的建设暂时没有跟上物质文明的建设，享乐主义逐渐转变为片面寻求感官刺激，走向肤浅庸俗。网络新媒体平台抓住了大学生的需求，通过动人刺激的声音、迅速转换的图像、富有艺术感染力的色彩等方式，建构极具感官刺激和冲击力的"娱乐景观"世界。大学生长期沉浸于"泛娱乐化"的"视觉景观"世界里，在无意识中习惯将其作为自己的精神寄托，接受空洞、肤浅的娱乐而忽视了精神的满足。享乐主义使娱乐不再是"愉悦身心"的调剂品，而是大学生"愚乐"自我的麻醉品。

2.消费主义

按照学界的普遍共识，消费主义是以消费为目的的生活方式和意识形

---

[1]　苗力田.古希腊哲学[M].北京：中国人民大学出版社，1989：649.

态。①消费主义的早期表现是以商品拜物教为主导，它将人与人的关系表征
为物与物的关系。于是，人们开始将商品的占有视作人的本质的体现，而消
费作为占有商品的一种手段，迅速被人们所接受。在19世纪技术革命的推动
下，商品种类日益丰富，加上大众传媒、商业广告等手段的大肆宣扬和消费
氛围的营造，人为地制造和赋予商品特定的、表示人们社会地位和价值的一
系列"符号意义"，从而催生了现代意义上的消费主义。让·鲍德里亚（Jean
Baudrillard）指出："人们在今天的资本主义消费中从来没有消费到物品真正的
使用价值，只是消费了'一种消费的意象'，那是由光怪陆离的广告所制造出
来的符号价值的幻境。"②在生活领域，它表现为物质主义、享乐主义的倾向；
在消费领域，它关注商品的象征性，旨在刺激消费；在文化领域，则直接表现
为文化消费的"泛娱乐化"，力图通过"满足人们片面追求物质享受和感官刺
激，使其痴迷低级甚至畸形文化消费"③。文艺作品的生产和演出快餐化、消费
化严重，过度娱乐化、商业化、资本化日趋明显。蕴含着理性追求，展现着人
性之美，刻画着崇高人格的经典文艺作品被追逐视觉冲击和感官刺激的作品所
替代。

3.个人主义

党的十九大以来，我国进入了旨在实现人民幸福，以个体发展与个性解放
为关注对象的"生活型"阶段。大学生的个体意识日趋强化，不断强调个人自
由、个人利益和独立自主的个人主义思潮展现出了强大的社会效应，个体能够
通过独特的个性表达来实现自我塑造和自我价值的现实需要。此外，在现代科
学技术日益发展的自媒体时代孕育了诸如微博、知乎、豆瓣、抖音等人人都能
发声、人人都能表达意见和价值主张的平台，这为个人主义的发展奠定了物质
基础，使得大学生在生产信息和传播信息上更加便利。然而，个人主义价值观
的过度凸显遮蔽了社会生活的公共性和严肃性，主要表现在：其一，大学生只
关心平凡而细微、感性而具体的个人生活，而对他人生活的福祉和社会的整体

---

① 董玲.从绿色消费到政治消费：消费主义的另一面[J].学术交流，2021（1）：120-129.
② 张一兵.反鲍德里亚：一个后现代学术神话的祛序[M].北京：商务印书馆，2009：42.
③ 曹态磊，成良斌，杨雪英.困境与破解：文化消费主义影响下的青年精神文化生活审视[J].理论导刊，
2022（4）：59-64.

进步持冷漠、消极或偏执的态度；其二，在信息的接受和传播方面，大学生为了实现自我情绪上的快感而偏爱趣味性的话题和戏谑的语言，认为一切皆可娱乐。在这样的舆论环境中，一部分大学生呈现出政治信仰与认同感较弱，社会责任感不强，喜欢用批判的精神和怀疑的目光去消解周围一切存在的意义与价值等消极特征。

二、网络公共空间泛娱乐化产生的原因

数字化时代的网络公共空间泛娱乐化是随着网络技术的不断发展而形成的，其产生的原因可以从大学生个体娱乐需求、技术赋权、资本驱动等方面加以分析。

（一）个体娱乐的需求

快乐主义者认为，人类之所以会产生趋乐避苦的欲望，只因为"快乐是带来利益的活动的表现，痛苦是带来伤害的活动的表现，这些活动的利害或是相对于个人或种的整个组织器官而言，或是相对于其中的某一部分而言"①。因此，快乐与痛苦的状态是与生命功能紧密联系的。人这种独特的存在必有一种最佳的和谐自足状态，而快乐就是这种状态丧失后被认知到的朝向有机体的自然状态进程。由此可见，追求快乐是人的自然本性，也是人实现最佳状态的具体实践活动。从积极的意义上讲，娱乐是人的一种本质需要也是一种外在需求。现代生活的快节奏以及学习、就业等多重压力使得大学生们表现出不同程度的焦虑和紧张苦闷之感。现在的大学生基本都是"00后"，大多是被父母寄予殷切期盼、渴望成功的独生子女。当他们必须面对残酷的就业压力时，对未知的担忧、对适应的焦虑、对压力的抗拒等因素使得他们在休闲娱乐的时候更倾向于选择那些能松弛神经、休息头脑的活动和内容。从感官的层面来说，不断变化的视频和图片能够在短时间内提供强烈的视觉冲击力和震撼力，受众只需要通过观看就可以获得短时的"满足感"。因此，大量短文案、图片和短视频以其简单易懂、趣味十足、互动便捷等特点，很好地满足了大学生对娱乐的

---

① 梯利．伦理学导论[M]．何意，译．桂林：广西师范大学出版社，2002：158．

快餐式需求和感官式需求，相对开放、包容、自由的网络公共空间也逐渐演变为大学生进行娱乐化地调侃、戏谑、吐槽，从而获得愉悦感的最佳场所。

（二）技术革命的赋权

技术进步在个体化的娱乐演变为社会性的泛娱乐的过程中扮演着举足轻重的角色。传统媒介在传播信息的过程中存在着"把关人"这一角色，它们凭借着自身强大的媒介素养对信息进行辨别、筛选和解读，承担着对受众思想、价值观和社会整体文化审美质量把控的重要社会责任。但是，在移动互联网和智能终端设备迅速普及的带动下，自媒体得到蓬勃发展，改变了传统媒介传播的"线性"模式，对社会个体产生了一种"赋权"效应，即"使用智能手机的普通大众成为享有采集和发布权的媒介，传播者与受访者如网状般相互交织、转换，导致信息过载"①。在这一背景下，大学生的娱乐成本不断降低，文化消费的自由权和选择权不断扩大，个体娱乐方式的自主性显著提升。然而，正是因为网络媒体和电视媒体的经营人在想方设法地扩大受众获取信息的渠道和方式，形形色色、令人眼花缭乱的综艺、热播剧、选秀、内涵段子等便出现了"泛传播"现象，并且在大数据算法的助推下，大学生长期沉浸在自己无意识建构的"信息茧房"中自我陶醉，从而被裹挟着滑向社会性的泛娱乐。技术革命的不断发展作为"泛娱乐化"的外在动因，同时也对"泛娱乐化"的内在表现产生了巨大影响。印刷媒介形成的线性逻辑被海量而杂乱的新闻摧毁了，社会进入以图像为中心的"娱乐业时代"，对于大学生来说，信息的价值不再取决于其在社会和政治对策与行动中所起的作用，而是取决于它是否新奇有趣。我们的文化逐渐成为娱乐业的广阔舞台，新闻、宗教、政治及教育等，都被互联网传播媒介以大众喜闻乐见的视觉化符号形式呈现，娱乐成了信息传播的主流样态。

（三）资本逻辑的收编

资本逻辑的收编是深入理解网络泛娱乐化危机形成的一个重要因素。资本

---

① 颜晴晴，葛笑如. 网络"泛娱乐化"传播背景下的理想信念教育[J]. 天津中德应用技术大学学报，2021（3）：119-122.

原本具有自觉追求价值增值的非正义向度和非自觉赋能生产力以及创造人类文明的正义向度。但是，当资本自我增值的需求无限放大，视趋利性为其自身天性时，资本逻辑就开始肆意蔓延。当现实社会的资本增值很难满足资本的逐利性时，资本逻辑开始将自我增值的空间扩展至生活空间和虚拟网络公共空间等关系型空间。"资本累进式积累越来越要求'压缩时空'来满足资本的加速运动，以信息与通信技术为物质基础的全球性网状体系能通过'消灭时间'来'延伸空间'，资本逻辑的历时性与共时性融合了"①。因此，网络直播、影视动漫、电子游戏、综艺娱乐等多元产业成了资本自我增值的重要路径。数字化作为新型信息生产力，可以借助先进的信息技术发挥有助于国计民生的积极作用，但是在资本逻辑的操纵下，其被利用在以实现"价值增值"为最终目的的流量经济文化消费模式之中，资本与文化的结合造就了文化消费主义。在这一资本主义经济学的指导下，娱乐资本不再将生产能够提升人们精神生活质量的文化产品放置于第一位，而是更加关注如何生产能刺激社会成员欲望的文化消费产品。从根本上来说，网络媒体想要获得更多的利润，必然要有能增加浏览量、提高话题热度的噱头，而越是新奇刺激的话题就越能满足受众的猎奇心和好奇感。因此，传统的新闻、政治、教育、社会等各个领域都向娱乐转化，意图在流量竞争中争夺一杯羹，以实现更多的资本积累，这在形成娱乐热潮的同时也助推了社会的泛娱乐化。

三、网络公共空间泛娱乐化危机的后果

"泛娱乐化"是相对于"娱乐化"而言的，娱乐固然有其必要性和价值，但是当娱乐"泛"化，呈现出"时时有娱乐，处处可娱乐，事事被娱乐"的特点时，大学生的主体性、网络公共空间的公共性和社会的道德价值取向就会受到泛娱乐化的影响，产生消极的社会后果。

（一）个体主体性的隐匿

网络公共空间泛娱乐化主要从两大暗渠隐匿了大学生个体的主体性：一是

---

① 熊小果，李健强. 空间生产的资本化与"加速"资本化——基于资本逻辑的历史演绎[J]. 当代经济研究，2015（6）：53-58.

瓦解大学生个体内在的思维逻辑；二是借助外界社会舆论进行干扰。从大学生个体内部来看，网络公共空间是大学生形成自我认同的重要信息来源。安东尼·吉登斯（Anthony Giddens）指出，自我认同是个人依据其个人经历所形成的一种反思性理解的自我[1]，即个体在自我经历活动的反思基础上才能形成主体性。而实践活动是感性与理性的有机统一，一旦人的感性与理性被割裂，就会削弱个体的主体性。如果大学生过度追求感性娱乐，就会导致其感性的泛化和理性思辨能力的下降，进而对个体的思维方式以及生活态度产生影响。例如，在面对突发事件和严肃的社会问题时，个体会不自觉地以一种调侃、搞怪、戏谑等形式进行情绪化解读；在面对多彩的图像、酷炫的音乐时，个体会沉沦于肤浅的感官愉悦而放弃理性的思考。长此以往，即便是系统化的知识和内容也会在碎片化、娱乐化、浅显化的传播方式中被瓦解，大学生难以形成逻辑连贯的思维模式。因此，泛娱乐化不仅不会给大学生带来充实感，反而会消解他们的主体性，使他们陷入麻木和空洞的意识状态中而不自知。

从大众媒介对个体认知和社会舆论的作用角度来看，"个人在虚拟公共领域中面对强大的'意见领袖'时，个人态度会选择向群体观点靠拢，从众心理压倒独立话语"[2]，这就是诺尔–诺依曼所提出的"沉默的螺旋"。其内在生成机制是当人们的想法与大多数人的想法不谋而合时，人们愿意积极参加讨论；但是当个体发现自己的观点与大多数人的观点相违背时，出于"避免被孤立"的心态，人们往往会选择沉默不语，渐渐地便形成了一方的话语越来越强势，而另一方的意见表达越来越微弱的"民间舆论场"。[3]在这多数意见形成的"舆论场"中，大众媒介发挥着重要的作用。大众媒介和特定个体或社群通过同时提示与强调特定意见，来实现对社会舆论"意见气候"的左右和议题发展方向的引导，大学生在这"沉默的双螺旋"中受到网络公共空间中意见领袖"魅力"的驱使，很容易放弃自己独立思考的机会，也更倾向于用"资深"网民的

[1] 吉登斯.现代性与自我认同：现代晚期的自我与社会[M].赵旭东，方文，译.北京：生活·读书·新知三联书店，1998：33.

[2] 邱月.虚拟"公共领域"话语权的表达及影响[J].吉林师范大学学报（人文社会科学版），2019（4）：71-78.

[3] 张征，陈海峰.简论"两个舆论场"的内涵与价值[J].当代传播，2014（3）：12-14.

意见来代替自己的思考。由此可见，原本以个性释放为旨趣的网络文化图景，同时也暗藏了以个体交互影响甚至捆绑束缚为表征的个体趋同和消匿的可能。

（二）网络公共空间"公共性"的消解

在理想的状态下，网络公共空间需要大学生客观、公正、理性地就社会公共议题或热点话题展开讨论，通过相互的言语沟通、说服和协商，形成具有多重认知的网络公共空间。但实际上，"泛娱乐化"不断驱逐着纯粹意义上的公共民意表达，使得网络公共空间呈现出一种"伪公共性"。

这种"伪公共性"主要表现在两个方面，一方面是公共议题在流量导向的网络社会空间中被边缘化。复旦大学国家网络传播研究协同创新中心、复旦发展研究院传播与国家治理中心联合发布的"互联网与当代大学生系列研究报告"显示，最不受大学生关注的前三项公共议题是：政府信息公开、制度与政策问题、民生问题。也有研究者指出："我国真正关注时事的网民并不占主流，在传媒娱乐化的浪潮裹挟下，青年一代更热衷于追星追剧而缺乏对国家事务的关心。"[1]随着公共议题和社会利益被忽视，公民的公共责任感呈现出日渐消退的趋势。另一方面，公共议题在虚实交织的网络社会空间中被情绪化。网络公共空间交往的隐匿性、虚拟性、开放性等特点，在一定程度上降低了舆论主体的现实顾虑和信息表达的责任意识，使得网民将网络公共空间视为可以肆意发挥想象力和任意放大情绪的场所。其结果就是，言语暴力、恶意点评和道德审判等非正常权利表达和非理性情绪宣泄弥漫于网络公共空间。那些具有煽动性的虚假信息被网民盲目转发、推送，并且伴随着用户的个人情绪而不断被强化。关于公共议题的讨论被那些偏激的网络情绪所感染，造成"群体极化效应"。

（三）社会道德价值取向的异化

在"泛娱乐化"的背景下，部分道德榜样与道德准则的示范价值和引导功能逐渐被瓦解，代之而起的是对社会主流道德观念的戏谑解读与价值重塑。"泛娱乐化"正是打着"娱乐"的幌子，在"娱乐"的外衣下，以讽刺经典、

---

① 杨海艳，张九海. 论文化"泛娱乐化"对青少年的影响[J]. 理论月刊，2014（12）：53-55.

调侃主流价值观的形式，歪曲解构社会道德规范。网络公共空间中频繁出现以国家重大灾难事件做逗梗的调侃行为。例如，2021年，郑州在经历了"7·20"洪涝灾害之后又于7月30日爆发了新一轮新冠疫情，不少大众媒体和网民将"涝疫结合"作为一个谐音梗在互联网上广泛地宣传和转发。除此之外，恶搞红色经典、戏谑英雄烈士等现象也频频发生。从表面上看，这些是为了满足受众的娱乐心理而制造的笑点，但实际上这种隐匿在娱乐背后的侵蚀性文化，混淆了社会主义核心价值观指导下的道德判断，错把庸俗当高尚，善恶不明、荣辱错位。

泛娱乐化倾向不仅会消解大学生对社会主义主流道德价值的认同，还会使大学生的价值追求走向泛娱乐化和功利化的歧途。在娱乐至上的喧哗声中，表象大于内涵、真实不及夸张、感性战胜理性、形而上的人本关怀让位于形而下的娱乐八卦。新媒体大肆渲染素人选秀的"一夜爆红"，网络主播的"一夜暴富"，各种明星炫富、奢华的生活，误导部分大学生把人生理想的实现等同于"爆红暴富"，把人生成功等同于"当明星、当网红主播"。久而久之，部分大学生就会不自觉地将追求物质利益作为实现人生价值、追求人生幸福的导向。

四、以公共空间意识教育消解网络公共空间的泛娱乐化危机

综上所述，在数字化时代，网络公共空间的"泛娱乐化"会产生不良的社会后果，因此，我们必须合理抑"泛"。通过教育让大学生知道如何正确对待网络娱乐，应该具备怎样的网络公共空间意识，以及如何理性思辨大众文化。

（一）引导学生树立正确的休闲观和娱乐观

被称为"休闲学之父"的古希腊哲学家亚里士多德认为，"闲暇"是不为他物或他人所役使的"由己"的活动，是一种以德性为基础、向往神性的活动[①]，是内心快乐、自我和谐并与自然相交融的人才能拥有的状态。在哲人看来，听音乐、品诗词、沉思、辩论等精神活动才是人生活的正确休闲方式，它能使人保持创造力，从根本上激活人们内在的生命活力，消除厌倦或疲惫情

---

① 亚里士多德.政治学[M].吴寿彭，译.北京：商务印书馆，1965：392-393.

绪。这对帮助大学生树立正确的闲暇观和娱乐观具有重要意义。因此，理性的闲暇观应秉持以下三大原则。一是重精神，轻物质。休闲的价值在于文化，它使个体在自由的精神中经历审美的、道德的、创造的生活体验。大学生应利用丰富的网络资源积极发掘自己感兴趣的文化领域。二是重意义，轻形式。当我们把如何才能获得美好生活和有意义的生命体验作为休闲活动的选择目标时，我们就不再关注休闲活动的形式是否新奇有趣，而是由外向内更加关注自己积极的人生态度和生活选择。三是重现实，轻虚拟。人的自由发展包括人与自然、人与社会、人与他人、人与自我的四重和谐，网络公共空间只是帮助我们达到休闲目的的空间之一，更大的空间还是存在于现实生活之中。大学生可以跳出网络世界投身于大自然中，在观光风景、游览名胜古迹等传统休闲方式中滋养体魄和心灵，回归自然和人类社会，进而找寻自我，获得健康和幸福的真切体验。

（二）加强积极的网络公共空间意识教育

网络公共空间在现实生活中可能具有正反两种效应：网络公共空间的开放性和包容性允许人们自由表达自身诉求、讨论公共事务，并通过网络的传递使信息和民众的观点由原本的分散状态汇集而形成群体性建议，意见的多元性和民意汇聚的时效性彰显了网络公共空间在汇集民智方面的积极作用。但是，网络公共空间的匿名性和虚拟性使行为主体的道德自律脱离了社会身份的内在约束和外在监督，极易导致个人主义、利己主义、泛娱乐化等不良社会思潮的蔓延。由此可见，网络既可以拓展和延伸公共空间的范围，实现大学生参与社会治理的宏大目标，但是如果不加以引导和规范，它也会引发诸多问题。因此，我们需要养成和维系大学生的公共空间意识，以发挥网络公共空间的积极性。

所谓公共空间意识，是指"个体对于自己在公共空间中的地位、应当享有的权利和应该履行的义务之自觉意识，其灵魂是一种主体意识，其本质是一种公共精神"[①]。而积极的公共空间意识以"喜好公共生活，具有公共意识、公共情怀和公共精神"为特点，它不仅包括民众应该遵循的基本行为观念和共识，

---

① 严从根，胡旭东.培育公共空间意识：公民教育的必要基点[J].教育观察，2012（2）：1-4.

即规范意识，而且也包括共同体意识、责任意识、契约意识和政治意识。[①]这些公民意识的培养离不开长期的教育实践。首先，高校教育工作者要以社会主流价值观引导大学生，巩固共同思想基础。让大学生深刻认识到哪些行为违反了网络文明，这些违反网络文明的行为需要承担哪些责任，维护健康、文明的网络公共空间的社会价值和意义何在等核心问题，由此推动社会主流价值观内化于心、外化于形，培养大学生正确的网络规范意识和共同体意识。其次，高校课堂要以科学理论占领阵地，做好线上线下相统一的科学理论宣传工作，促使大学生自觉抵制错误思潮。线下积极开展专题讲座和主题研讨会，吸引大学生自觉主动学习以提高个人思想觉悟，坚定个人理想信念；线上采取将马克思主义科学理论融入网络公共空间、植入网络作品等方式引领校园文化思潮，凝聚校园文化共识，进而强化大学生的责任意识和政治意识。大学生只有具备了这些意识，网络公共空间的积极作用才能得以充分发挥，其公共秩序才能不被泛娱乐化思潮所瓦解。

（三）培养青年学生的大众文化批判素养

在泛娱乐化的背景下，有些大众媒体为了吸引眼球、争夺流量而传播价值观扭曲、内容庸俗化的短视频和文章等，这严重影响了大学生的审美素养和道德修养。如果大学生长期醉心于泛娱乐化的网络文化氛围中，将会逐渐丧失对美丑的基本鉴别能力，甚至会陷入一种"异化的审丑文化当中"[②]。因此，面对网络泛娱乐化现象，应该培养大学生的大众文化批判素养，使其在接受、传播和生产大众文化等媒介信息时做好真相判断、政治判断和知识判断，以辨别不良、虚假和消极颓废的信息。

首先是真相判断，即对内容真实性的把握。一些媒体和商业组织为吸引更多关注而故意夸大渲染部分事件真相，甚至是捏造事实，从而引发错误的舆论导向。遏制网络谣言和虚假信息的传播不仅需要媒体从业者遵守职业准则，从信息传播源头加以严格控制，也需要大学生提高自身的理性思考能力和真假辨

---

① 严从根. 私德外推：公共空间意识教育的错误路径——基于H市的调研[J]. 中国德育，2017（2）：20-21.
② 张亚莉，严从根. 互联网时代青少年审丑异化样态及应对策略[J]. 教育学术月刊，2022（9）：83-89.

098

别能力，做到不信谣、不造谣、不传谣。其次是政治判断，即对内容的政治立场、思想意识的把握。"泛娱乐化"滋长的价值虚无主义是一种"软性"的虚无主义，"不良思潮的极强依附性让它能够耦合虚无的娱乐从而以更为巧妙隐蔽的形式进行渗透"①。正确的政治判断要求大学生具有在网络意识形态安全问题上的政治敏锐性和鉴别力，这就需要大学生自觉学习基础理论，用马克思主义科学理论武装头脑并能运用其立场、方法和观点分析"泛娱乐化"倾向，正确认识和辨别各种"泛娱乐化"现象，防止在"泛娱乐化"中迷失方向。最后是知识判断，即对科学知识与生活经验常识的把握。正确的知识判断能够帮助大学生更加从容地在知识遍地开花的网络时代中鉴别和筛选媒介信息知识，这不仅需要大学生了解知识的多元形态，利用好在线教育平台、知识付费产品、网络知识社区等自我教育资源；也需要学校、家庭、社会三方合力传授科学知识和生活常识。只有做好了真相判断、政治判断和知识判断，大学生才能正确认识什么是真善美、什么是假恶丑，让具有积极价值的娱乐行为不断陶冶、丰盈人的心灵，使人远离娱乐至死的境地。

娱乐是人的自然需求，在网络信息技术的快速发展下，人们寻求娱乐的手段不断丰富，娱乐文化的内涵和形式也相应地不断变化，网络公共空间呈现了"泛娱乐化"现象。纵观现实，新闻报道以明星八卦为主；综艺节目中恶搞经典；网络直播以虚假、低俗等内容博人眼球；追星活动极端化形成"饭圈"乱象。这些现象背后反映的是多元的社会思潮冲击，如以人的感官享乐作为至上追求的享乐主义；以宣扬"金钱万能""及时行乐"等口号来刺激人们非理性消费的消费主义；不断强调个人自由、个人利益的个人主义；等等。泛娱乐化思潮不断演进的社会后果是大学生的精神世界受到侵蚀，导致个体的理性思辨能力衰退；对公共议题的讨论被边缘化和情绪化，网络公共空间的公共性逐渐瓦解。更为严重的是大学生的社会道德认知趋于异化，价值追求呈现娱乐化、功利化样态。因此，为遏制网络泛娱乐化危机带来的不良影响，我们需要通过教育来培养大学生正确的休闲观和娱乐观、积极的网络公共空间意识和大众文化批判素养，在大学生个体和社会各界的协同努力下，抵制网络公共空间"泛

---

① 宫静懿，田蜜."泛娱乐化"对高校思政工作的挑战及应对策略[J]. 河南农业，2021（27）：31-33.

娱乐化"的冲击和侵蚀，营造风清气正的网络公共空间，建设崇德向善的网络公共空间共同体。

第三节　网络公共空间参与的群体极化风险及
公共空间意识教育[①]

2017年，"北京地铁一大妈怒怼cosplay女孩"的视频火爆网络，视频播放量超过3300万次，由于视频中的女孩年龄看起来像大学生，且全程回答平静而有礼貌，因此在网络上受到了很多大学生的支持。大学生们留言声称对"被怼女孩"的遭遇有强烈代入感，纷纷加入讨伐大妈的队伍。随后，舆情快速反转，cosplay女孩承认自己是有偿商业摆拍，于是，大学生们又转而掀起挞伐"cosplay女孩"的声浪。近年来，诸如此类的网络事件时有发生，作为网络公共空间的"主力军"，大学生成为网络公共事件的重要参与者。然而，正如上述事件一样，在大学生网络公共空间参与行为中，常常出现群体极化现象，使得大学生网络公共空间参与的效果并不理想，呈现出"跟风""蹭热度"等问题，甚至助推了网络暴力事件的生成。网络公共空间中的群体极化现象有其自身的表征，是文化背景、社会心态和技术环境等多因素联合作用所致。[②]相较于其他社会人群，部分大学生具有价值观不成熟、情绪难控制、行为善跟风等特点[③]，在公共话题的讨论中更容易出现极端化的言论与行为，影响其公共空间参与的积极性与有效性。因此，在关注依托网络所呈现的理想沟通情境的同时，分析网络公共空间中群体极化现象的形成机理与相关影响，并探讨如何运用教育手段来约束大学生网络公共空间参与的群体极化，对于助力大学生健康成长、提升高校舆情管控工作效能、营造良好的网络环境具有重要意义。

---

① 薛晓杨参与了本节内容的撰写。

② 史波.网络舆情群体极化的动力机制与调控策略研究[J].情报杂志，2010（7）：50-53.

③ 冯刚，黄渊林.大学生网络舆情群体极化的成因与表征[J].思想教育研究，2021（9）：93-98.

一、网络公共空间：公共参与的新空间与群体极化的新土壤

伴随着信息技术的创新发展，网络公共空间的交互性与参与性日益增强，逐渐具备了作为大学生公共参与新型空间的基本要件。但是网络公共空间也在塑造着新的公共空间参与困境，其中滋生的"沉默的螺旋""协同过滤"等现象，正在使其成为群体极化现象的新土壤。群体极化寓于新空间之中，触发了网络公共空间公共参与的现实新矛盾。

（一）网络公共空间成为民众公共参与的新空间

公共空间参与意味着个体从私人生活的空间中抽身，进入与他人共在的言语与行动空间，同时针对公共政策、议题、事件发表意见，开展对话协商，进而达成共识。[①]公共空间参与需要依托具备相应条件的公共空间展开。关于公共空间的研究，代表性论者包括阿伦特、哈贝马斯等。阿伦特区分了公共空间和私人空间，她强调公共空间是一个具有最广泛公共性的空间，每一个公民在公共空间中的公共展现亦是他人所见所闻之物，这构成了公民在公共空间中的"存在"。[②]公共空间应具备三个基本要素：一是参与主体，没有阶级限制且能自愿自由地关注普遍利益的公众；二是参与途径，公众赖以表达与传播意见并使之监督公共权力的公共媒介和场所；三是参与结果，在公众讨论中形成的以批判意识为核心的公众舆论。[③]由此可见，公共空间是民众公共空间参与的物理基础。

随着互联网的普及，我国青少年成了"泛网络化"时代网民群体的主要构成者。第 52 次《中国互联网络发展状况统计报告》显示，截至 2023 年 6 月，中国网民规模达 10.79 亿人，其中学生网民中至少掌握一种初级数字技能的比例达 98.5%。[④]由于时间自由、无就业压力、无外在强制性限制等因素，大学生成为网络公共空间的"主要占领者"。随着信息技术的发展与自媒体力量的

① 阎国华，何珍. 公共性与反公共性：网络空间公共参与的悖论与破解[J]. 理论与改革，2022（6）：133-146.

② 阿伦特. 人的条件[M]. 竺乾威，等译. 上海：上海人民出版社，1999：38.

③ 黄月琴. 公共领域的观念嬗变与大众传媒的公共性——评阿伦特、哈贝马斯与泰勒的公共领域思想[J]. 新闻与传播评论（辑刊），2008：111-119.

④ 中国互联网信息中心. 第 52 次中国互联网络发展状况统计报告[R]. 2023-08-28.

崛起，网络公共空间的交互性、参与性、去中心化属性日益增强。互联网为公众缔造了一个"交流不再受地域以及社会地位等外在条件制约"的新型公共空间。因此，网络公共空间成为大学生公共参与的新空间。

（二）网络公共空间成为民众公共参与群体极化发生的新土壤

与此同时，网络也为群体讨论提供了更加复杂的结构环境：网络公共空间中暗藏着极化倾向。群体极化于 20 世纪 60 年代在社会心理学领域中展开，桑斯坦在其著作《网络共和国：网络社会中的民主问题》中正式提出"群体极化"的概念："团体成员一开始即有某种偏向，在商议后，人们朝偏向的方向继续移动，最后形成极端的观点。"[1] 群体极化更关注"群体讨论"这一过程，而非参与讨论的全部个体，因此极化不针对个体层面，更强调某种态度立场或意见倾向经群体讨论后趋于极端化。桑斯坦还指出，在网络公共空间中，群体极化发生的概率是面对面交流的两倍甚至更多。"网络对许多人而言，正是极端主义的温床，因为志同道合的人可以在网上轻易且频繁地沟通，但听不到不同的看法。持续暴露于极端的立场中，听取这些人的意见，会让人逐渐相信这个立场"[2]。群体极化的网络发生机制可以从两个方面进行分析。

首先"沉默的螺旋"强化观点对立。网络信息传播具有两个特征：多线性和无边界性。多线性使得网络"沉默的螺旋"在公共空间中的表现形式更加多样化，无边界性又增强了时效性和影响力，使其更容易在极短的时间内产生群体极化。所谓"沉默的螺旋"，是指一方大声地表明自己的观点，而另一方可能"吞"下自己的观点，保持沉默，从而进入螺旋循环——优势意见占明显的主导地位，其他的意见从公共图景中完全消失，并且"缄口不言"，而群体也会对偏离一致性的个体给予孤立和排除在外的威胁。[3] 在大学生参与公共事件的过程中，率先发声或自身带有"正确"光环的大学生更易受到关注和追随，形成压倒性的"优势意见"，使得发声迟的大学生的意见被忽略，形成所谓的

---

① 桑斯坦. 网络共和国：网络社会中的民主问题[M]. 黄维明，译. 上海：上海人民出版社，2003：47，50-51，5.

② 桑斯坦. 网络共和国：网络社会中的民主问题[M]. 黄维明，译. 上海：上海人民出版社，2003：47，50-51，5.

③ 诺尔-诺依曼. 沉默的螺旋：舆论——我们的社会皮肤[M]. 董璐，译. 北京：北京大学出版社，2013：5.

"马太效应"。在这强弱、升降的两级冲突中，大学生群体的发言愈加极化。根据社会比较理论，群体极化是个体渴望被社会接纳的结果，个体通过观察群体中他人的意见来对自己的想法进行调整，进而形成与他人类似又倾向极端的观点，以此获得安全感和群体认同。[①]这一现象与"沉默的螺旋"理论相呼应：为避免被群体孤立，许多大学生在发觉其所持观点只有较少人支持的时候往往会选择沉默，由此造成的后果是强势意见不断强化、弱势意见愈发沉默，陷入了循环往复的漩涡。

在网络公共空间中，"沉默的螺旋"的另一变式也可能导致群体极化现象的发生。依托网络公共空间的多渠道，大学生中的沉默者除听从意见领袖的意见之外，还可以选择在其他信息渠道中找寻和自身观点相近的群体，从而加入其中以加固自身意见。[②]由于网络环境与现实环境的分离，现实场中的压力被削弱，屈从现象产生的心理压力降低，沉默者将不必被迫顺从，更有甚者将成为主流意见的反对者，引导群体意见向对立方向发生极化，彰显自身意见的主流性。

其次，"协同过滤"加重盲从倾向。桑斯坦在探讨网络公共空间中的信息传播时提出了"协同过滤"的概念，它指的是网络平台在为我们提供便捷的同类信息搜集和网址链接的同时，又会使人陷入"信息窄化"的困境。[③]与现实社会相比，网络公共空间借助互联网形成了对信息系统性过滤的天然环境，许多网络平台在"个性化推送"的过程中，对信息进行了有意识的筛选和过滤，这就进一步窄化了信息传播渠道，进而产生"过滤气泡"。"过滤气泡"一旦形成，大学生在网络公共空间中发声的传播路径其实已经被阻断，他所能听到的只是他自身的回音或者是同质群体内部相似的声音，此时，本应进行观点多元互动的网络公共空间转变为单一意见的"回音室"，整齐划一比众声喧哗更为糟糕。在技术加持下，海量信息向大学生涌来，但受"协同过滤"机制的影

---

① Myers D G. Polarizing effects of social comparison[J]. Journal of Experimental Social Psychology, 1978, 14（6）: 554-563.

② 相喜伟，王秋菊. 网络舆论传播中群体极化的成因与对策[J]. 新闻界，2009（5）: 94-95.

③ 桑斯坦. 网络共和国：网络社会中的民主问题[M]. 黄维明，译. 上海：上海人民出版社，2003: 47, 50-51, 5.

响，原本期待的"兼听则明"却变成"过滤气泡"中的单一认知。片面化的认知在群体内部不断重复，导致群体自我纠偏能力弱化，持续输出偏激意见。[1]

再次，"协同过滤"还加重了大学生选择性接触互联网内容的倾向，推动群体观点发生极化。选择性接触理论认为受众在接触大众传播信息时，倾向于接触与自身既有立场和态度一致或接近的信息，并倾向于回避与自身既有立场和态度对立或冲突的信息。[2]网络的"协同过滤"功能使大学生能更轻易地选择同质观点，在选择性浏览信息的过程中不断加固既有观点，搭建闭塞的"信息乌托邦"。同时"协同过滤"使得部分大学生排斥异质信息，进而丧失分辨、评价和选择不同信息的能力，经由对话交流而形成的民主沟通，却因自我观点的过度膨胀而难以实现。在"协同过滤"的作用下，大学生沉迷于"信息茧房"，并因茧房内存在牢固的信息黏性，部分大学生自我消解了对茧房中极端意见的怀疑和逃逸心理，从而出现了对极端化信息的盲从，群体极化由此形成。

二、群体极化导致网络公共空间反公共参与性的表征

互联网的蓬勃发展推动了中国社会的变革，同时也为公共空间的重构提供了技术性条件与新契机。互联网给民众提供了可以实时线上讨论公共话题的公共参与空间，网络公共空间的公共性得以显现。但网络公共空间中暗藏的群体极化危机，却导致了网络公共空间的反公共参与性，群体极化现象使互联网难以成为哈贝马斯意义上的"公共空间"。

（一）群体极化助推非公共性议题的扩散

互联网的普及改变了传统媒体时代信息单向输出的模式，民众因网络获得了原先被传统媒体垄断的信息生产与传播的权利，从传播的被动接受者逐渐转变为信息的主动生产者与传播者，网络公共空间的公共性由此彰显。但在"去

① 崔春梦. 网络交往"信息茧房"的意识形态效应及其治理[J]. 北京交通大学学报（社会科学版），2023（3）：151-160.
② Hart W，Albarrcain D，Eagly A H，et al. Feeling validated versus being correct：A meta-analysis of selective exposure to information [J]. Psychological Bulletin，2009，135（4）：555-588.

中心化"的新媒体传播语境中，也极易出现表达权的泛化，助推非公共议题的扩散。群体因"人人均可随意发言"而提高了极化意见传播的风险，群体极化危机使所谓自由发声交流异化为不同群体间话语权的争夺与博弈。网络公共空间的"泛娱乐化"危机更是使得公共性议题被淹没，如在大学生中普遍流行的"饭圈"现象是当前网络公共空间中群体极化的具体样态之一。网络对个体的"赋权"反而成了粉丝群体围绕偶像明星展开谩骂的"帮凶"，网民热衷于将公共性信息用于私人化目的。[①]处于群体极化中的公众看似积极参与公共发言，其实际目的是为宣泄个人私愤与标榜个体立场。其结果是网络公共空间参与的价值指向不再是解决社会难题，助力社会进步，而是取决于它是否对所在群体有利。在群体极化的无形推动下，伪公共性议题易在网络公共空间中蔓延，消耗公众参与公共事务的情绪与注意力，使公众自愿沉浸在"泛娱乐化"和极端化的非公共性议题中，而相对考验社会思考力、持续关注力的公共议题反而失去了被关注的机会。

（二）群体极化构筑高同质化的偏见共同体

法国社会心理学家勒庞在《群体心理研究》一书中阐述了群体心理特征：群体中的个体在行为方面与孤立时的自身有本质上的差异，甚至在他彻底丢失独立自主之前，他的观念与情感就已发生转变。[②]在群体极化倾向构成的网络舆论场中，民众的各式交流对话导致了群体内同质化观点淹没异质化观点，其余持中立态度或尚无明确态度的民众会碍于群体压力而趋向沉默，放任"沉默的螺旋"形成，意见的同质性与重复性使得极化倾向进一步呈辐射状向外扩散。同时，群体成员因主动屏蔽异质性意见，其已有认知将不断固化，形成所谓的"偏见共同体"，从而导致其中形成的群体意见丧失理性。此外，处于群体极化危机中的群体具有鲜明的"群内同质化、群际异质化"特征，群体内部存在高度认同，而群体间的异质性会将双方矛盾无限放大，群体成员会自觉加入并不断扩大"讨伐"队伍去攻击与其意见不同的群体，力求能扩大自身群体

① 李丽，童静静. 数字时代的网络公共空间：泛娱乐化危机及其教育治理[J]. 教育学术月刊，2023（8）：49-56.
② 勒庞. 群体心理研究[M]. 刘芳，译. 上海：上海社会科学院出版社，2018：21，58.

意见的影响力并使其呈现压倒性态势。群体极化指向一个"相似性自恋"的世界，破坏了民众公共空间参与所表达意见的多元性，最终导致意见"一家独大"的反公共空间参与现象。

（三）群体极化激发网民之间的恶性交往

互联网发展的本意是以新的交往媒介促进社会的普遍联系，但交往的便捷性并不意味着交往质量的提高。网络特有的匿名性实际上降低了公众交往的真实性与真诚度，而群体极化又将公众隔绝在各个意见极化的圈层中，使看似自由而广泛的交流难以摆脱疏离和极端的本质。因此，群体极化极易诱发公众的恶性交往，伤害网络公共空间的公共性。群体极化中的非理性与无意识特征一旦被放大，将推动网络暴力的形成，使群体极化演变为群体"激"化。[1] 勒庞认为，一个人"在孤立时或许是个有教养的人，但在群体里就成了一个野蛮人，即凭本能行事的人。他很容易就会受语言和形象的影响，并做出一些违背切身利益与众所周知习惯的事情"[2]。网络暴力的显性表现是群体的情绪失控，在高同质化的极化群体中，个体的极端情绪表达因群体煽动和"法不责众"的心理作祟，极易迅速恶化为群体情绪失控。同时因异质话语的消失，极化群体成员一致认为自己位于正义制高点，对自身言行的后果产生心理盲视，道德自抑机制就此失效。可见，群体极化破坏了网络公共空间中应有的和谐交往环境，成为网络暴力等恶性交往事件的助推器。

三、群体极化对青年学生网络公共空间参与的负面影响

网络技术的快速发展在一定程度上为大学生网民的话语表达和公共空间参与提供了条件，但也加速了社会情绪和意见圈层的聚合速度，导致群体极化现象频发。群体极化容易使大学生陷入认知偏差、情绪极化、思维惰性的泥潭中，进而降低大学生网络公共空间参与的效果。

---

[1] 张爱军，梁赛.网络群体极化的负面影响和规避措施[J].学术界，2019（4）：75-83.
[2] 勒庞.群体心理研究[M].刘芳，译.上海：上海社会科学院出版社，2018：21，58.

（一）消解青年学生的认知主体性

美国传播学者沃尔特·李普曼（Walter Lippmann）在《公众舆论》一书中论及"拟态环境"时，强调人的现实行为是对大众传媒提供的"拟态环境"作出的反应，这种"拟态环境"会影响公众的认知和行为。[①]大学生生活在由互联网构成的拟态环境中，他们所获得的信息经过了媒介的选择与重组。而群体极化所营造的"拟态环境"会使大学生对环境信息的认知产生错觉，从而影响其网络公共空间参与的认知。其一，群体极化通过影响群体中的意见领袖消解大学生认知的主体性。网络意见领袖是指在社交网络中位于信息传播的中心点，并对他人形成引导作用的活跃分子。[②]意见领袖通过分享潮流观点、帮助大学生解决现实问题来获得大学生群体的信任，从而提升自身话语权与地位。相较于中小学生，大学生具备更强的个体独立能力和信息处理能力，但由于社会经验不足，其认知尚未完全成熟，难以凭借个人能力恰当地应对繁杂观点。因此，在公共空间参与过程中，大学生通常会选择跟从意见领袖的立场和态度。在存在群体极化危机的舆论场中，部分意见领袖往往因处在极化群体中心而倾向于散布极端观点，其发言内容具有较强的诱导性与煽动性[③]，而大学生将在盲从意见领袖发言的过程中逐渐丧失自身认知的主体性，成为意见领袖的附庸；又因崇拜心理的影响，大学生还可能继续传播意见领袖的偏激观点，造成认知主体性消解危机的蔓延。

群体极化使大学生沉迷于虚假共识而消解自身的认知主体性。受新媒体所营造的宽松传播语境和校园网络文化的影响，网络公共空间中聚集了认知水平相近的大学生群体。大学生通常被家庭寄予殷切厚望，生活在学校与家庭共同构筑的象牙塔中。但当他们面对残酷的就业压力与人际处理难题时，理想与现实撕裂的痛苦急需一个宣泄出口，因此，大学生往往会对社会公平正义和道德沦丧等便于站队和发泄情绪的话题有高涨的参与热情。当该类事件的发展走向

---

① 李普曼.公众舆论[M].阎克文，等译.上海：上海人民出版社.2006：4.

② 冯刚，黄渊林.大学生网络舆情群体极化的成因与表征[J].思想教育研究，2021（9）：93-98.

③ 虞鑫，许弘智.意见领袖、沉默的螺旋与群体极化：基于社会网络视角的仿真研究[J].国际新闻界，2019（5）：6-26.

与大学生个体认知不符时，他们容易陷入紧张冲突的"认知失调"心理状态。此时极化群体为吸引更多成员加入，缓解其心理冲突，将通过创设虚假共识的方式来帮助认知失调的大学生重建个人认知以及获得群体认同。虚假共识效应是一种认知成见，即个体倾向于高估自身观点的典型程度，认为自己所持有的信仰、偏好、价值观、生活习惯是正常的、标准的，是社会所公认的。①大学生受极化群体意志的裹挟和虚假共识效应的影响，坚信自己是匡扶社会的"仁义之师"，导致自身认知不断向极端化偏移。

（二）强化青年学生的情绪极化

在现实的生活中，大学生拥有多重身份，如子女、学生、没有社会经验的成年人等，这些身份代表着现实世界中相应的情境压力和角色期待。群体极化往往暂时给大学生提供了与现实隔绝之所，他们可尽情沉迷于同质化的虚拟圈层中，个体行为和情感相对失去了约束。位于网络公共空间中的极化群体，凭借互联网的身体不在场性与匿名性的特点，暂时地摆脱了"常规的、十分严肃而紧蹙眉头的生活，服从于严格的等级秩序的生活"，而进入到一种反结构的"狂欢广场式"的自由自在的生活中。②在这样的网络公共空间环境中，部分大学生难以合理地控制公共空间参与的情绪，容易陷入无休止的情绪狂欢，群体无意识极大的膨胀。

大学生情绪极化的另一表现为怨恨感加重。怨恨就其本质而言，是"自我"对于"他者"的一种特殊的否定性情感，它或是产生于因为对他者所施加于自我的伤害和挫折无法反击或报复而郁积的"无能感"和愤怒，或是因为对于跨越经由与"他者"比较而产生的巨大鸿沟的"无能感"。③群体极化使现实社会的"不遂人愿"之感在大学生群体中更广泛和极端地传播开来。在当代社会，为缓解"内卷化"竞争状态带来的压迫感，部分大学生自愿形成"躺平"群体，且所在群体内弥漫着"仇视竞争""看轻努力"等怨恨情绪。当带

---

① 申金霞，万旭婷. 网络圈层化背景下群体极化的特征及形成机制——基于"2·27事件"的微博评论分析[J]. 现代传播（中国传媒大学学报），2021（8）：55-61.
② 田林楠. 网络情感是如何极化的？——一个情感社会学的视角[J]. 天府新论，2017（2）：133-141.
③ 成伯清. 从嫉妒到怨恨——论中国社会情绪氛围的一个侧面[J]. 探索与争鸣，2009（10）：49-52.

着怨恨的大学生个体进入身体和真实身份都缺场的网络公共空间时，"一言不合便开撕"的"电子式怨恨"成为大学生网络公共空间参与的常态，网络公共空间中甚至出现了"为反对而反对"的观点混战。

（三）助长青年学生的思维惰性

群体极化给网络公共空间带来的后果之一就是圈层封闭化，它表现出了封闭性、层级性、局限性等特点，其危害就是阻隔内外部信息的交流。大学生所处的不同的网络圈层间有突出的文化隔阂，圈层文化的同质性和单一性极易导致大学生陷入"信息茧房"并产生思维惰性，自愿成为电子媒介时代的"电子囚徒"。如果处在极化群体的信息空间中，大学生就会或主动或被迫地浸没在同质化信息中，无法接触其他多元化信息，进而从"全面的人"退化成"单向度的人"。除此之外，阅读同质化内容对大学生信息筛选、逻辑思辨、批判思考等能力的要求较低，使大学生的个体独立思考和理性分析能力弱化，形成思维惰性，主观拒绝需深度思考的信息。其衍生恶果为大学生易受到群体思维的引导，忽视事件的复杂性，将复杂的社会事件简化为二元对立的立场认同，从而不顾事情原委地站队、互相攻讦。[1] 如在"某大学 24 岁女学生因染粉红色头发遭网暴致死"事件中，大量网友依据"刻板印象"为"粉头发"贴上了"不堪"的标签，编造该学生为"陪酒女""夜店舞女"等不实谣言。而部分大学生由于自身惰性思维，在未查证事实真相的情况下轻信谣言，不假思索地加入攻讦队伍，成了"雪崩时的片片雪花"。群体极化因聚合大量单一同质的信息而导致大学生的理性思维能力降低，且加剧了其"无判断、无甄别、无主见"的思维惰性。因此，在应对繁杂且未经考证的信息时，部分大学生片面地、过分地、盲目地依赖于群体思维，群体极化现象与大学生的思维惰性呈现彼此相互助长的消极态势。

群体极化因其圈层化、封闭化等特征助长了大学生的思维惰性，而思维惰性强化的后果之一，则是部分大学生易将正常的社会交往视为各群体间的"拉

---

① 钭娅，金一波，史美林，等. 网络群体极化的现象分析与启示[J]. 宁波大学学报（教育科学版），2018（1）：24-28.

锯战争"，群体中将出现反公共性的"社交欺凌"。在极化群体中，大学生可大致分为持主导意见的强势方、被迫顺从的弱势方和不表态的中立方。强势方为提升群体话语权和维持自身在社交关系中的主导权，将极力要求弱势方与中立方加入意见阵营。虽然网络特有的虚拟化、匿名化特征会在一定程度上隐瞒反对者的真实身份，但由于大学校园线上线下圈层的重叠与网络实名制的推行，个体真实信息很难被完全隐藏，弱势方与中立方担心在网络上提出反对意见，将会遭受线下社交关系中的孤立与排挤，对线下社交关系难以维持的恐慌，伤害其真实意见的表达。持不同意见的群体因极化效应而处于对立两端，对立群体为巩固自身地位将会积极抢夺中立方，而中立方选择加入某意见群体的原因，不再是个人思维对其观点的认可，而是更多地考虑线下社交关系中的亲疏远近，以及对于被不同群体社交孤立欺凌后果的权衡利弊，此时意见表达已异化为对不同意见阵营的妥协与"投名"。相较于对法律力量的恐惧，受限于思维惰性的个体因缺乏理性思考而更畏惧道德谴责。同理，由于思维惰性，个体在社交关系中也容易出现类似"你是我的好朋友却不跟我站一边"的无理道德审判。可见，大学生常因思维惰性而放弃思考，加上社交关系的压力，他们常常以应声附和代替自己真实意见的表达，通过虚假"表演"将自身从有压迫感的思维困境和社交关系中解脱出来。

四、网络公共空间参与群体极化发生的原因

在新媒体强劲与大数据主导的时代背景下，借助网络展开公共空间参与、表达观点和情绪的大学生人数激增。具有相近价值观、共同利益的大学生乐于结成群体，但其中包含的群体极化现象也容易使大学生的认知、思维、情绪等受到影响。究其原因，大学生网络公共空间参与群体极化的产生可从以下几个方面加以分析。

（一）后真相时代舆论传播的特点

"当真相在穿鞋的时候，谎言已经跑遍了全城"，这已然成了后真相时代的真实写照。"后真相"意为"诉诸情感和个人信仰，相较客观陈述事实更能

影响舆论形成的情况"①。在传者本位的媒介生态下，真相主要依赖于专业媒体的单方面生产以及机构化呈现。而当下在"人人都有麦克风"的自媒体与社交媒体搭建的舆论场中，任一个体均可"生产真相"。真相本应来源于事实的挖掘与不断核实，但在一个遭遇现代化浪潮急速席卷的后真相社会中，其不确定性相较传统社会大大增加，其中也包括催生了群体极化危机。"后真相"时代的舆论特点为"情感为先，真相滞后""态度为先，认知为后""成见为先，客观为后"。②在"后真相"时代中，大学生因情感易冲动等特点更易被情绪所支配，依赖既有经验与刻板印象对事件进行主观评价，常被虚假信息和煽动信息所利用，从而忽视客观事实，成为网络舆情的"急先锋"。受"情绪先于事实"的时代特征影响，情绪化的大学生在网络公共空间中打破区域限制，迅速聚集联合以实现"情绪大于理智"的交流，此时通过讨论得出的"再阐释"信息不再是事实真相，而是糅合多方情绪的观点与立场，这也成了个体强化非理性观点的对话论据，交流过程即是群体极化产生的过程。

（二）网络公共空间的多重特性

互联网凭借个性化特征、多样化的表现形式等优势，提升了大学生网络公共空间参与的热情与有效性，但同时也加重了大学生的群体极化倾向。首先，网络的匿名性、互动异步性、虚拟性，易导致群体极化。在网络公共空间中，身份的匿名降低了大学生对社会约束规范的感知，使其沉浸于法不责众的群体侥幸心理，个体把不加控制的情绪宣泄成自然本能的展示，倾向于使用极端方式表达观点。③网络的互动异步性使大学生能随意避开对方的回应，从而能够暂时忽视现实世界中存在的冲突性紧张，加剧极端情感的输出。同时，大学生在网络中可选择屏蔽自身极端表达产生的后果，导致其道德责任的压力被废止。④互联网的虚拟性使得大学生产生线上世界与线下世界的要求和责任相分离的误解，并将网络中的各种越界行为视为游戏。互联网中的中介化沟通和

① 江作苏，黄欣欣. 第三种现实："后真相时代"的媒介伦理悖论[J]. 当代传播，2017（4）：52-53.
② 田凤. 后真相时代教育舆情研究[J]. 华东师范大学学报（教育科学版），2022（3）：30-39.
③ 马海娇，邓又溪. 社交媒体平台网络群体极化生成机制探究[J]. 青年记者，2022（17）：38-40.
④ 黄河，康宁. 移动互联网环境下群体极化的特征和生发机制——基于"江歌案"移动端媒体文本和网民评论的内容分析[J]. 国际新闻界，2019（2）：38-61.

远距离生活从根本上就蕴含着"拒绝承认他人存在这一实质而独立的现实，拒绝卷入相互依靠和相互负责的关系"[1]。互联网的诸多特性使其成为大学生眼中缺少纪律约束的肆意空间，进而为群体极化提供了生长土壤。此外，互联网环境还增强了信息级联效应，即个人的选择往往会受到前人信息的影响，甚至由此出现放弃个人想法、追随前人的现象。[2]各类移动软件的热搜榜、热门观点以及意见领袖的评论，对大学生的信息选择与观点生成有显著影响。受算法推荐机制的影响，观点越热门，将越被频繁地推荐至大学生面前，并被越多的大学生所接受。一方面，在越来越多的大学生因信息级联效应选择放弃自身想法、追随同一热门观点的同时，群体极化也随之发生。另一方面，通过网络进行滚雪球式的级联，带有极端倾向的信息将得到更多的认可并被补充更多的"证据"。

（三）学生非理性的心理特点

勒庞在《群体心理研究》中感叹道："在对抗理性的永恒之战中，感性从未落败。"[3]大学生易陷入群体极化的内在原因，是其非理性的心理特点。大学生正处于青年期，具有情感丰富、心理脆弱、涉世不深、缺乏判断能力、观点易片面、情绪易偏激等非理性的心理特点。[4]由于情绪控制和调节能力较弱，大学生群体更易受群情激愤的影响。且大学生本身情绪爆发力强，当个体的非理性观点或情绪在群体中得到强化后，将变得更加极端化，从而助推群体极化形成。此外，拥有高表现欲的大学生在网络公共空间参与过程中易受"观众效应"的影响。"观众效应"是指在某种情况下，观众的存在会产生促进效力，强化个体行为。[5]随着大学生自我意识和社会身份的不断完善，他们更倾向于在社会大众面前显露自己，互联网发言的便捷性与高曝光性为其提供了契机。

---

[1] 年大琦. 大学生网络群体极化的生成机理与引导策略[J]. 教育理论与实践，2021（18）：35-39.

[2] Banerjee A. A simple model of herd behavior[J]. The Quarterly Journal of Economics，1992，107（3）：797-817.

[3] 勒庞. 群体心理研究[M]. 刘芳，译. 上海：上海社会科学院出版社，2018：21，58.

[4] 陶应勇. 高校学生群体性突发事件成因分析及应对策略[J]. 河南师范大学学报（哲学社会科学版），2008（4）：215-217.

[5] Marler P，Dufty A，Pickert R. Vocal communication in the domestic chicken：Ⅱ. Is a sender sensitive to the presence and nature of a receiver?[J]. Animal Behaviour，1986（34）：194-198.

网络公共空间中处处是"观众",网络还延续和加深了大学生群体中因生活阅历相近而存在的高度一致性,位于其中的大学生将会自发地彼此强化,导致群体中非理性的心理特点循环叠加,形成大学生网络公共空间参与群体极化的基础动力。除此之外,大学生特殊的"心理定势"也常在作祟。心理定势是指某人对某一对象接受前的精神和心理准备状态,这种状态决定了后继心理活动的方向和进程。[①]在大学生网络公共空间参与过程中,大学生对某事件或人物的固有成见,会导致其倾向于选择性接受符合其心理定势的事实,而忽略反向信息,更有甚者会自我欺骗并抨击与其认知相左的观点。大学生因沉迷于心理定势而选择以偏见代替理性考证,从而催化群体极化的发生,而群体极化又反作用于大学生心理定势,使其认知愈加极端。

五、以公共空间意识教育约束网络公共空间参与的群体极化

如前所述,网络公共空间参与之所以暗藏危机,就是因为群体极化后带来不可估量的风险。而作为在网络公共空间中参与度和活跃度都最高的群体,大学生在同一客观条件下更容易发生群体极化现象。因此,通过教育手段让大学生了解如何合理看待海量信息、应该培养怎样的群体交流意识以及如何提升社会责任感,是新形势下大学生网络公共空间参与群体极化治理的应有之义。

(一)培养学生的媒介信息素养

身处数字时代,大学生的信息接收可能出现两大消极特点:一是囿于信息茧房。大学生群体受协同过滤机制影响,容易自我选择或抛弃某些信息以陷入封闭的信息茧房,思维模式发生固化。信息茧房会隔绝大学生对多元信息的接收,产生片面化与极端化的认知。二是全盘接收海量信息。当下网络公共空间中充斥着大量主观色彩浓烈以及观点偏激的信息,部分大学生不加批判地全盘接收,很容易成为以"站队逻辑"代替事实真相的"墙头草"。这两大消极特点是大学生网络公共空间参与群体极化的助推器,其根源是大学生媒介素养不足。媒介素养是指人们获取、分析、评价和传播各种媒介信息的能力,以及使

---

① 中国大百科全书:心理学卷[M]. 北京:中国大百科全书出版社,1987:251.

用各种媒介信息服务于个人的工作和生活的能力[①]，是当今时代大学生应该具备的核心素养之一。因此，需要通过教育来提升大学生的媒介素养，以抵抗其公共空间参与的群体极化，这需要高校工作者与大学生群体的共同努力。

高校工作者需积极开展大学生应对网络信息的"质疑训练"，可以采用辩论赛、课堂讨论等多种形式来培养大学生的批判性思维。教师可选取相关网络热点事件为切入点，引导学生从以下几个层面展开讨论：一是陈述关于该事件所搜集到的信息并分享多种信息搜集渠道，同时识别与概括信息中包含的主要观点，训练大学生的信息获取与分析能力。二是分析高度重复化的观点与差异化的观点，排除明显主观化和自相矛盾的内容，训练大学生的信息甄别与评价能力。三是多角度得出自身结论并加以佐证，且通过相互对话和交流，了解他人观点的合理性，加强自身论证逻辑的严密性，训练学生的信息推理能力。四是客观向他人讲述自身观点，同学之间相互复述，多次复述后与初始观点相比较，确保意见不带有极端倾向，训练学生的信息传播能力。[②]通过培养大学生的信息获取与分析、信息甄别与评价、信息推理以及信息传播能力，来提升大学生的媒介素养，遏制大学生网络公共空间参与群体极化的发生。此外，大学生也要主动打破依赖单一媒体获取信息的惯性思维，拓展多元信息接收渠道，摆脱平台算法的束缚，积极接收主流声音，提升信息批判能力和理性思考能力，在公共空间参与过程中学会采用多元视角看待问题，从内在层面摆脱因信息接收不当而导致的群体极化。

（二）培养学生的跨群体对话能力

群体极化的作用路径之一，是通过构建封闭圈层以切断大学生间的公共对话，进而加剧同质群体的聚集和异质群体的隔阂，这一过程对于大学生网络公共空间参与具有双重效应。一方面，群体极化推动同质群体接纳积极观点，由志趣相投的大学生形成的同质网络群体，能够形成紧密团结的氛围，给大学生提供强烈的归属感与安全感。如果部分极化群体中的优势意见与主流意识形态

---

① Potter W J. Argument for the need for a cognitive theory of media literature[J]. American Behavioral Scientist, 2004（48）：266-272.

② 徐瑾. 学生网络群体极化倾向的学校教育应对[J]. 教育理论与实践, 2018（11）：15-17.

具有较高一致性时，大学生将会基于群体归属感而快速认同主流观点，为有效的网络公共空间参与提供重要保障。另一方面，群体极化亦会诱发异质圈层加剧对立，部分大学生将把在圈层化交流中形成的带有极端倾向的观点，作为标示自我群体归属的身份标签，并以此区分出"己群"和"他群"，网络群体极化的这种立场标榜与分化机制，使不同群体之间处于仅限于"共意"或"对立"的单一消极关系。因此，我们需要通过积极传播社会主流价值观来扩大群体极化部分正向效应的作用效果，同时将破解圈层化，促进大学生跨群体交流作为消解群体极化负面效应的关键点。

美国社会学家拉扎斯菲尔德等提出的"两级传播流"理论认为，信息从广播和印刷媒介流向意见领袖，再从意见领袖传递给那些不太活跃的人群。[①]由上述信息传播规律可知，意见领袖在大学生群体中具有强大的话语权与影响力。因此，为了有效约束群体极化现象的发生，教师与高校思政工作者可作为正向意见领袖进入网络公共空间，通过为大学生答疑解惑、踊跃开展热点话题讨论、主动分享多视角观点等方式，引导"意见气候"远离极端。高校教育工作者还可以鼓励大学生踊跃开展跨群体对话，以破解其网络公共空间参与的圈层化，其中创建平等包容的学习环境是引导大学生跨群体对话的前提。教师可通过积极落实平等对话机制来重塑自身话语形象，打破训诫者、管理者的姿态，营造良好的沟通氛围。同时，教育工作者也应意识到"沉默的螺旋"的存在，主动了解少数沉默者的思想动态，注意分层引导，鼓励他们参与跨群体交流。教师还可以通过设置多元议题来实现"破圈"目的，议题设置紧扣不同圈层成员的共同利益和兴趣，以此打造新的圈层契合点。多元议题得到充分讨论的过程即是大学生跨群体对话的实现过程。

（三）培养学生的公民意识和社会责任感

大学生网络公共空间参与群体极化的内在动因是其非理性的心理特点，为有效地从内源上缓和部分大学生的心理偏差与极端情绪，高校教育工作者应积

---

① 拉扎斯菲尔德，贝雷尔森，高德特. 人民的选择——选民如何在总统选战中做决定：第3版[M]. 唐茜，译. 北京：中国人民大学出版社，2012：128.

极培养大学生的公民意识和社会责任感，并以此作为约束网络公共空间参与群体极化的重要切入点。高校教育工作者必须坚持用马克思主义和社会主义核心价值观武装大学生头脑。一方面积极开展网络思政课，发挥主流意识形态的引领作用。利用新媒体技术，通过微电影、短视频、公众号推送等新兴形式，将核心价值观渗透进大学生网络群体中去，提升大学生对主流观点的认同感，推动群体优势意见朝着主流方向发展。另一方面要推进"网络之外"的思政教育，灵活运用各类大学生乐于接受的方式，提高大学生捍卫主流意识形态的自觉性。培养大学生的网络公共空间意识，引导大学生群体明确维护健康文明的网络公共空间的社会价值与意义。

　　培养大学生的公民意识与社会责任感具体可采用"里应外合"的策略。从"里应"的维度，学校要将公民教育与社会实践相融合，为大学生提供形式多样的社会参与的机会，拓宽大学生成长的公共空间。学校可以通过开展志愿者服务、无偿献血、爱心募捐等活动，培养大学生的公德心、公共责任感与公共生活规则意识。要鼓励大学生发展社会正义意识和履行社会责任，从仅围观"社会事实"到深入"社会行动"。只有在真实的社会参与的过程中，大学生才能理解什么是真正的公民，进而将公共意识内化为自身的情感和意志、外化为行为和习惯。从"外合"的维度，学校要完善和丰富大学生网络公共空间参与的渠道与机制，如建立学生与校方之间的良性沟通机制，将双方纳入同一信息共享系统，大学生在网络公共空间参与过程中遇到问题能够主动向学校反映，形成"表达—反馈"的闭合回路，以此形成动态良性沟通循环，增强大学生公共空间参与的"主人公"意识。除此之外，高校还要建立网络公共空间规范和行为要求，将大学生日常网络文明行为作为学生整体评价的指标之一，通过外在条例约束，提升大学生网络公共空间的规约意识，促使其网络道德由他律转化为自律。

公共空间意识教育内容

第四章 公共空间规范意识及教育

无论社会如何进步，规范都是社会有序运行的基础。但是，社会上总有人不守规则，各种漠视、违反社会规范的事件屡见不鲜，小到随地吐痰、高铁霸座、自家狗咬人拒不承认等，大到"瘦肉精"羊外流、贪污腐败等，这无不凸显规范意识薄弱问题。在面临世界百年未有之大变局的当下，规范意识薄弱已经成为建设美丽中国面临的主要挑战和短板。为构建和谐有序的公共空间，建设美丽中国，必须加强公共空间规范意识教育，提升个体的公共空间规范意识。

第一节 公共空间规范意识

没有规矩，不成方圆。在社会生活中，人类为了满足生产和生活的需要必须建立规范。而且，为了有序推进生产生活，每个人都要都严格遵守"游戏规则"，遵守社会规范。因此，规范是实现社会交往有序推进的重要保障。

一、规范与社会规范

规范是公共空间规范意识的内容载体，公共空间规范意识是规范内化为个体内在要求而形成的信念或者价值观念，对个体的行为具有自觉的约束作用。

日常生活中，"规范"既可以作为动词，也可以作为名词来解释。在《现代汉语词典》（第 7 版）中，作为动词，它是指"使合乎规范"；作为名词，是指"约定俗成或明文规定的标准"。不管基于哪种解释，"规范"都蕴含着指示人们或者告诉人们应该做什么、不应该做什么。美国社会学家萨姆纳（Sumner）将规范分为两类：第一类是民俗（folkways），是指行为规范里的风俗部分。比如中国人春节要给孩子压岁钱，过年晚辈要去给长辈拜年，结婚要给新郎新娘包红包，这些都属于民俗。第二类是民德（mores），是指对社会生存或延续具有重要影响的行为规范。如要遵守交通规则、诚实守信、尊老爱幼等。①由此可见，规范既包括具体的条目，还包括条目对个体行为的约束和调控作用。因此，规范是以促成、制止、许可等方式指导、调控人们各类行为的指示和指示系统。②但是，必须要注意，并非所有的指示或者指示系统都是规范。根据康德的观点，只有当"你意志的准则始终能够同时用作普遍立法的原则"③时，才成为大家所必须共同遵守的原则。换言之，"建立在某种愉快或不快的感受性这一主观条件之上的原则，虽然对拥有这种感受性的那个主体也许可以用作感受性的准则，但甚至就对这种感受性本身来说也不能用作法则"④。也就是说，在日常生活中，如果某种指示不能扩展为所有人的要求，或者这种指示是为了某种期待或欲望，都不能作为一种规范而存在。

可见，规范不是适用于某个场合，而是适用于相关的所有场合，而且要求参与其中的每个个体都必须遵守。规范的这种强制力通常依靠某种精神的力量来维系。这种精神的力量包括"对神灵或世俗权威的敬畏感、道德良心、社会舆论、心理定势等"⑤。因此，规范具有指导行为、评价行为和预测行为的功能。⑥一是指导行为。这是规范最基本的功能。它告诉人们应该做什么，不能做什么，如何做，等等，指导人们的行为选择模式。二是评价行为。规范作为指导人的行为的标准，在规范个体执行某一行为的过程中和这一行为执行结束后，其会变成评价个体行为合理性的标准。这种评价可以分为两类，其一为共识性评价，即行为者和评价者都认同某种规范；其二为评论性评价，即评价者作为"圈外人"，依据规范对行动者的行为进行指点。三是预测行为。即规范可以为行为预测提供依据。因为规范具有普适性，所以社会共同体成员通常必须按照规范要求去行动，因此，规范对个体的行为具有预测性。

社会规范是调整人与人之间的关系，如"己所不欲，勿施于人"就是一种

---

① 蔡文辉，李绍嵘. 社会学概要[M]. 北京：北京联合出版公司，2017：29.
② 徐梦秋，等. 规范通论[M]. 北京：商务印书馆，2011：14.
③ 康德. 实践理性批判[M]. 韩水法，译. 北京：商务印书馆，1999：31.
④ 康德. 实践理性批判[M]. 邓晓芒，译. 北京：人民出版社，2003：25.
⑤ 徐梦秋，等. 规范通论[M]. 北京：商务印书馆，2011：15.
⑥ 徐梦秋，等. 规范通论[M]. 北京：商务印书馆，2011：55-58.

社会规范的具体表现。关于社会规范的认识，有两种比较有代表性的观点。[①]一是规范说。"规范说"是指社会成员共有的一整套规定，它决定着社会成员的共有信念和价值标准，它决定着社会成员的自然观、世界观和价值观等共有信念和价值标准。二是标准说。"标准说"包括两种观点：其一，行为标准说，即认为社会规范是历史形成或规范行为与活动的标准，具有调节、选择、评价、稳定和过滤等功能，其限定着人与人之间的关系；其二，文化价值标准说，即社会群体成员可接受或不可接受行为的各项文化价值标准。

二、公共空间规范意识

当社会规范被个体所认同，并内化为个体的内在价值要求时，社会规范就从外在转化为个体内在的社会规范意识。当这些社会规范意识被用于公共领域，则表现为公共空间规范意识。"规范意识，是我们当判断底时候，强制我们肯定或者否定底一种命令。就是判断，不是随意否定或者肯定，是我们服从一种强迫我们去作肯定或者否定底超个人的力量"[②]。公共空间规范意识包括知晓、遵守和维护公共空间规范的意识。

一是知晓公共空间规范意识。知晓公共空间规范意识包含两部分内容：其一，知晓公共空间，即在社会实践和交往中，有意识地去辨别空间属性，哪些是公共空间、哪些是私人空间。纳道伊（Nadai）认为，公共空间不同于"开放空间、开敞空间、休闲空间、绿地、广场、公园"等强调功能属性的空间类别；有学者通过"公共性和可达性"两个维度，认为可以依据"制度与机构因素、可达性、空间意义"等因素来判定公共空间（见表4-1）。[③]这可作为我们知晓和判定公共空间的依据。其二，知晓公共空间规范，即个体要有意识地去认知和学习公共空间规范，甄别哪些属于公共空间规范，哪些标准不适用于公共空间。

---

① 徐梦秋，等.规范通论[M].北京：商务印书馆，2011：380.

② 黄忏华.西洋哲学史纲[M].北京：东方出版社，2007：355-356.

③ 陈竹，叶珉.什么是真正的公共空间？——西方城市公共空间理论与空间公共性的判定[J].国际城市规划，2009（3）：44-49，53.

表 4-1　公共空间判定标准

主要因素	公共空间的特征
制度与机构因素	公共所有权
所有权	公共机构所有
经营者	由公共机构管理控制，即对空间的管理能代表公共利益
可达性——对所有人	允许不同人共存
空间的实体可达性	所有人能方便地进入
吸引因素	体现在空间中能包容的最大数量的使用者
可达的成本	不同人进入的成本相同，包括时间和金钱
可达性——对所有活动	允许不同的社会交往活动
活动的多样性	能容纳不同的有助于社会活力的多元的社会功能
空间的管理和控制	对空间进行管理的唯一目的是保障大多数人对空间的使用
空间的意义	代表所有人
空间意向	象征意义是能代表大多数人
利益	最终意义是服务于所有人，并有助于产生持续发展的集体价值

　　二是遵守公共空间规范意识。个体的道德意识是从他律向自律发展。遵守公共空间规范意识表现为他律性遵守公共空间规范意识和自律性遵守公共空间规范意识。他律性遵守公共空间规范意识表现为个体本质上受到外在公共空间交往规范的支配和约束，呈现出被动性、外在性等特点，而非个体内在的精神需求。评价行为是否符合公共空间规范，也不是基于个体的内在动机，而是完全根据是否外在地服从规范。自律性遵守公共空间规范意识即个体公共空间规范意识的对象与外在强制性的要求没有关系，对规范的遵守反映了个体内在的需求。公共空间行为不是迫于外在的命令或者要求，而是主动接受和遵守。这使个体更加自觉地以公共空间行为规范作为自己行动的准则，并将其视为自己的内在欲求。这就是外在的约束与内在的自我约束一致，社会规范的客观要求与主体自身的内在需要一致，理智活动与意志活动一致，道德主体的价值判断与道德利益一致。[①]

　　三是维护公共空间规范的意识。维护公共空间规范的意识是在自律性遵守

---

① 宣云凤. 论个体道德意识的发展[J]. 南京师大学报（社会科学版），1999（2）：28-34.

公共空间规范意识形成后达成的，是对公共空间规范认同的结果。在日常生活中，维护公共空间规范的意识能够确保公共空间规范得到有效实施，实现社会和谐稳定，比如地铁站闸口，没有治安管理人员，大部分人都在自觉排队有序进入。但是，不时有一些后来的人不排队，直接挤到闸口，扰乱秩序，影响进站效率。在此情景下，面对破坏公共空间秩序的人，需要对其进行制止和规劝，维护公共空间秩序。维护公共空间规范的意识包括两个部分内容：其一，制止破坏公共空间规范的行为意识。如前文所述，制止破坏公共空间规范的行为意识是指当出现违背公共空间规范的行为时，要敢于站出来，规劝、制止这些行为进一步推演，使公共空间得到维护。其二，评价公共空间规范的行为意识。在社会实践中，根据公共空间规范对个体的行为作出积极或者消极的评价，以彰显和维护公共空间规范。

第二节　中小学生公共空间规范意识

为了深入了解我国中小学生公共空间规范意识的发展状况，描绘公共空间意识教育的现实图景，课题组自主研制《中小学公共空间意识调查问卷》，问卷内容包括公共空间规范意识、公共空间参与意识和公约意识三部分内容。公共空间规范意识部分围绕公共空间规范遵守意识和公共空间规范维护意识两方面设置问卷，对全国中小学生进行问卷调查。问卷采用里克特（Likert）五分量表计分，从"完全同意"到"完全不同意"依次记为 1 ～ 5 分，反向题依次记为 5 ～ 1 分，得分越高表示中小学生的公共空间意识越高。数据采用SPSS22.0 进行分析。

为了确保调查对象的代表性和数据的科学性，本研究采用分层随机抽样的方式，从东部、中部和西部地区各抽取一个省份，最终确定对浙江、安徽和陕西三个省份的中小学生展开调查。调查共收回 14683 份问卷，其中有效问卷14669 份，有效率为 99.9%。其中，就地区来说，浙江有效问卷 3783 份，占25.8%；安徽有效问卷 5233 份，占 35.7%；陕西有效问卷 5653 份，占 38.5%。就学段来说，小学问卷 4931 份，占 33.6%；初中问卷 4281 份，占 29.2%；高中问卷5457份，占37.2%。就性别来说，男生问卷7351份，占50.1%；女生问卷7318份，占49.9%（见表4–2）。

表4–2 中小学生公共空间规范意识调查对象分布

项目	类别	人数 / 人	比例 /%
省份	浙江	3783	25.8
	安徽	5233	35.7
	陕西	5653	38.5
学段	小学	4931	33.6
	初中	4281	29.2
	高中	5457	37.2
性别	男	7351	50.1
	女	7318	49.9
是否独生子女	是	4735	32.3
	否	9934	67.7
学校所在区域	城区	8749	59.6
	镇区	3840	26.2
	农村	2080	14.2
父亲学历	研究生	618	4.2
	大学本科	2074	14.1
	专科	1400	9.5
	高中	3635	24.8
	初中及以下	6942	47.4
母亲学历	研究生	539	3.7
	大学本科	1861	12.7
	专科	1357	9.3
	高中	2920	19.9
	初中及以下	7992	54.5

一、中小学生公共空间规范遵守意识

通过对中小学生公共空间规范遵守意识的调查发现，总体而言，中小学生的公共空间规范遵守意识较强。具体表现为，"在有人监督的时候，我能很好地遵守各类公共场合的行为规范"的均值为4.463，"在学校里，如教室、图书馆等公共场所，我能很好地遵守各类公共规则"的均值为4.663，"在校外，如公共汽车、电影院等公共空间，我能很好地遵守各类公共规则"的均值为4.674，"在没有人注意到我的时候，我有时随地扔垃圾"的均值为4.279。由此可见，当前中小学生的公共空间规范遵守意识较强。具体分析发现，中小学生的公共空间规范遵守意识仍然存在一些问题。

（一）与东部地区相比，中西部地区的中小学生公共空间规范遵守意识较弱

调查发现，东部地区浙江省的中小学生公共空间规范遵守意识的均值水平最高（M=4.59），中部地区安徽省的中小学生公共空间规范遵守意识的均值水平次之（M=4.50），西部地区陕西省的中小学生公共空间规范遵守意识的均值水平最低（M=4.49）。具体如表4-3所示。经检验，浙江省、安徽省和陕西省中小学生的公共空间规范遵守意识得分存在极其显著的差异（P=0.000＜0.001），东部地区中小学生的公共空间规范遵守意识水平高于中西部地区。

表4-3　不同省份的中小学生公共空间规范遵守意识得分情况

省份	数量（N）	均值（M）	标准差	F值	P值
浙江	3783	4.59	0.55		
安徽	5233	4.50	0.61	36.576	0.000***
陕西	5653	4.49	0.62		

注：*** 表示达到 0.001 的显著性水平，下同。

（二）与城镇相比，农村中小学生公共空间规范遵守意识较弱

公共生活环境影响中小学生公共空间规范遵守意识。研究发现，城区的中小学生公共空间规范遵守意识的均值水平最高（M=4.54），镇区的中小学生公共空间规范遵守意识的均值水平次之（M=4.51），农村的中小学生公共空间规范遵守意识的均值水平最低（M=4.43）。具体如表4-4所示。经检验，城区、镇区和农村的中小学生公共空间规范遵守意识得分存在极其显著的差异（P=0.000＜0.001），与农村中小学生相比，城镇中小学生的公共空间规范遵

守意识水平明显高于农村。

表 4-4　不同区域的中小学生公共空间规范遵守意识的得分情况

所在区域	数量（N）	均值（M）	标准差	F 值	P 值
城区	8749	4.54	0.58		
镇区	3840	4.51	0.61	31.621	0.000***
农村	2080	4.43	0.67		

（三）中小学生公共空间规范遵守意识随学段增长而下降

通过比较不同学段中小学生公共空间规范遵守意识的得分情况发现，小学生的公共空间规范遵守意识的均值水平最高（$M=4.57$），初中生的公共空间规范遵守意识的均值水平次之（$M=4.50$），高中生的公共空间规范遵守意识的均值水平最低（$M=4.49$）。具体如表 4-5 所示。可见，中小学生公共空间规范遵守意识随学段增长而下降。经检验，不同学段的学生公共空间规范遵守意识水平得分存在极其显著的差异（$P=0.000 < 0.001$）。

表 4-5　不同学段的中小学生公共空间规范遵守意识的得分情况

学段	数量（N）	均值（M）	标准差	F 值	P 值
小学	4931	4.57	0.62		
初中	4281	4.50	0.61	24.611	0.000***
高中	5457	4.49	0.58		

（四）与女生相比，男生的公共空间规范遵守意识较弱

通过比较男女中小学生公共空间规范遵守意识的得分情况发现，男生的公共空间规范遵守意识的均值水平（$M=4.47$）略低于女生（$M=4.57$）。经 t 检验发现，不同性别学生的公共空间规范遵守意识得分存在显著差异（$t=-10.946$，$P=0.000 < 0.001$），这说明公共空间规范遵守意识在不同性别之间存在显著的差异（见表 4-6）。

表4-6 不同性别的中小学生公共空间规范遵守意识的得分情况

性别	数量（N）	均值（M）	标准差	t 值	P 值
男	7353	4.47	0.63	-10.946	0.000***
女	7316	4.57	0.56		

二、中小学生公共空间规范维护意识

公共空间规范维护意识是指个体使公共空间规范免于遭受破坏的意识，因此，公共空间规范维护意识具有斗争性，与破坏或危害公共空间规范的意识或行为作斗争。实践中，与公共空间规范遵守意识相比，公共空间规范维护意识更能体现个体的公共空间规范意识水平。调查发现，总体而言，与中小学生公共空间规范遵守意识相比，公共空间规范维护意识发展水平较低。中小学生公共空间规范维护意识具有如下特点。

（一）东中部地区中小学生的公共空间规范维护意识弱于西部地区

通过比较不同省份中小学生公共空间规范维护意识的得分情况发现，陕西省中小学生的公共空间规范维护意识的均值水平最高（$M=4.00$），浙江省中小学生的公共空间规范维护意识的均值水平次之（$M=3.96$），安徽省中小学生的公共空间规范维护意识的均值水平最低（$M=3.94$）。经检验，浙江省、安徽省和陕西省中小学生的公共空间规范维护意识水平得分存在极其显著的差异（$P=0.000 < 0.001$），东中部地区中小学生的公共空间规范维护意识弱于西部地区（见表4-7）。这种特征也表现在城乡差异上，但是，城乡之间的差异不具有显著性。

表4-7 不同省份的中小学生公共空间规范维护意识的得分情况

省份	数量（N）	均值（M）	标准差	F 值	P 值
浙江	3783	3.96	0.82	7.936	0.000***
安徽	5233	3.94	0.81		
陕西	5653	4.00	0.80		

（二）中学生的公共空间规范维护意识弱于小学生

通过比较不同学段中小学生公共空间规范维护意识的得分情况发现（见表4-8），小学生的公共空间规范维护意识的均值水平最高（M=4.24），初中生的公共空间规范维护意识的均值水平次之（M=3.98），高中生的公共空间规范维护意识的均值水平最低（M=3.72）。经检验，不同学段的学生公共空间规范维护意识水平得分存在极其显著的差异（P=0.000 ＜ 0.001），而且，公共空间规范维护意识的均值水平随着学生的年级增长而下降。

表4-8 不同学段的中小学生公共空间规范维护意识的得分情况

学段	数量（N）	均值（M）	标准差	F 值	P 值
小学	4931	4.24	0.78		
初中	4281	3.98	0.79	568.076	0.000***
高中	5457	3.72	0.77		

（三）男生的公共空间规范维护意识弱于女生

通过比较男女中小学生公共空间规范维护意识的得分情况发现（见表4-9），男生的公共空间规范维护意识的均值水平为3.95，女生的公共空间规范维护意识的均值水平为4.00。男生的公共空间维护意识弱于女生。经检验，不同性别的中小学生公共空间规范维护意识得分存在显著的差异（t=-3.402，P=0.000 ＜ 0.001）。

表4-9 不同性别的中小学生公共空间规范维护意识的得分情况

性别	数量（N）	均值（M）	标准差	t 值	P 值
男	7353	3.95	0.84		
女	7316	4.00	0.78	-3.402	0.000***

三、中小学生公共空间规范意识的审视

中小学生的公共空间规范意识受所处地区、年龄和性别的影响。"人情社会"的文化遗存导致中小学生的公共空间规范意识不足，"升学率导向"与道德认知发展交织作用导致中学生的公共空间意识不如小学生，性别角色的社会

化差异导致男生的公共空间规范意识不如女生。

（一）"熟人社会"的文化遗存导致中小学生公共空间规范意识不足

1978 年，中国开始实施改革开放。随着改革开放的推进，2002 年，我国初步建立社会主义市场经济体制。改革开放和社会主义市场经济潜移默化地动摇了传统的纲常伦理、熟人文化，推动"熟人社会"向"商业社会"转变。与农村和中西部地区相比，不管是在改革开放初期还是在社会主义市场经济潮流中，城镇和东部地区都更加深入、全面地参与到改革开放和社会主义市场经济大潮流之中。因此，城镇和东部地区人们的传统价值观念，与农村和中西部地区相比受到更大的冲击。市场经济下，商品通过市场实现交换，而交换过程必须以满足相关主体的利益为前提，各种规则和契约就是维护交换主体利益的根本保证。因此，规则、契约是社会主义市场经济运行所要遵循的根本。由于东部地区和城镇的居民更深入地参与社会主义市场经济实践，平等自由、公平公正、互利互惠和恪守信用的市场经济基本伦理精神日益渗透进他们的文化基因。因此，在公共空间生活中，东部地区和城镇的居民对规范的遵守意识更加强烈。

中西部和农村地区，由于受市场经济的冲击没那么大，仍然保存着传统"熟人社会"的"差序格局"，即费孝通所谓的"同心圆波纹型"[①]社会结构。费孝通认为，在这种社会格局中，与人相处不是依据权责关系，而是靠关系、讲交情。同时，在这种格局中，"以'己'为中心，像石子一般投入水中，和别人所联系成的社会关系，不像团体中的分子一般大家立在一个平面上的，而是像水的波纹一般，一圈圈推出去，愈推愈远，也愈推愈薄"[②]。而且，这个"己"并非固定的，是随时随地有一个"己"作中心的；并且，费孝通认为，这个"己"不是"个人主义"，而是"自我主义"，即一切价值以"己"作为中心的主义。[③]换言之，整个社会关系都是以"己"为中心，都是私人关系的扩展，整个社会关系也是由私人关系扩展形成的网络。因此，在这样的社会结

---

① 费孝通.乡土中国 生育制度[M].北京：北京大学出版社，1998：26.
② 费孝通.乡土中国 生育制度[M].北京：北京大学出版社，1998：27.
③ 费孝通.乡土中国 生育制度[M].北京：北京大学出版社，1998：28.

构中，人们不倾向于遵守团体的契约，而是依据以"己"为中心的"伦"来处理。现实中，"伦"是有分别的、有差等的，是有差等的次序。这种差等与地位和实力相交织，有实力的"己"往往不遵守公共空间秩序，也就无所谓去维护公共空间秩序了。因此，农村和中西部地区的中小学生的公共空间规范遵守意识和维护意识不如城市和东部地区。

（二）道德认知发展特点与"升学导向"交织影响中小学生公共空间规范意识

总体而言，个体道德认知的发展是从他律阶段到自律阶段。具体而言，根据科尔伯格（Kohlberg）的道德认知发展阶段理论，在小学阶段，学生主要处于因循水平（水平Ⅱ）。在这一阶段，学生主要处于"相互性的人际期望、人际关系与人际协调阶段"和社会制度与良心维持阶段。这一发展水平有两个重要特点：一是做得对的理由就是要按自己和别人的标准"为善"；二是所谓对的就是要履行个人所承诺的义务，严格守法。[①] 也就是说，在这一阶段，小学生是遵从成年人的期望以获得认可，或者是把具体的规范当作"金科玉律"，还不善于根据自身的处境进行道德决策，因此，小学生的公共空间规范意识较强。但是，随着年龄的增长，初中生尤其是高中生有了更高的道德认知发展水平，达到"后因循与原则水平"。在这一水平，个体所进行的道德决策或体现的道德行为不再受任何普遍化的社会义务或契约的束缚，"对规则的合理性和神圣性有了自己的认识和解释，不再简单相信权威的观点和社会的约定俗成"[②]。换言之，中学生对公共空间规范意识的遵守或维护会依据具体情景选择不同的行为，而不会像小学生那样盲目地遵守和维护，因此，中学生的公共空间规范意识不如小学生。

在个体成长过程中，中学阶段的认知发展实现了第二次飞跃，也就是说，中学阶段是对学生开展道德引导的关键期。但是，受应试教育的影响，一定程度上中学生公共空间规范意识的培养被弱化了，这进一步加剧了中学生的公共

---

① 高觉敷. 西方心理学史论[M]. 合肥：安徽教育出版社，1995：299.
② 辛志勇，顾冰，陈明果. 青少年关系规则意识发展特点与教育建议[J]. 教育理论与实践，2017（20）：11-14.

空间规范意识与小学生的差距。1993 年 2 月，《中国教育改革和发展纲要》指出："中小学要由'应试教育'转向全面提高国民素质的轨道。"为进一步落实《中国教育改革和发展纲要》，1997 年教育部印发《关于当前积极推进中小学实施素质教育的若干意见》，提出全面推进素质教育是中小学的紧迫任务，要采取有力措施促进素质教育的实施。自此，中小学全面推进素质教育，特别是，2002 年教育部印发的《关于积极推进中小学评价与考试制度改革的通知》要求"在已普及九年义务教育的地区，公办学校实行义务教育阶段就近免试入学"，2014 年印发的《教育部关于进一步做好小学升入初中免试就近入学工作的实施意见》要求全面落实小学升入初中实施免试就近入学。虽然小学阶段的应试教育得到根本扭转，素质教育得到较好的落实和保障，但受到中考和高考压力的影响，初中阶段和高中阶段仍然无法摆脱应试教育，比小学更加强调升学率，关注学生的考试成绩，这在无形中忽略或弱化了对初中阶段和高中阶段学生规范意识的教育，从而导致中学生的公共空间规范意识不如小学生。

（三）性别角色的差异导致男生的公共空间规范意识不如女生

性别角色是指由性别不同的个体产生的符合一定社会期待的行为模式，包括男女两性的个性和行为方面的差异等。性别角色的差异是造成男生的公共空间规范意识不如女生的重要原因。一是受生理学因素的影响。自父系氏族后，与女性相比，男性承担着更多具有攻击性和对抗性的生产和生活任务，在长期的历史演化进程中，男性"不安分"的基因被遗传下来。研究发现，男性的大脑丘下方部分所分布的神经细胞是女性的两倍，这些神经掌管吃饭、逃跑、战斗及性功能，所以男性好反击、食量大。[1]因此，从生理上男生比女生更容易违反公共空间规范，公共空间规范意识也自然不如女生。二是传统文化对男女性别的不同期待。生理因素导致性别角色差异，但是社会和环境的影响进一步加剧了性别角色差异。在传统文化中，男性往往被认为"更灵敏，更富有冲动性，更敢作敢为"；相对而言，女性"比较胆小，并且需要更多的帮助和保

---

① 万明钢，刘显翠. 现代社会心理学[M]. 北京：对外经济贸易大学出版社，2013：272.

障"[1]。受传统文化的影响，对男孩的培养往往更加放纵其本性，认为活泼、好动甚至具有更强的攻击性是男孩的根本特征；对女孩则给予更多的约束。因此，男生的公共空间规范意识不如女生。

第三节　中小学生公共空间规范意识培育

中小学生公共空间规范意识既受制于经济社会发展水平，又受学生的身心发展特点和学校教育引导的影响。因此，提升中小学生公共空间规范意识要明确公私空间，打破"差序格局"，建立团体格局；引导参与公共空间生活，加强公共空间规范意识引导；规范公共空间行为。

一、构建"团体格局"

"熟人社会"的"差序格局"只能适应以"己"为中心的私人空间，无法适应公共空间实践的需要。基于"差序格局"的社会规范根据"己"所处的社会处境而定，"我"所处的"圈子"不同，所选用的社会规范也有所不同。基于"差序格局"的"规则"与构建现代社会规则体系的要求形成强烈的冲突。因此，要提升中小学生的公共空间规范意识，需要在社会层面明确"公共空间"与"私人空间"的边界。"公共空间"不同于"私人空间"，私人空间（personalspace）也称"个人空间"，是一种我们想要与他人维持的安全距离或缓冲的区域。随着情景的变化，安全区的大小也会发生变化。和陌生人在一起时，多数人都会保持相对较大的私人空间，大约1.2米或更大的距离。在一个封闭的空间中，我们会保护自己的空间并尊重他人的空间。[2]由此可见，私人空间具有封闭性，不允许外人侵入。当两个或者两个以上的私人空间出现交叉或重叠，就演变为公共空间。"公共空间，也可称为公共领域、群域，它是属于所有人、为所有人共享的开放空间"[3]。公共空间具有至关重要的三重属性：一是共享性。共享性是指公共空间作为一种设施、产品或资源供多个主体共同

---

① 达维逊，果敦. 性别社会学[M]. 程志民，等译. 重庆：重庆出版社，1989：16.
② 迈尔斯. 社会心理学：第11版[M]. 侯玉波，等译. 北京：人民邮电出版社，2016：158.
③ 严从根. 论公共空间意识教育[J]. 教育研究，2016（5）：60-65.

使用。因此，公共空间不同于私人空间，它的受益者是不同的个体或者群体。二是有限性。公共空间作为一种资源甚至是资本，其总量或范围必然有限，不可能供所有人使用，也不可能供部分人无限期使用。三是共在性。公共空间是属于所有人的开放空间，这决定了其不是纯粹地理意义上的静态的场所，其蕴含着人与人之间的特殊关系。换言之，公共空间中蕴藏着人与人之间的"共在"关系，也就是说，公共空间既有作为物质"空间"的特性，又蕴藏着政治、经济以及文化关系。而且，这些关系不是以"我"为中心的关系网络，而是依据"团体"维系，即"团体格局"。费孝通认为，"在团体格局里个人间的联系靠着一个共同的架子；先有了这个架子，每个人结上这个架子，而互相发生关联"①。换言之，团体格局中个体必须遵守和维护公共空间规范，否则就会被排除在团体之外。

二、加强公共空间规范意识引导

对升学率的追求导致中学阶段对公共空间规范意识的教育被弱化。因此，为提升学生的公共空间规范意识，要加强指导学生开展公共生活实践，加强公共空间规范意识引导。一是搭建公共空间实践平台。公共空间实践平台是开展公共空间规范意识教育的前提。在学校场域中，一方面，可以以社团和社团活动为载体，针对学校、社区乃至社会发生的公共事件，引导学生举办讨论会、辩论会或分享会等，以此来开展公共空间实践。另一方面，以校报校刊为载体，在这些校内公共媒介上，引导学生发表对学校生活、社会问题的思考和观点，甚至可以与教师或权威观点商榷，以此引导学生参与公共空间实践。另外，以班级或小组为载体，通过开展竞选、辩论赛或演讲比赛等丰富多样的活动，引导学生参与班级生活实践。二是引导学生遵守公共空间规范。公共空间规范是公共空间实践的基本要求，是个体参与公共生活的依据。因此，加强公共空间规范意识教育，要依据学生的道德认知发展规律，引导学生领会和遵守公共空间规范。实践中，要引导学生了解学校有关开展公共空间实践的基本规范，了解参与社会生活中的法律法规，如未成年人保护法、交通安全法、环境

---

① 费孝通. 乡土中国[M]. 北京：中国青年出版社，2022：35.

保护法等，引导学生明确公共空间实践要承担的基本义务，增强公共空间参与的规范意识。同时，采用"道德两难故事"等方法，帮助学生体验在公共空间实践中的困境，提升维护公共空间规范意识的自觉性。

三、规范公共空间行为

公共空间规范意识包括如下特征：一是超越性。规范源于理性。西塞罗提出："理性的确存在，它源于宇宙的本性，催促人们做正确的事情，禁止他们做错误的事情。"[①] 理性是一种认识，一种价值判断，也就是说，公共空间规范是对公共空间实践行为的价值判断，这个价值是超越某个个体的绝对价值，不以个人的意愿为转移，是每个个体都必须严格遵守的。二是强制性。公共空间规范意识是一种判断，"不是随意否定或者肯定，是我们服从一种强迫我们去做的肯定或者否定的超个人的力量"[②]。因此，规范意识是强制个体去执行某种社会契约的认识，要求个体绝不违反，是确有权威性、可行性的实实在在的强制力。所以，当学生出现违反公共空间规范的行为时，必须给予适当的训诫，以维护公共空间规范的超越性和权威性。

同时，如前文所述，生理因素和社会环境因素是影响突破公共空间规范的重要因素，特别是对于男生来说。由此，为提升男生的公共空间规范意识，除了加强教育引导之外，也需要辅之以规训。福柯（Foucault）认为，"规训包括一系列手段、技术、程序、应用标准、目标"[③]。实践中，规训常常被当作教育的异化。但是，"若规训是为训练学生自控力而出现的，那规训就被赋予了内在性价值"[④]。学生突破公共空间规范往往与其自控力的缺乏有关，如果通过规训，学生获得了自控力，在公共空间实践过程中能够自觉限制和约束自己的行为，甚至自觉维护公共空间规范，那么规训的教育意蕴就更加凸显。因此，为了提升学生的公共空间规范意识，要合理规训学生的公共空间实践。一是制定失范行为的惩戒标准。教师可以充分利用学生的力量，通过学生、家长和学校

① 西塞罗.国家篇 法律篇[M].沈叔平，苏力，译.北京：商务印书馆，2002：158.
② 徐梦秋，等.规范通论[M].北京：商务印书馆，2011：380.
③ 福柯.规训与惩罚：监狱的诞生[M].刘北成，杨远婴，译.北京：生活·读书·新知三联书店，2012：242.
④ 刘德林.规训的教育意蕴及其实现[J].教育科学研究，2018（6）：40-44.

的共同努力，明确公共空间失范行为，并且将失范行为细分为不同的等级，据此制订失范行为的惩戒规则。二是实施适当的惩戒。可参照《中小学教育惩戒规则（试行）》，依据公共空间失范行为惩戒规则，对违反公共空间规范的行为实施必要的惩戒，如点名批评、做口头或者书面检讨、适当增加额外公益服务任务等，规范学生特别是男生的公共空间实践行为，提升他们的公共空间规范意识。

第五章　公共空间参与意识及教育

公共空间参与意识是一种积极的公民意识，是公共空间意识结构中更高层次的一种意识，是公共空间意识教育的重要组成部分。公共空间参与意识包括公共空间参与意愿、民主协商意识、妥协意识、公共理性意识等。公共空间参与意愿是个人走出私人空间，拒绝私人沉沦，拥抱公共生活的集中表现，是公共空间参与的前提。民主协商是主体之间为谋求共识、增进公共福祉、理性交流和讨论的过程，它从形式上排除了强权的介入。因此，民主协商意识是公共空间参与的核心意识。协商如要顺利进行，每个人都必须运用所有人都能明晰的话语、所有人都能认可的前提和论证方式进行说理，否则，协商就会异化为自说自话。因此，公共理性意识也是公共空间参与意识的重要组成部分。当然，并不是在所有的公共事务上，人们都能通过协商达成理性的共识，必要的时候，人们必须学会运用妥协达成共识，妥协意识是协商意识的重要补充。[①]

第一节　公共空间参与意识

公共空间参与意识是参与公共空间生活的前提和基础，民主协商意识与妥协意识是有效参与公共空间生活的重要保障，公共理性意识是规范参与公共空间生活的保证。

一、公共空间参与意愿

在农业经济社会中，以血缘关系组建的家庭或家族是社会的基本单位。在社会生活中，人们更关注家庭或者家族的利益，他们之间的互动也是以家庭为

---

① 严从根.论公共空间意识教育[J].教育研究，2016（5）：60-65.

活动范围，而对家庭或家族以外的社会事务或国家事务缺乏必要的关注。正如林语堂所言，"中国是一个个人主义的民族，他们系心于各自的家庭而不知有社会，此种只顾效忠家族的心理实即为扩大的自私心理"①。正因为个体长期处于家文化的熏陶下，并受家文化的规训，导致"中国人不仅对属于'公众'的东西不感兴趣，而且若防范不严，便可唾手可得，很容易成为偷窃的目标。铺路的石头搬回家去了，城墙上的砖也一块一块地不见了"②。但是，随着改革开放和市场经济的发展，个体的生活领域不断扩大，越来越多的人参与公共生活，但对于公共利益和公共事务的参与，许多人表现出冷漠的态度。③人们只以关乎自身利益作为行动的准则，对于个人或家庭利益之外的事情大多不关心、不参与，即表现为没有公共空间参与意愿。

（一）公共空间参与的内涵和形式

"公共参与（public participation）"是一个复杂的概念，通常与"公众参与"混用。④ 20世纪末，西方学者阿德南（Adnan）等提出："人们通常谈论的公众参与（people's participation）是指同一件事，还是只是把这个短语当作神奇的咒语？"⑤近年来，尽管"公共参与"在政府决策、公共管理和学术研究中使用得越来越多，但仅有少数研究者对此作出概念界定，并且观点不一。如国际影响评价协会（International Association for Impact Assessment，IAIA）认为，公共参与是"受积极或消极影响的或者对拟议的项目、方案、计划或政策感兴趣的个体或团体参与决策的过程"⑥。我国也有学者持这一观点，认为"公共参与就是在公共政策决策中，政府相关主体通过允许、鼓励利害相关人、普

---

① 林语堂. 吾国与吾民[M]. 南京：江苏人民出版社，2014：149.
② 明恩浦. 中国人的素质[M]. 2版. 秦悦，译. 上海：学林出版社，2001：95.
③ 戴烽. 家文化视角下的公共参与[J]. 广西社会科学，2008（4）：198-201.
④ 虽然，两者都表示对公共事务的参与，但事实上这两者是有差异的。"公众参与"更多地从参与的主体进行界定，而"公共参与"是从参与的领域进行界定；同时，"公众参与"更多强调公民对特定政治事件或公共事务的介入，而"公共参与"则涉及生活世界中的所有公共领域，是指与个体或者与公共利益相关的所有活动（参见：戴烽. 公共参与：场域视野下的观察[M]. 北京：商务印书馆，2010：10）。
⑤ Adnan S，Barrett A，Alam S，et al. People's participation，NGOs and the flood action plan: An independent review[R]. Dhaka：Report commissioned by Oxfam-Bangladesh Research and Advisory Services，1992：23.
⑥ IAIA. Public participation. International best practice principles[J]. Special Publication Series，2006（4）：1.

通公民及公民团体就政策所涉及的与其利益相关或者涉及公共利益的重大问题，以提供信息、表达意见、发表评论、阐述利益诉求等方式参与到公共政策决策的过程中"[1]。有研究者基于政治学的视角对"公共参与"进行了界定。阿恩斯坦（Arnstein）认为，"参与是公民权利的一个分类术语"[2]。上述不同概念界定反映了学界对"公共参与"概念的分歧。

为了准确界定"公共参与"，也有研究提出区分不同形式的参与，我国学者从利益分配的角度将公共参与分为三类：一是公共利益行为，即利己利他行为；二是帮助他人行为，即利他不损己行为；三是纯粹利他行为，即利他损己行为。后两类行为，人们通常称之为亲社会行为。[3]也有研究按照行为积极与否将公共参与分为：消极参与如提供信息，积极参与如参与决策和社会抗议。[4]另有学者按照公共参与的深度将其分为六种：被动参与（passive participation）、参与提供信息、参与协商、功能性参与（比如某位学生提出某个班级建设方案，该同学加入了班委并推动了该方案的实施）、互动参与（interactive participation）和自发性参与（self-mobilization）。[5]

通过对已有公共参与概念和形式的分析，我们认为，公共空间参与是指个体或团体介入公共空间中涉及他人利益或公共利益的活动，从而实现公共权利的分享和公共责任的分担。公共空间参与有利于促进公共决策、促进社会民主进程和提升主体的社会能力。

（二）公共空间参与意愿与公共生活

"意愿"在拉丁语中源于"volo（我想）"和"velle"（希望、愿意、想要），表示自愿、乐意、想要、希望。[6]在《现代汉语词典》（第7版）中，"意

① 转引自：戴烽.公共参与：场域视野下的观察[M].北京：商务印书馆，2010：8.
② Arnstein S R. A ladder of public participation[J]. J Am Inst Plan，1969（4）：216-224.
③ 戴烽.公共参与：场域视野下的观察[M].北京：商务印书馆，2010：42.
④ O' Faircheallaigh C. Public participation and environmental impact assessment：Purposes，implications，and lessons for public policy making[J]. Environment Impact Assess Review，2010（30）：19-27.
⑤ Adnan S，Barrett A，Alam S M N，Brustinow A. People's participation，NGOs and the flood action plan：An independent review[R]. Dhaka：Report commissioned by Oxfam-Bangladesh. Research and Advisory Services，1992：23.
⑥ 吕玉冬.法语词根宝典[M].上海：东华大学出版社，2016：685.

愿"表示"愿望""心愿"。由此可见，意愿表示主体的心理倾向。正如海德格尔（Heidegger）所言："意愿便是将某物带到自身面前来，而在带的时候，这种被带到面前的东西作为实现被表象的东西在任何方面都规定着制造的一切方式。"① 换言之，意愿是指有意地贯彻对象化的意图，人的意愿只能是这样的以贯彻意图的方式加以显示。因此，"意愿在自身中就具有命令的特性，因为有意的贯彻就是一种方式，在此方式中，制造活动的状况和世界的对象特性会合成一个无条件的因而是完满的统一体"②。也就是说，意愿是受主体内部命令驱动，去贯彻对象化意图意义上的制造。

公共空间参与意愿是个体或群体自发性参与公共空间中关涉他人利益或公共利益的活动的意愿。公共空间参与意愿包含三个核心要素：一是自发性。"自发性"即自我生发，是自然而然不知不觉中自动化实现的，是一种自觉的行为，是受内部主体内部命令驱动的贯彻对象化意图，因而非靠外界强制力推动。自发性参与包含两层含义，即兴趣和自觉。"兴趣"是指个体或团体对公共事务感兴趣，有比较强烈的动机，就像有一股无形的力量促使自己向公共事务靠近；自觉是指对参与公共事务抱有明确的目的，即实现公共福祉，自己认识到应该参与。二是公共空间。这是公共空间参与意愿的意向领域。也就是说，个体或群体所意愿参与的活动涉及不同利益群体，超越了家庭和家族的范畴，处理的是不同利益主体之间的关系。三是关涉利益。这是公共空间参与的目的。需要注意的是，这里的利益不是指个人私利，而是指共同体成员所共享的社会福祉。当然，公共福祉的保护可以实现个人的权利和自由。换言之，个体可以从公共福祉中获得个人利益。即便如此，获取个人私利绝不是参与公共生活的目的，而是为了公众的福祉而参与其中。

公共空间参与意愿是参与公共生活的前提和保证。"公共生活是公民在公共领域中以促进公共利益和公共精神为价值追求的公共交往过程"③。人是社会性动物，也就是说，人离不开公共生活，也只有通过公共生活，才能成为真正意义上的人。正如阿伦特所言："一个人如果仅仅过着个人生活（像奴隶一样，

---

① 海德格尔. 海德格尔的存在哲学[M]. 唐译，编译. 长春: 吉林出版集团有限责任公司, 2013: 196.
② 海德格尔. 海德格尔的存在哲学[M]. 唐译，编译. 长春: 吉林出版集团有限责任公司, 2013: 196.
③ 冯建军. 学校公共生活的建构[J]. 西北师大学报（社会科学版）, 2014（5）: 106-113.

不让进入公共领域，或者像野蛮人那样不愿意建立这样一个领域），那么他就不是一个完整的人。"①参与公共生活、融入公共生活、过公共生活都必须以公共空间参与意愿作为前提。如果没有自发性参与意愿，个体或群体就会对公共生活无动于衷，漠不关心。只有具有公共空间参与意愿，才会深度地参与公共事务，反思公共生活的合理性，养成公共精神。公共精神是新时代公民的核心品质。随着小康社会的全面实现和社会治理水平的提升，社会成员需要更全面更深入地参与各项社会事务，发挥自身的主体作用。学生是民主社会建设的主力军，学校不仅要拓展学生的知识储备，培养他们的核心素养，而且还需要增强他们的公共空间参与意愿，引导他们参与公共生活，促进其公共空间参与精神的培育，这样才能促使学生成为符合未来社会发展需要的合格公民。

二、民主协商意识

《现代汉语词典》（第7版）中，"协商"是指"共同商量以便取得一致意见"。英语中，deliberate（协商）意为"商讨、辩论"。民主协商是通过共同商讨的方式以作出决策的过程。

（一）民主协商

受两千多年封建等级观念与官本位意识的影响，不管成人世界还是学生世界，都普遍缺乏民主协商意识。以下案例中，在接受班主任引导之前，班委的民主协商意识淡薄，班级成员亦如此，导致"班服风波"的出现。

案例："班服风波"与民主协商意识②

去年秋季运动会前夕，班级内部就运动会入场式的班服问题产生分歧。班委一方一致认为：前一年的班服有人已经遗失，不好统一，而且质量不好，不符合今年入场内容，不能沿用，言辞凿凿。可当场就有个别学生公然反对，甚至和班委发生正面冲突，部分异议者认为：①运动会未必需要班服；②前一年的班服可以再穿一次，遗失者应该自己负责；③如果有必要新订班服，应该带

---

① 阿伦特. 人的条件[M]. 竺乾威，等译. 上海：上海人民出版社，1999：29.
② 孙旭. 换位思考·民主协商·和谐发展——"班服风波"折射出的带班理念[J]. 新课程（中学），2018（11）：267.

有班级文化特色。面对这一情况，班主任积极与双方进行沟通。以下是班主任整理的大致对话内容。

班长："老师，我们是出于对班级整体形象的考虑才出此对策，没想到他们完全不能配合，我感觉太委屈了。"

班主任："我知道班委组织个活动也不容易，一个集体中意见不能够统一也是正常现象，但这不是退缩的理由，更应该把它当作挑战！"

班委："之前我们在班中征求意见没什么人应答，所以班委就做了决定，现在又有人又跳出来反对，但却没有更好的建议。"

班主任："嗯嗯，我明白。毕竟新订班服，涉及费用问题，比较敏感。作为班委，上台宣讲之前还是应该准备好突发情况的应对措施，才不至于手足无措，气急败坏地失了姿态。"

班委们都眨巴眨巴眼睛，互相看看，点点头，表示认可。

班主任："作为班委，要注意工作态度和方式，有同学反映文艺委员说'你不服从班委管理，就不要在我们班！'是不是呢？大家不满意班委的态度，心里就更不愿意服从决议啦。"

班委："老师，虽然文艺委员的言语可能强硬了些，但是话糙理不糙呀。"

班主任："道理是对的，但是毕竟你们是同龄人，是班委，不是老师。也许我能说的话，从你们口中说出去就不合适。我觉得班委的亲和力尤为重要，所以说话前要想清楚说辞和说话方式。"

班委们默默地听着，没再和我争执，我感觉他们从心底里接受了我的说法。

班主任："我们再换个角度看这个问题，你们宣布班委的意见，有同学敢站出来反对，说明也在考虑这个事情，在乎班级活动，不是吗？"

班委们更坚定地点点头，"孙老师，您说得对，我们确实不成熟，后面我们会改进。但是您一定要站在我们班委这边，否则以后工作不好开展。"

班主任："我支持你们的工作，这个矛盾，我会在班上帮助你们解决，但最终这个班服订不订？我觉得班委还得考虑其他同学的意见，你们看呢？"

班委们欣然接受，宽心地离开了。

同时，班主任也找了那三位激烈的反对者们交谈了一番："你们敢于站出来表达想法是好事，但考虑过为了组织活动，费心费力的班委的感受吗？"从他们的反应能察觉出他们已有悔意，自己也觉得当时不够理智，措辞过激，伤了组织者的心。

当天中午，班委重新走上讲台，带着征求意见的口吻，和全体同学讨论关于班服征订事宜，商讨着购买衣服的费用范围、衣服的款式和班级特色图案等，并以民主投票少数服从多数的方式，最终全班达成增订服装的统一目标。

什么是民主协商意识？欲明确民主协商意识的内涵，需先对民主协商有准确的把握。受社会分裂日益严重的困扰，政治理论家在社会治理中采取了一种更为审慎的方式，即民主协商（democratic deliberation）。从政治学和社会科学的视角看，民主协商是一个综合性的概念，在一定程度上，它是对理性选择提出的"集体性"民主观的回应。在实践中，民主协商可以克服权利主体以符合个人喜好的方式自由影响集体决策的弊端。人们平等相待、互相尊重，共同商讨所面临的公共问题，并在讨论的基础上形成政策，这是民主协商的基础和理想。因此，民主协商是一种以参与、理性话语为基础的活动方式，是一种以强烈的公共利益观念为核心的政治。真正意义上的民主协商有一定的行为标准[1]：首先，与会者必须自由地表达他们的意见，并以尊重和宽容的态度听取他人的意见。其次，每个参与者必须有平等的发言权和说服听众的机会。再次，协商的结果必须与自治、平等原则相一致，因为这样才能体现以公平为导向的正义、以治理为导向的民主政治价值观。最后，协商主要基于两个目的：以对方能够理解和接受的方式表达自己的观点，以及逐渐理解对方观点的意义和价值。

（二）民主协商意识的内涵和结构

民主协商是主体之间为谋求共识、增进公共福祉、理性交流和讨论的过程，是参与公共空间生活的一种方式。因此，民主协商意识是指个体在长期的公共空间生活中形成的有关民主协商的认识、情感和意志的观念体系。从这一概念中可知，民主协商的认知、民主协商的意志和民主协商的情感是民主协商

---

[1] Rosenberg S W. Rethinking democratic deliberation: The limits and potential of citizen participation[J]. Polity, 2007, 39（3）: 335-360.

意识的三个内容。

1.参与民主协商的认知

民主协商意识以个人认知能力为基础。民主协商的认知包括如下内容：一是个体了解有关民主协商的理念、行为准则，并根据这些理念和行为准则对协商行为和结果作出判断和评价。二是具有参与民主协商的认知能力。即个体具有理性地进行自我引导的能力，理性地和符合逻辑地参与协商的能力。民主协商的认知是个体基于对外在的协商活动的认识和个体内心对协商的反思形成的。对于外在的协商活动，个体通过观察和体验，最终形成对协商活动的认知。随着社会治理水平的提高和协商民主理论研究的深入，个体关于民主协商的认知越来越体现为通过学习民主协商知识和参与公共空间生活得到发展和提高。总之，民主协商的认知是以抽象化的概念形式表征民主协商。一般而言，个体愈有民主协商的认知，就越能理解民主协商的要求和规范，就越能把参与公共空间生活的要求转化为自身的内在需求。

2.参与民主协商的情感

民主协商意识所意向的是对公共利益的协商，若将其仅作基于认知或理性的反思而形成，没有情感的参与，这是不现实的。形成民主协商意识不仅需要一定程度的认知能力，还需要一定程度的积极情绪参与。民主协商的情感是基于一定的民主协商知识，对参与民主协商的情绪态度体验。对于民主协商意识而言，不能只停留在认识层面，而应该把参与民主协商转化成个体需求，这样才有可能实现自发自愿地参与民主协商。当然，民主协商的情感体验和公共空间参与意愿一样，既非出于获取个人私利，也非被迫服从外界压力，而是基于参与民主协商的义务感和责任感，是对参与民主协商的真切体会和情感体验。一般而言，个体的情感与心理需求密切相关，而需求是动机的体现，动机直接影响行为。因而，参与民主协商的情感与个体参与民主协商的行为密切相关。个体参与民主协商的情感越迫切，就越能深入参与公共空间生活，参与民主协商。同时，人的心理结构是认知因素和非认知因素相互作用的结果。也就是说，积极地参与民主协商的情感体验会不断丰富关于民主协商的认知，提升对民主协商的认知，促进民主协商意识的形成。

3.参与民主协商的意志

参与民主协商的意志是指个体排除各种困难和障碍，积极参与并按照民主协商的规范和要求开展民主协商的心理过程。参与民主协商的意志是由认知和情感等要素形成的一种自我调控能力。"意志是人们自觉地将愿望转化为目标和方案，并通过克服困难达到目的的心理过程，是人的能动性的集中体现"①。因此，积极地参与民主协商的意志具有两方面的作用：一是确保个体克服困难参与民主协商；二是使个体按照民主协商的基本规范和要求参与民主协商。也就是说，参与民主协商的意志能让个体具有坚定的决心和毅力参与民主生活。实践中，参与民主协商的意志受多种因素的影响。一方面，受社会环境的影响。由于"家文化"在我国根深蒂固，特别是在广大欠发达地区，社会仍然通过"人情"维系。在这种环境中，即使个体拥有参与民主协商的意识，也会因为缺乏参与民主协商的机会而被抹掉。相反，在东部沿海地区，"陌生人社会"已基本成型。民主协商成为协调公共利益的主要方式，在这种情况下，民主协商的意志则会越来越坚定。另一方面，受参与民主协商情感的影响。情感是一种无形的力量，积极的正面的情感有助于形成坚定的意志，反之则不然。因此，个体在参与民主协商的过程中，让其获得积极的情感体验有助于坚定参与民主协商的意志。

当然，认为民主协商意识包括上述三要素并非无懈可击，有学者就提出：有大量的社会认知研究表明，个体在反思自己或分析他们所处的环境时，并不是特别符合逻辑。②因此，民主协商的认知是不是民主协商意识的构成要素还有待深入探讨。

三、妥协意识

在《现代汉语词典》（第7版）中，"妥协"是指"为了避免冲突或争执而让步"。在英语中，妥协（compromise）来源于拉丁语"compromissum"，表示"两个有争议的当事人相互承诺服从一个仲裁人，一个折中者的裁决。"在《牛

---

① 黄彦华. 近代西方情感主义伦理学与道德教育[M]. 银川：宁夏人民出版社，2017：9.

② Rosenberg S W. Rethinking democratic deliberation: The limits and potential of citizen participation[J]. Polity，2007，39（3）：335-360.

津现代高级英汉双解词典》中，妥协被定义为："由于彼此让步而解决争端；和解；妥协；折中；折中处理；折中办法。"[1]在中世纪，妥协指的是推选一个妥协者作为社区代表的过程。自那时起，这种仲裁和选举有关的意义逐渐消失，妥协已经简单地指争论双方之间的一种特殊的协议。[2]

（一）妥协意识的内涵

妥协意识是协商意识的重要补充。意识是控制、支配人的心理活动和行为的因素。[3]因此，妥协意识是引导个体采用让步的方法解决争执或冲突的内部支配力量。由于妥协包含三个要件：一是不同主体之间存在利益冲突是妥协的前提；二是缓解或解决不同主体之间的争执、冲突等矛盾是妥协的目的；三是谈判、协商或默认是利益冲突双方相互让步的方式。因此，妥协意识"意指一种自发和相对持续的信念与价值观，是一种避免两败俱伤，谋求共识和发展的行为意识"[4]。妥协需要一定程度上的相互尊重和承认，或者至少要有容忍对方的意愿。因此，从广义上说，妥协意识与尊重意识、包容意识等密切相关。但从本质上而言，妥协意识包含两个方面的内容。

其一，冲突—共识意识，即关于处理争执或矛盾双方的关系的意识。每一个妥协都意味着争执、矛盾或冲突，通常表现为两个或多个行动者之间的冲突。如果行动者想尽办法在一场穷尽全力的战斗中让对方精疲力竭，在没有达成协议的情况下平衡各方力量，他们就会陷入僵局，或者爆发更大的冲突。因此，个体在参与公共空间生活时，要有冲突—共识意识，努力与冲突方达成一项共识。当然，这种共识不同于"妥协共识"，更强调"叠于共识"。"妥协共识"是指争执各方为达成妥协，在分歧的问题上各让一步，向"中间"看齐，而这种"中派"的主张与争执各方的主张都有距离，如果不是为了某一利益，他们本来未必会产生"中派"的主张，这就是所谓的"妥协共识"。"叠于共识"是指争执各方都至少在某些方面的主张是一致的，他们基于共同主张达成妥协。

---

① 牛津现代高级英汉双解词典[M]. 北京：商务印书馆，1988：235.
② Farazmand A（eds.）. Global Encyclopedia of Public Administration, Public Policy, and Governance[M]. New York: Springer International Publishing, 2016.
③ 燕国材. 新编普通心理学概论[M]. 上海：东方出版中心，1998：37.
④ 桑玉成，熊觉. 论政治妥协与协商民主[J]. 学术月刊，2015（8）：84-90.

其二，让步—同意意识，即处理行动者内部心理冲突的意识。妥协意味着让步。为了达成一致，行动者放弃了最初坚持的立场，转而接受次优（次次优或第n优）的立场，在行动上和心理上留下了遗憾，因此，出现不情愿地屈服地接受某些情况是不可避免的。实践中，妥协不仅是认识上的"共识"，在行动上还要有所表示，即"同意"。鉴于必须作出让步的事实，个体心理上的同意永远不可能是全心全意的，但某种行动上的真正同意又是必需的，因为妥协意味着个体在其他方面遵守协议的道德义务。因此，妥协也是个体内部的心理冲突。

（二）妥协意识的价值

妥协是社会文明进步的标志。随着我国经济社会的多元化发展，各种利益冲突日益严重，安全和谐的社会环境营造需要树立妥协意识。只有大家都树立了妥协意识，才能学会尊重他人的合法利益，减少冲突和矛盾。

第一，妥协意识有利于化解暴力冲突。随着我国生产力的快速发展，各种利益矛盾和社会冲突日益增多。"生产力的指数式增长使危险和潜在威胁的释放达到了一个我们前所未有的程度"[1]。特别是，社会成员的利益需求日益多元化，这进一步加大了社会冲突的发生频率，而且事实也正是如此。在新闻上，经常可以看到因为"地铁上没让座""疫情期间检查健康码"等一些很小的事件或者正常的规范而引发冲突，甚至导致矛盾激化。妥协是一种非暴力化解矛盾和冲突的手段。妥协本身包含着"求同存异""折中求和"的精神，它要求矛盾双方采取尊重和包容的态度，共同遵守社会规范和制度与要求，在制度框架内相互承认和认可对方的利益，并通过和平的方式，比如协商等寻求利益共同点。因此，妥协意识有助于各利益主体就相互利益达成共识，从而避免矛盾激化或冲突。

第二，妥协意识有利于保障个人权益。我国正处于社会转型期且随着经济社会的快速发展，个体之间、群体之间的利益关系发生了显著变化，各种利益矛盾和冲突不断显现，而且呈现出许多新的特点。在这一背景下，社会成员的利益需求日益多元化，甚至不同群体之间出现利益对立。因此，任何一项方

---

[1] 科恩. 论民主[M]. 聂崇信，朱秀贤，译. 北京：商务印书馆，1988：185.

案、政策或制度都没有办法完全满足所有社会成员的需求。如此一来，不同利益主体之间必然会产生冲突。当人们遇到冲突时，往往会选择暴力对抗或者妥协。如果采用暴力手段解决利益冲突，往往会造成两败俱伤，或者出现弱肉强食，地位优势群体压制住弱势群体。不论出现哪一种情况，长此以往，既不利于保障个体利益，即使是优势群体的利益，也不利于社会和谐稳定。我们国家以实现"共同富裕"为目标，所追求的是满足最广大人民的根本利益。因此，在社会实践中，我们要坚持追求共同利益的理想信念，通过协商、妥协的方式解决不同利益主体之间的矛盾和冲突。当然，这一过程看似妥协一方的利益没有得到保障，但是通过对部分权益的让渡，让自己生存在一个安全稳定的社会中，最终实现基本权利的享有。

第三，妥协意识有利于实现政治民主。"政治上成熟的人会寻求持中的解决办法"[1]。"妥协"实际上是认可采用非对抗性和非暴力解决矛盾和冲突的民主方式。以和平的方式来解决争执或者利益冲突是妥协的基本特点。妥协不仅意味着一方的让步，还意味着其需要放弃一部分的利益，"但是这种让步是有条件的，其目标是实现主体的更大利益，毕竟依靠暴力解决冲突，最后的结果一般都是共同受损"[2]。妥协，特别是"政治妥协也是有原则性的，而并不等于无原则的投降，不等于不要原则的随波逐流"[3]。因此，妥协不是一方对另一方的压迫下的示弱，也不是妥协方一味的软弱，而是有原则、有底线的退让，在不使用暴力的情况下最终达成双方的共识。而且，这种妥协是双方充分协商后的结果，是个体深度参与民主协商的体现。因此，妥协意识有利于实现政治民主。

四、公共理性意识

公共生活需要社会成员积极有序地参与合作。在这个过程中既需要不同个体之间相互尊重与相互包容，更需要共同尊崇公共价值开展实践。

---

① 科恩. 论民主[M]. 聂崇信，朱秀贤，译. 北京：商务印书馆，1988：183.
② 李建华，李斯瑶. 政治妥协的伦理价值如何实现[J]. 伦理学研究，2018（1）：106-110.
③ 万斌，罗维. 论政治妥协[J]. 浙江学刊，2005（1）：63-70.

（一）公共理性

公共理性（public reason）一般是公民的一种公共推理能力。在西方政治哲学中，"公共理性"是一个非常重要的概念。英国政治家托马斯·霍布斯（Thomas Hobbes）首先在《利维坦》中提出"公共理性"的概念。[①]他认为："我们不能每一个人都运用自己的理性或良知去判断，而要运用公众的理性，也就是要运用上帝的最高代理人的理性去判断。"[②]换言之，用公共理性去替代个人理性作出决策或行动。因此，在自然状态中，人们的理性仅仅是个人理性。个人理性代表着个体看待问题的独特观点，它是一种以个体行动者为中心的理性。[③]个人理性会发现两条自我保全的路径："其一，运用一切手段强化自身实力，以在战争中拥有最大的可能性保全自身；其二，寻求和平，以实现人们整体生命的保全。"[④]但是，每个人不可能永远处于优势地位，所以第一条路径往往会产生诸多不利于自身利益维持的后果。基于此，唯有追求和平，放弃维护个人私利的保全手段，通过寻求和平，将个人理性或群体理性转化为公共理性（当权者的理性），才能使人们的利益得到保障。对于霍布斯来说，国家就是按照公共理性来创造良好的生活条件的。[⑤]在霍布斯之后，卢梭也对"公共理性"进行了分析。他在《论政治经济学》中提出，"只听他（官员）自己的良心之时，他就变成了一个独裁者。即使他自己的理性也应该存疑，而他应该遵守的唯一规则就是公共理性，也就是法律"[⑥]。同时，卢梭又在《论人类不平等的起源和基础》中提出，"在人与人的交往中，每个人的理性都给自己指定了一些准则，而这些准则与公共理性对社会全体所指定的恰恰相反，每个人都在他人的不幸中追求自己的利益"[⑦]。由此可见，卢梭对公共理性的理解与霍布斯不同，卢梭并不认为公共理性是当权者的理性，而是凝结在普遍意志之

---

① 索罗姆. 构建一种公共理性的理想[M]. 陈肖生，译. // 谭安奎. 公共理性. 杭州：浙江大学出版社，2011：36.
② 霍布斯. 利维坦[M]. 黎思复，黎廷弼，译. 北京：商务印书馆，1985：354-355.
③ 谭安奎. 公共理性与民主理想[M]. 北京：生活·读书·新知三联书店，2016：18.
④ 王宇环. 从同意到公共理由：政治正当性的来源及其发展研究[M]. 上海：复旦大学出版社，2018：24.
⑤ 徐向东. 自由主义、社会契约与政治辩护[M]. 北京：北京大学出版社，2005：17.
⑥ 转引自：索罗姆. 构建一种公共理性的理想[M]. 陈肖生，译. // 谭安奎. 公共理性. 杭州：浙江大学出版社，2011：38.
⑦ 卢梭. 论人类不平等的起源和基础[M]. 李常山，译. 北京：商务印书馆，1962：160.

中且呈现为法律的理性。公共理性追求的是公共善，是公民群体的理性，即"公意"，而非"众意"。到康德，公共理性的观念继续得到发展。康德将"公共理性"定义为"理性的公共运用"（the public use of reason）。用康德的话来讲，"我所理解的对自己理性的公共运用，则是指任何人作为学者在全部听众面前所能做的那种运用"①。由此可见，康德是根据交往可触及的听众范围来界定公共理性的运用。即使一个人在公职岗位上运用自身的理性，这仍然是理性的私人运用，因为其理性的运用所面对的听众是受限制的，仅仅是其角色所能够面对的受众。只有当一个人向真正的公众，即整个世界发出声音时，理性的公共运用才会发生。②

　　进入 20 世纪，罗尔斯（Rawls）深入探讨了公共理性的概念，他认为公共理性是一个民主国家的基本特征。它是公民的理性，是那些共享平等公民身份的人的理性。他们的理性目标是公共善，此乃政治正义观念对社会之基本制度结构的要求所在，也是这些制度所服务的目标和目的所在。③从这一表述中，我们可以发现，罗尔斯"公共理性"的理念并不是对某个单纯的概念的阐释，或者是对某种公共性的理性提升，而是提供了一种充满多元色彩、发展意识、交往试图的概念。④概括起来，公共理性包含三个方面的内涵：一是公共理性的内容。包括基本结构的实质性正义原则，对应着政治正义的价值；使公共理性成为可能的探究指南与公民美德，对应着公共理性的价值。罗尔斯将公共理性表述为，"各种探究指南，即推理原则与证据规则。按照这些原则和规则，公民们便可决定能否恰当运用实质性原则，并识别那些最能满足这些原则和规则的法律和政策"⑤。二是公共理性的适用范围、适用领域和适用主体。罗尔斯认为，公共理性只适用于宪政实质和基本正义问题，"当宪政实质和基本结构问题处于危机关头的时候，全体公民对其的使用能够根据他们自己的理性而公

---

① 转引自：索罗姆. 构建一种公共理性的理想[M]. 陈肖生，译. // 谭安奎. 公共理性. 杭州：浙江大学出版社，2011：39.
② 王宇环. 从同意到公共理由：政治正当性的来源及其发展研究[M]. 上海：复旦大学出版社，2018：26.
③ 罗尔斯. 政治自由主义[M]. 万俊人，译. 南京：译林出版社，2000：225.
④ 韩璞庚，陈平. 罗尔斯"公共理性"理念及其启示[J]. 云南社会科学，2007（6）：54-58.
⑤ Rawls J. Political Liberalism[M]. Columbia：Columbia University Press，1993：224.

共地加以认可"①。罗尔斯对公共理性的运行空间也作了限制，认为公共理性主要运用于国家及其组织之中。至于公共理性的运行主体，原则上讲，民主社会中的所有公民都应该是公共理性的适用主体。三是公共理性的价值。公共理性的价值包括两个方面：其一，公共性的价值，即实现公共善和基本正义。其二，互惠性的价值。罗尔斯认为："当公民互相视对方为世代社会合作体系中自由而平等的主体，并准备互相提供公平的合作条款，根据这些条款来思考最合理的政治正义观念时，他们便是理智的；当公民同意根据这些条款来行动，甚至在个别情况下以牺牲自身利益为代价，如果其他公民也接受这些条款，那么公民们便是理智的。互惠性的标准要求是，当这些条款作为公平的合作中最合理的条款被提出时，提出这些条款的人必须也认可他人作为自由而平等的公民，未被支配或操纵。或处于较低的政治与社会地位的压力之下，接受这些条款至少仍是合理的。"②

（二）公共理性意识的内涵和性质

公共理性意识是实现公共生活的民主化的一系列思想观念、思维方式和心理习惯，它是有效参与公共生活的保障，是参与公共领域实践的前提和基础。公共理性意识是利用公共理性向社会成员证明其行为的合法性和正当性。公共理性是个体参与公共生活的基本准则和核心精神。

公共理性意识是个体参与公共生活的调节器和勘误器，有利于维持公共领域的基本活动准则和个体行为的正当性，从而维护公意，维护公民的权益。因此，公共理性意识具有如下性质：第一，公共理性意识是规范性意识。公共理性意识是对理想公共生活的构想，因此，体现了公共生活的应然状态。从严格意义上说，现实中公共理性意识的理想状态是无法完全实现的。但是，它可以作为一种标准来调整公共生活的分歧、矛盾和冲突。第二，公共理性意识是对个人理性的批判性扬弃。公共理性意识是指导理性在公共领域中的运用。但是，人是理性的动物。换言之，理性是通过一个个现实的个体才能实现的，而

---

① 罗尔斯.作为公平的正义——正义新论[M].姚大志，译.上海：上海三联书店，2002：148.
② Rawls J. The idea of public reason revisited[J]. The University of Chicago Review，1997，64（3）：765-807.

个人理性并非适用于所有的公共领域。因此，公共理性意识是对个人理性及其行为方式的反思和批判。"公共理性承认个人理性中合理性、私密性的一面，克制个人理性中纯粹工具性、消极性的一面，高扬个人理性中交往性、普遍性与积极性的一面"①。"正是在这个意义上，公共理性源于个人理性又高于个人理性，它摆脱了个人理性所具有的偶然性与主观性而拥有必然性与客观性"②。

第二节　中小学生公共空间参与意识

明确中小学生的公共空间参与意识现状是开展公共空间意识教育的基础。本节将依据问卷调查的数据分析公共空间参与意识的表现及其影响因素。③在此基础上，审视中小学生公共空间参与意识存在的问题。2001年9月，中共中央印发的《公民道德建设实施纲要》提出"公共生活领域不断扩大，人们相互交往日益频繁，社会公德在维护公众利益、公共秩序，保持社会稳定方面的作用更加突出，成为公民个人道德修养和社会文明程度的重要表现"。因此，要加强社会公德教育。2012年11月，党的十八大报告明确提出"三个倡导"，即"倡导富强、民主、文明、和谐，倡导自由、平等、公正、法治，倡导爱国、敬业、诚信、友善，积极培育社会主义核心价值观"；2013年12月，中共中央办公厅印发《关于培育和践行社会主义核心价值观的意见》，要求培育和践行社会主义核心价值观，加强社会公德。为深入贯彻和执行党中央文件，学校积极开展公民道德规范和社会主义价值观教育，引导学生积极参与公共生活，提升公共空间意识。经过多年的实践，中小学生的公共空间参与意识如何？是否能达到我国的社会发展需求，还有待探索。

一、中小学生公共空间参与意识现状

调查发现，中小学生的公共空间参与意识总体情况良好，但是在公共空间

---

① 李海青. 理想的公共生活如何可能——对"公共理性"的一种政治伦理学阐释[J]. 伦理学研究，2008（3）：55-60.

② 高兆明. 公共理性·市场经济秩序[J]. 东南大学学报（哲学社会科学版），2002（3）：103.

③ 调查问卷和调查样本的状况见第四章表4-2.

参与意识的不同领域表现具有差异性。

（一）中小学生公共空间参与意愿现状

公共空间参与意愿主要通过"我积极参与班级里的各项讨论活动并提出自己的想法"和"对于社会中存在的问题，我会向相关部门、媒体反映，积极提出建议"两种行为来反映。

1. 中小学生参与班级事务的情况

其一，东中西部地区的中小学生参与班级事务的积极性整体比较高，城市与农村的学生不存在差异。[①]对"我积极参与班级里的各项讨论活动并提出自己的想法"的调查结果发现，浙江有43.8%的学生表示"完全同意"，安徽有41.0%的学生表示"完全同意"，陕西有50.5%的学生表"完全同意"；表示"基本同意"的学生，浙江有28.5%，安徽有29.7%，陕西有28.8%。换言之，在实践中，绝大部分的东中西部地区的中小学生会积极参与班级活动并提出自己的想法，但地区之间存在差异，表现为陕西的中小学生参与比例最高，浙江次之，安徽最低。对于地处农村或城市的不同学生而言，不存在明显差异，除了认为"基本同意"的学习比例有所差异外，其他各项基本一致（见图5-1）。

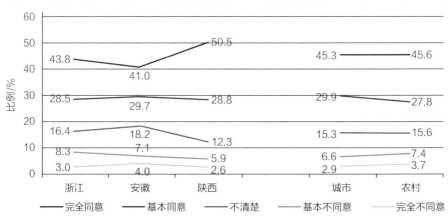

图5-1　不同地区学生对"我积极参与班级里的各项讨论活动并提出自己的想法"的态度

其二，小学生参与班级公共事务的积极性高于中学生，男女生之间差异不

---

① 为了更直观地反映不同区域学生公共空间参与意识的现状和问题，本调查在统计中只呈现对城市和农村学生的调查结果，没有呈现对镇区学生的调查结果。

大。调查发现，不同学段的学生对"我积极参与班级里的各项讨论活动并提出自己的想法"的态度不同。59.1%的小学生表示"完全同意"，22.7%的小学生表示"基本同意"，即有81.8%的小学生表示会积极参与班级里的各项讨论活动并提出自己的想法。就初中生而言，44.3%的学生表示"完全同意"，29.7%的学生表示"基本同意"，也就是有74.0%的学生表示会积极参与班级里的各项讨论活动并提出自己的想法。高中阶段，有33.9%的学生表示"完全同意"，34.3%的同学表示"基本同意"，可见，只有68.2%的学生表示会积极参与班级里的各项讨论并提出自己的观点。由此可见，参与班级里的各项讨论并提出自己的想法的参与行为随着学段的升高而降低。同时，从调查数据中也可以看出，不同性别的学生对"我积极参与班级里的各项讨论活动并提出自己的想法"的态度差异性不大，均有七成以上学生表示"同意"（见图5-2）。

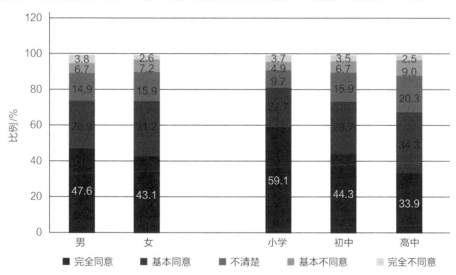

图5-2　不同性别和学段学生对"我积极参与班级里的各项讨论活动并提出自己的想法"的态度

2. 中小学生参与社会事务的情况

其一，不同地区的中小学生对参与社会事务的态度存在差异。就东中西部地区而言，"对于社会中存在的问题，我会向相关部门、媒体反映，积极提出建议"表示"完全同意"的，浙江的学生占32.2%，安徽的学生占30.2%，陕西的学生占39.8%；表示"完全不同意"的，浙江的学生占7.5%，安徽的学生占 7.8%，陕西的学生占 6.0%。由此可见，陕西的中小学生参与社会事务的积极性相对于浙江和安徽来说更高。从城市与农村来看，"对于社会中存在的问题，我会向相关部门、媒体反映，积极提出建议"表示"完全同意"的城市学生占 32.7%，农村学生 37.0%；表示"完全不同意"的城市学生占 7.6%，农村学生占 6.1%。由此可见，与城市的中小学生相比，农村的中小学生参与社会事务的意愿更高（见图 5-3）。

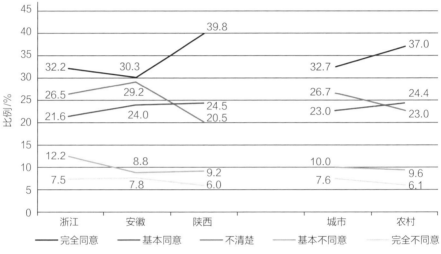

图 5-3　不同地区学生对"对于社会中存在的问题，我会向相关部门、媒体反映，
积极提出建议"的态度

其二，小学生参与社会事务的态度比高中生的态度更积极，不同性别的学生之间的差异并不明显。调查发现，"对于社会中存在的问题，我会向相关部门、媒体反映，积极提出建议"表示"完全同意"的小学生占 45.0%，表示"基本同意"的占 20.3%；表示"完全同意"的初中生占 32.1%，表示"基本同意"的占 25.3%；表示"完全同意的"的高中生占 26.7%，表示"基本同意"的占 25.2%。也就是说，"对于社会中存在的问题，我会向相关部门、媒体反映，积极提出建议"表示"同意"的，小学生占 65.3%、初中生占 57.4%、高中生占 51.9%，高中生明显低于小学生。换言之，在参与公共事务的积极性上，小学生比中学生高。就不同性别的学生而言，对"对于社会中存在的问题，我会向相关部门、媒体反映，积极提出建议"的态度差异性不大（见图 5-4）。

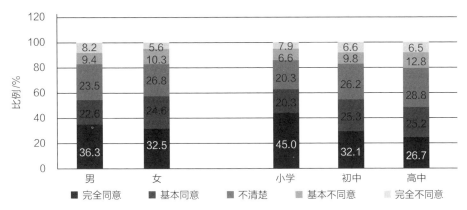

图 5-4　不同性别和不同学段对于社会中存在的问题，我会向相关部门、媒体反映，积极提出建议"的态度

（二）中小学生民主协商意识的现状

民主协商意识主要借助"当同学们对班级事务意见不一致时，最好的办法是进行充分讨论"这一题项来测量。调查发现，不同地区中小学生的民主协商意识总体水平较高。具体来说，对于"当同学们对班级事务意见不一致时，最好的办法是进行充分讨论"，62.4%的浙江学生表示"完全同意"，60.0%的安徽学生表示"完全同意"，63.9%的陕西学生表示"完全同意"。同时，另有 26.9%的浙江学生表示"基本同意"，27.2%的安徽学生表示"基本同意"，24.4%的陕西学生表示"基本同意"。由此可见，九成左右的中小学生表示同意通过讨论的方式解决意见不一致的问题。就城市与农村的学生群体来看，也有将近九成的学生表示同意通过讨论的方式解决意见不一致的问题。由此可见，不同地区中小学生的民主协商意识整体状况良好（见图 5-5）。

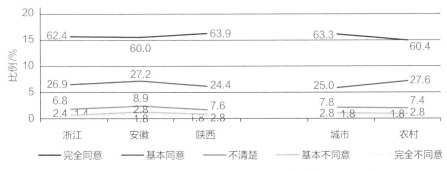

图 5-5　不同地区学生对"当同学们对班级事务意见不一致时，最好的办法是进行充分讨论"的态度

从不同学段来看，学生的民主协商意识也比较强。对"当同学们对班级事务意见不一致时，最好的办法是进行充分讨论"的态度上，70.9%的小学生表示"完全同意"，18.7%的小学生表示"基本同意"；59.3%的初中生表示"完全同意"，28.0%的初中生表示"基本同意"；56.5%的高中生表示"完全同意"，31.1%的高中生表示"基本同意"。由此可见，各学段学生的民主协商意识比较强。就性别而言，调查显示，结论亦如此（见图5-6）。

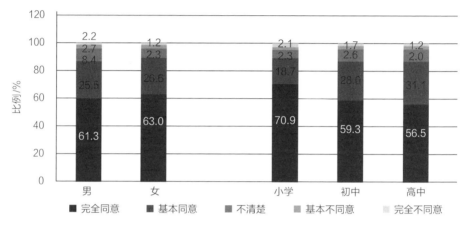

图5-6　不同性别和学段的学生对"当同学们对班级事务意见不一致时，最好的办法是进行充分讨论"的态度

（三）中小学生公共理性意识的现状

公共理性意识是用理性能力解决分歧和争端的意识。为了了解中小学生的公共理性意识，本调查通过"即使别人的观点我不赞同，我也会耐心地倾听"和"当我与他人论辩时，我能文明地表达自己的观点，不冲动"两个题项来测量。调查数据显示，调查对象的公共理性意识较强。

具体而言，"即使别人的观点我不赞同，我也会耐心地倾听"题项的数据显示，不管是东中西部三个不同省份的学生，还是城市和农村不同区域的学生，九成左右的中小学生表示即使别人的观点与自己不同，也会耐心地倾听。具体而言，对"即使别人的观点我不赞同，我也会耐心地倾听"的态度上，浙江学生表示同意的占92.4%，安徽学生表示同意的占89.5%，陕西学生表示同意的占91.0%（见图5-7）。

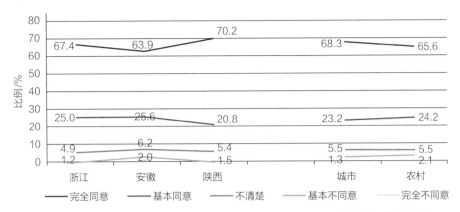

图 5-7 不同地区学生对"即使别人的观点我不赞同，我也会耐心地倾听"的态度

不同性别和不同学段的学生均表现出较高的公共理性意识。具体而言，不同性别的学生中，男生和女生对"即使别人的观点我不赞同，我也会耐心地倾听"表示同意的，都高达九成以上。不同学段的学生同样都表现出这一特征（见图 5-8）。

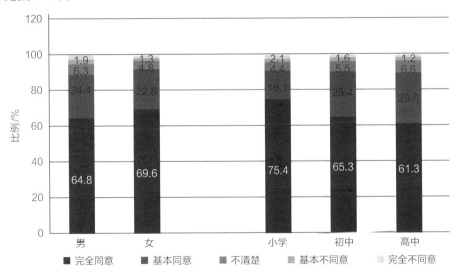

图 5-8 不同性别和学段学生对"即使别人的观点我不赞同，我也会耐心地倾听"的态度

在"当我与他人论辩时，我能文明地表达自己的观点，不冲动"的调查中，表示"完全同意"的浙江学生占 63.0%，表示"基本同意"的占 26.5%；表示"完全同意"的安徽学生占 57.6%，表示"基本同意"的占 28.2%；表示"完全同意"的陕西学生占 64.0%，表示"基本同意"的占 25.6%。由此可见，

高达八成以上的学生表示"当我与他人论辩时，我能文明地表达自己的观点，不冲动"。对于地处城市和农村的中小学生的调查也发现，同样有高达八成以上的学生表达了相同的态度（见图5-9）。

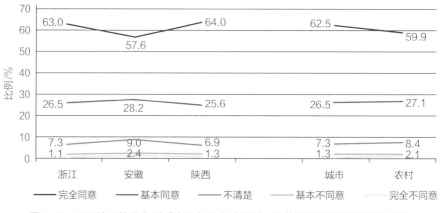

图5-9　不同地区的学生对"当我与他人论辩时，我能文明地表达自己的观点，
不冲动"的态度

对于不同性别的学生而言，超过九成的学生表示"当我与他人论辩时，我能文明地表达自己的观点，不冲动"。对于不同学段的学生而言，亦有高达九成左右的学生表示"当我与他人论辩时，我能文明地表达自己的观点，不冲动"（见图5-10）。

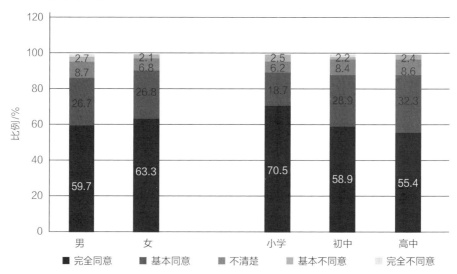

图5-10　不同性别和学段的学生对"当我与他人论辩时，我能文明地表达自己的观点，
不冲动"的态度

（四）中小学生妥协意识的现状

数据显示，中小学生的妥协意识比较强，但东部地区中小学生的妥协意识略好于中西部地区，中部地区调查对象的妥协意识相对较弱。具体说来，63.7%的浙江学生对"为了达成共识，我知道有时候必须作出一些让步"表示"完全同意"，28.1%的学生表示"基本同意"；54.5%的安徽学生表示"完全同意"，32.7%的学生表示"基本同意"；60.7%的陕西学生表示"完全同意"，28.5%的学生表示"基本同意"。由此可见，对"为了达成共识，我知道有时候必须作出一些让步"表示同意的中小学生中，浙江比例最高，达92.8%；陕西次之，为89.2%；安徽最低，为87.2%。就城市和农村而言，城市学生的妥协意识高于农村学生（见图5-11）。

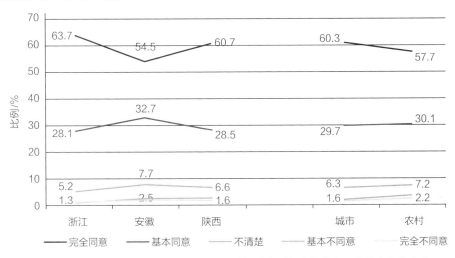

5-11　不同地区学生对"为了达成共识，我知道有时候必须作出一些让步"的态度

就不同性别和不同学段的学生来看，受调查学生的妥协意识相差不大。接近九成的学生都对"为了达成共识，我知道有时候必须作出一些让步"表示同意。具体而言，在表示"完全同意"和"基本同意"的学生中，男生占88.9%，女生占90.3%；小学生占89.3%，初中生占87.2%，高中生占90.5%（见图5-12）。

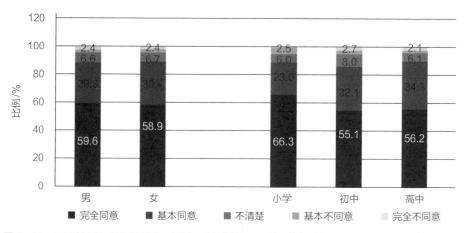

图5-12 不同性别和学段的学生对"为了达成共识，我知道有时候必须作出一些让步"的态度

二、中小学生公共空间参与意识的现实反思

调查结果显示，中小学生的公共空间参与意识整体水平较高。具体而言，他们表现出较强的公共空间参与意愿，较高的民主协商意识、公共理性意识和妥协意识。但是，仍然存在一些问题：女生的公共空间参与意识不如男生，西部地区学生的公共空间参与意识不如东中部地区，各个学段学生的公共空间参与意识存在不均衡。

（一）女生的公共空间参与意识不如男生

独立样本t检验结果显示，男女生公共空间参与意识存在显著差异（$P <$ 0.001），如表5-1所示。从均值水平比较发现，男生的均值水平为1.79，女生的均值水平为1.74，男生的公共空间参与意识明显高于女生。但从标准差上看，男生的标准差为0.74，女生的标准差为0.66，男生的公共空间参与意识的均值标准差高于女生。这说明，男生内部的公共空间参与意识差异比较大，有的男生的公共空间参与意识比较强，而有的男生则并非如此；女生则相对集中。

表5-1 性别独立样本检验

检验变量	性别	均值（M）	标准差	t值
公共空间参与意识	男	1.79	0.74	3.939***
	女	1.74	0.66	$P=0.000$

（二）东西部地区中小学生的公共空间参与意识不如中部地区

表 5-2 的省份方差分析显示，浙江、安徽、陕西三个省份中小学生的公共空间参与意识存在显著差异（$P < 0.001$）。具体而言，中部省份安徽的中小学生公共空间参与意识的均值水平最高（M=1.84），东部省份浙江的中小学生公共空间参与意识的均值水平次之（M=1.78），西部省份陕西的中小学生公共空间参与意识的均值水平最低（M=1.69）。为进一步探寻这种差异，我们进行了 LSD 多重比较，结果显示，安徽的中小学生公共空间参与意识显著高于浙江和陕西，且浙江显著高于陕西。

表 5-2 省份方差分析

检验变量	省份	均值（M）	标准差	F 值
	浙江（a）	1.78	0.68	F=58.171***
公共空间参与意识	安徽（b）	1.84	0.72	P=0.000
	陕西（c）	1.69	0.69	b＞a＞c

（三）小学生的公共空间参与意识较弱

表 5-3 的学段方差分析显示，小学生公共空间参与意识的均值水平最低（M=1.63），初中学段次之（M=1.79），高中学段学生的公共空间参与意识均值水平最高（M=1.87）。由此可见，小学生的公共空间参与意识较弱，公共空间参与意识随着学龄的增长而提升。方差分析显示，小学、初中、高中三个学段的公共空间参与意识存在显著差异（$P < 0.001$）。为进一步探寻这种差异，我们进行了 LSD 多重比较，结果显示，高中生公共空间参与意识显著高于小学生和初中生，且初中生显著高于小学生。

表 5-3 学段方差分析

检验变量	学段	均值（M）	标准差	F 值
	小学（a）	1.63	0.70	133.054***
公共空间参与意识	初中（b）	1.79	0.71	0.000
	高中（c）	1.87	0.68	c＞b＞a

第三节　中小学生公共空间参与意识的培养

总体而言，我国中小学生的公共空间参与意识总体水平较高，但仍然存在女生的公共空间参与意识不如男生、小学生的公共空间参与意识不如中学生等问题。《普通高中思想政治课程标准（2017 年版）》指出，公共空间参与是思想政治学科核心素养的重要内容。较高的公共空间参与意识是形成公共空间参与素养的重要保证。因此，实践中，要构建民主协商的制度体系，为学生创设公共空间参与平台，指导学生参与公共生活，同时增强公共空间参与的获得感，以此培养中小学生的公共空间参与意识。

一、营造民主协商的环境

公共空间参与意识离不开民主协商氛围的熏陶，民主协商的环境是培养公共空间参与意识的土壤，有利于激发学生积极参与公共生活，提升公共空间参与意识。因此，在民主协商氛围中，有利于培养学生的公共空间意识和提高参与公共空间生活的素养。

一方面，营造民主协商的环境有利于发挥学生的主体性。学生在民主协商的氛围中能切身体会到人人平等，感受到相互理解、相互尊重、相互忍让的舒适感。这有利于激发学生的主体意识，使他们具备参与公共生活的主体人格。另一方面，民主协商氛围影响着个体参与公共生活的积极性。"不亲自参与，就会使那些被排除在外的人员缺乏兴趣和关心。结果是相应地使人缺乏实际的责任心。自动地，如果不是有意识地，那么就是无意识地发展着这样一种情绪：这不是我们的事情，这是上面人的事情，让那一帮特殊的人物去办那些所应该办的事去吧"[①]。对学生而言，如果他们没有参与公共生活的责任心和积极性，那他们就不可能发挥主观能动性，主动地参与公共生活，更无法形成良好的公共空间参与意识。在有着民主协商氛围的环境中，学生更愿意主动地、直接或间接地参与到与他们的学习生活相关的一切事务中去，如学校的管理、班级规章制度的制定、学校各项规章的制定与讨论等。这有利于培养学生的公共

---

① 杜威. 人的问题[M]. 傅统先，邱椿，译. 上海：上海人民出版社，1965：32-33.

空间参与意识。

民主协商的环境对培养学生的公共空间参与意识至关重要。一方面，有利于建构民主共治的学校管理制度。罗尔斯认为，规章制度不仅对个体的行为起着规制作用，"还以不同的方式限制着人们的抱负和希望"①。通过建设民主共治的学校管理制度，可以改变传统学校管理制度中"权威—依附—服从"的单向度控制模式，逐渐走向"平等—自主—合作"的民主共治模式。②让学生享有参与学校公共生活的权利，使学生均有机会以主体身份参与学校公共事务管理，追求学校公共利益。另一方面，有利于改变传统的以认知性、封闭性为核心特征的教学制度，致力于建构参与式、开放性的教学制度，鼓励协商、对话、参与、合作的教学组织形式。③比如，在课堂上，包括学生的第二课堂，建立制度化的协商对话机制，"组织学生参与公共议题的协商、审议和论辩，或者组织学生以小组的形式来就某个开放性的议题展开讨论，或者开展各种类型的主题活动（比如选举活动、模拟法庭活动等），从而避免学校教育的过度的知性灌输和强制"④。学生在民主协商的氛围中参与公共生活，有利于走出封闭的私人生活，形成公共空间参与意识。

二、创设公共参与空间

为了增强学生的公共空间参与意识，需要为他们搭建公共参与空间，为培养公共空间参与意识创造条件。

1.搭建公共生活平台

公共生活平台是开展公共生活的基础。公共生活平台可分为日常生活平台和规范化生活平台。日常生活平台是指承担人们日常生活的公共平台，比如广场、公共交通等公共生活空间。规范性公共生活平台是指为特定目的而开辟的

---

① 罗尔斯.政治自由主义[M].万俊人，译.南京：译林出版社，2000：35.
② 叶飞.公共参与精神的培育——对"唯私主义综合症"的反思与超越[J].高等教育研究，2020（1）：18-24.
③ 叶飞.公共参与精神的培育——对"唯私主义综合症"的反思与超越[J].高等教育研究，2020（1）：18-24.
④ 叶飞.公共参与精神的培育——对"唯私主义综合症"的反思与超越[J].高等教育研究，2020（1）：18-24.

公共空间，比如为编制"十四五"规划而开辟的意见征询渠道。在学校场域中，可搭建如下公共生活平台：首先，以社团和社团活动为载体，针对学校、社区乃至社会发生的公共事件，引导学生举办讨论会、辩论会或分享会的形式来参与公共生活，增强公共空间参与意识。其次，以校报校刊为载体，在这些校内公共媒介上，引导学生发表对学校生活和社会问题的思考和观点，甚至可以与教师或权威观点商榷，以此引导学生参与公共生活，增强公共意识。再次，以班级或小组为载体，通过开展竞选、辩论赛或演讲比赛等丰富多样的活动，引导学生对班级生活、制度和学校的制度、决策、日常生活、学习生活等进行反思并提供建议，在对公共生活的思考中形成公共空间参与意识。①

2.搭建网络公共平台

在互联网时代，互联网极大地拓展了公民的表达渠道。基于互联网的网络公共平台不同于传统的日常公共生活平台。日常公共生活平台是个体真实地、面对面地参与其中，受权利、压力、氛围等因素的影响，往往会出现"沉默的螺旋"效应。因此，在日常公共生活平台中，很容易出现"同质化"的声音。这不仅不利于公共空间参与意识的培养，也不利于公共生活的开展。多元化的声音是参与公共交往的前提。由于网络的交互性、虚拟化和开放性，人与人之间的交流无须面对面进行，所以，网络公共平台日益成为大众参与公共生活的重要场所。在网络公共平台出现了"多元化的声音"，使不同的利益可以得到充分的表达。

虽然在网络环境下，公民的公共空间参与渠道得到极大的拓展，公共空间参与意识得到前所未有的提升，但是仍然存在不同群体之间的公共空间参与意识发展不平衡的现象。因此，在现代社会，要充分利用网络平台，开辟"第三空间"作为公共生活平台，为公民参与公共生活提供载体，提升公共空间参与意识。

一方面，打造特色网络公共平台。校园门户网站是每一所学校引导学生参与公共生活、培养公共空间参与意识的绝佳平台。当前的中小学校园门户网络平台基本存在形式呆板、内容单一，互动性不足的问题，把"平台"窄化为

---

① 金羽西，冯建军.公共话语实践：建构学校公共生活的路径[J].中国教育学刊，2020（9）：54-59，70.

"信息传递渠道"。因此，要完善校园门户网络公共平台的功能，提升用户的参与度，开辟特色专栏，同时设计公共空间参与模块。通过发布社会热点话题和学生关心的社会话题，组织学生参与活动和话题互动，增加学生的公共生活参与频率，增强公共空间参与意识。

另一方面，建设其他网络平台。当前，除了校园门户网络平台之外，学生经常接触的还有微信、微博、贴吧、论坛、抖音等，这些都成为新型的公共参与空间。随着移动终端技术的发展，作为数字土著，学生更多地使用手机或平板设备参与网络公共生活。他们在微信、抖音和各种论坛上发表观点，参与公共生活的现象非常普遍。因此，学校应当高度重视类似网络平台的开发和应用，利用这类网络公共平台上的巨大用户群体，推出特色的学校平台，及时发布一些社会话题，引导学生交流讨论。这既有利于促进校园文化建设，又有利于引导学生参与网络公共生活，增强公共生活的参与意识。

三、指导参与公共生活

马克思认为："意识一开始就是社会的产物，而且只要人们存在着，它就仍然是这种产物。"[1]同理，公共生活是公共空间意识教育之本源。因此，公共空间意识教育必须基于公共生活、通过公共生活。自古以来，中国人的生活倚重于家庭亲族间，缺乏公共生活。正如梁漱溟先生所言，公共观念、纪律习惯、组织能力和法治精神此四者，即公德，是人类为营团体生活所必需的品德，但这些品德为中国人所缺乏。所以，一旦参与公共生活，"中国人不是自暴自弃，就是自尊自大；他或者不要发言权不要监督权，乃至不要自由权做一个顺民亦可以，或者就是要想做皇帝的，乃至想给他皇帝也不做的"[2]。为培养公共空间参与意识，要引导个体参与公共生活。

一是明确公共空间参与领域。对于青少年学生而言，往往不具备参与国家公共生活的资格和能力，他们参与社会公共生活的能力也有限。但是，学生可

---

① 中共中央马克思恩格斯列宁斯大林著作编译局. 马克思恩格斯选集（第 1 卷）[M]. 北京：人民出版社，2012：161.
② 梁漱溟. 中国文化要义[M]. 上海：上海人民出版社，2005：72.

以参与学校组织的各种类型的公共生活。就场域而言，包括班级活动、社团组织活动和学校民主管理活动等，这些都是学生有能力进入的公共生活领域；就参与形式而言，包括观察、参观、访问等。随着年级的增长，也可参与社会性活动，比如社会调查、咨询服务或文化服务、希望工程和社会性劳动等。[①]

二是指导公共空间参与方法。遵纪守法是合格公民的基础，法律法规是参与公共生活的依据。因此，指导学生参与公共生活，一方面，公共空间参与规范指导。公共空间参与规范规定着公共空间参与的基本要求，是个体参与公共生活的依据。实践中，要引导学生了解学校有关参与公共生活的基本规范，了解参与社会生活的法律法规，如未成年人保护法、交通安全法、环境保护法等，引导学生在参与公共生活中履行基本义务，增强公共空间参与的规范意识。另一方面，参与公共利益决策指导。公共决策是公共生活中的重要活动。而且，就人与人之间的关系而言，共同体中的人际交往存在利益关系。在争取利益的实践中，既能展现个体的现实性，又能构建人与人之间的关系。因此，引导个体参与公共利益决策，能够使个体真切地感受公共生活的样态，理解公共生活的规则，提升协商和妥协的能力与技巧，体悟公共生活价值，形成公共空间参与意识。

三是指导公共生活实践反思。洛克在《人类理解论》中认为，观念来源的途径有两个：一是"感觉"，二是"反省"。"感觉"是指外界事物作用于感官时心灵所产生的观念；"反省"是获得观念的心灵的反观自照，在这种反观自照中，心灵获得不同于感官得来的观念的观念。[②]换言之，人的意识可以通过实践和反思而得到树立。因此，公共空间参与意识在对公共生活实践的反思中得到增进。通过对公共生活实践的反思，个体能充分意识到现有公共空间规范的优点与不足、自身参与公共生活实践行为的适切性等，从而完善自身的公共空间参与意识。公共生活实践反思可以分为参与前反思、参与中反思和参与后反思，具体的方法包括行动研究法、自我提问法、诊断法和比较法等。通过反思公共空间参与实践，可以进一步提升公共空间参与意识。

① 张洪高. 高校学生公共参与意识的培育[J]. 社会科学家，2017（12）：131-135.
② 王春光. 反思型教师教育研究[M]. 长春：东北师范大学出版社，2010：53.

四、增强公共空间参与获得感

2015年2月，习近平总书记在中央全面深化改革领导小组第十次会议上提出，"处理好改革'最先一公里'和'最后一公里'的关系，突破'中梗阻'，防止不作为，把改革方案的含金量充分展示出来，让人民群众有更多获得感"[①]。随后，党的十九大报告提出，"深入贯彻以人民为中心的发展思想，一大批惠民举措落地实施，人民获得感显著增强""深入开展脱贫攻坚，保证全体人民在共建共享发展中有更多获得感""不断满足人民日益增长的美好生活需要，不断促进社会公平正义，形成有效的社会治理、良好的社会秩序，使人民获得感、幸福感、安全感更加充实、更有保障、更可持续"。此后，"获得感"成为社会治理中被广泛运用的概念。事实上，获得感体现的是一种现实与需求的不平衡状态。因此，它不仅体现在社会治理领域，还存在于个体生活中。

"获得感"主要体现在生理和心理两个方面。《荀子·荣辱》中提出："凡人有所一同：饥而欲食，寒而欲暖，劳而欲息，好利而恶害，是人之所生而有也。"意思是：所有人都有一个共同特点，饥饿了就想吃饭，寒冷了就想温暖，疲劳了就想休息，爱好利益而厌恶祸害，这是人生下来就具有的本性。换言之，如果个体的"欲食""欲暖""欲息"等需求得到满足，他就能体验到"获得感"，只不过这种需求是比较基础的生理需求。马斯洛提出，人的需求除了生理需求之外，还有安全需求、归属与爱的需求、尊重的需求和自我实现的需求。这些需求的满足则能获得心理上的获得感。

就"获得感"的具体内涵而言，学界尚未形成统一的认识。有学者指出，"获得感"是一个本土性非常强的"中国概念"，在国外尚不存在直接的概念对应，而且不能与"幸福感"等相混淆。[②]杨伟荣和张方玉认为，获得感是对物质财富的累积与精神境界的丰富与提升的感受，包括"实在获得感"与"意义获得感"两个方面。其中，可拥有、可支配、现实可见，是"实在获得感"的特点；可回味、可预见、深切可感则为"意义获得感"。[③]曾维伦认为，"获

---

① 习近平主持召开中央全面深化改革领导小组第十次会议[EB/OL].（2015-02-27）[2024-08-25]. http://www.xinhuanet.com/politics/2015-02/27/c_1114457952.htm.

② 曹现强，李烁. 获得感的时代内涵与国外经验借鉴[J]. 人民论坛·学术前沿，2017（2）：18-28.

③ 杨伟荣，张方玉."获得感"的价值彰显[J]. 重庆社会科学，2016（11）：69-74.

得感是指人们在经济社会发展中对关乎自身利益实现状况的一种感受和关切。这种感受和关切不仅体现在衣食住行等物质层面，也体现在公平正义、自我实现等精神层面，既有有形的，也有无形的。"① 也有研究界定了学生的获得感，认为获得感是指学生在学习中学有所获的同时，体验到喜悦、满足、荣誉、尊严、自豪等感受。② 另有学者提出，获得感强调实实在在的活动，多用以指人民群众共享改革成果的幸福感。③ 由此可见，学界普遍认为，获得感包括客观获得感和主观获得感两个方面。基于此，我们认为，参与公共空间生活的获得感是指个体在参与公共空间生活中，公共空间参与过程给个体带来的满足、荣誉、尊严和自豪的情绪情感体验。

获得感可以使学生坚定公共空间参与的信念，对公共空间参与抱有期望并愿意参与公共空间生活。为了让学生在公共空间参与中有获得感，首先，"看见"参与者，让参与主体体验被尊重。"看见"参与者就是尊重参与者的"属人性"。公共空间生活以尊重为前提，我国宪法明确规定，人格尊严不受侵犯。形成获得感的基础就是在公共空间参与过程中人格尊严得到尊重和保护。同时，由于个体的生活经历、知识背景和个性特征等方面的差异，对公共事件的感知和处理可能存在不同，所以在公共生活中，要尊重个体的独特性，要尊重和承认不同主体行为的合理性。其次，营造氛围，让参与主体体验参与过程的愉悦感。特别是在学校公共生活中，为培养学生的公共空间参与意识，需要为学生创造宽松、民主的参与氛围，让学生没有压力感和压迫感，让他们在这样的环境中体验公共空间参与过程的愉悦感。再次，让人人有"收获"，让参与主体体验参与结果的实在感。"获得"是体验"获得感"的前提和基础，如果没有获得，不管是精神的还是物质的，"获得感"就无从生发。因此，为培养学生的公共空间参与意识，在参与公共生活中，要合理采用强化手段，适当为参与者提供强化物，固化公共空间参与意识。

---

① 曾维伦."将改革进行到底"笔谈之五 切实增强人民的获得感[J]. 重庆社会科学，2017（8）：14-15.
② 李菊英，颜料. 获得感：思想政治理论课实效性的重要生成要素[J]. 思想理论教育导刊，2018（1）：85-89.
③ 苏岚岚，彭艳玲，孔荣. 农民创业能力对创业获得感的影响研究——基于创业绩效中介效应与创业动机调节效应的分析[J]. 农业技术经济，2016（12）：63-75.

第六章 公约意识及教育

公约意识是生存在公共空间中的个体必备的能力之一，培养与形成公约意识对于建构和谐、流变、共生的公共空间，而不是变动不居的空间，具有重要的意义。对公约意识的早期探索始于对公理、公意、公义等内涵的解析，随后学者们对公共空间以及公共人与社会发展之间的关系进行的卓有成效的探讨，都为公约意识研究奠定了坚实的基础。经过多年的发展，人们对公约意识的宏观研究已经初步形成了理论框架，但是对于微观层面的公约意识教育的研究还较为薄弱。因此，本章拟对公约意识及其教育进行理论与实践方面的探讨。经由对儿童公约意识内容的界定，厘清中小学生公约意识培育的实践逻辑，进而对我国中小学生公约意识培养现状进行分析，真实反映我国中小学生公约意识水平，在此基础上从学校、家庭、社会三个层面提出培养中小学生公约意识的具体措施。

第一节 公约意识内容

公约意识不是一个孤立的概念，在纵向发展上，它不是一成不变的静态结果，而是一个以公共空间为基点，处于不断发展变化之中的过程，经历着形成、发展以及转化的阶段；在横向空间中，它处于一个更为宏大的政治哲学体系内部，处于与其他相关概念相互联系的网络之中。要进行公约意识教育研究，首先要明确何为公约意识，公约意识主要包括哪些内容。本节在对公意、公理与公义进行解析的基础上，明确公约意识的内涵与特征，从学校、家庭、社会三个层面阐明儿童公约意识的主要内容，为此后中小学生公约意识的现状调查提供理论框架。

一、公约意识

公约意识是公共空间意识结构中最高层次的一种意识，公约意识教育是最高层次的公共空间意识教育。因此，本部分将对公约意识的内涵和特征进行探讨。

（一）公约意识的本体阐释

1. 公意、公理与公义解析

公约意识发端于对公共性的认识。[①] 马克思指出："人的本质不是单个人所固有的抽象物，在其现实性上，它是一切社会关系的总和。"[②] 现实的人是个体性的存在，但又总是活动于公共环境与公共活动之中。"当个体坚守公义、公理，就具有了公约意识，开始有意识地按照普遍约定采取公共行动"[③]。因此，有必要对公意、公义、公理进行解析。"公意"是卢梭政治思想中的核心概念，他在《社会契约论》一书中对社会公约进行说明时首次提到公意。虽然《社会契约论》并没有给出公意的确切定义，但是仍可从其部分语句中窥探出其意涵。"公意指着眼于公共的利益"，公意是最高指导，所有人都将自身与力量置于公意指导之下。按照卢梭的思想，公意是政治共同体必须遵循的最高意志，也是民族国家的整体意志。卢梭公意思想的传入，也引起了中国思想家的关注。梁启超从"体用"的角度来解释公意与法律的关系，"公意，体也；法律，用也；公意无形也，法律有形也"[④]。与此同时，梁启超也将公意视为近代政治之本和核心价值。由于卢梭本人并没有对"公意"进行严格的定义，因此现代学者对于公意的理解也存在差异。在社会学研究中，有学者认为公意是政治共同体中人的意志，是一种对于共同体的认同感。从哲学视角理解，公意既产生于个人意志，又是对个人意志的超脱，公意永远是公正的，而且始终以公共利益为依归。总的来看，当社会中达成共识之后，需要将共识转

---

① 袁祖社."公共性"的价值信念及其文化理想[J].中国人民大学学报，2007（1）：78-84.

② 中共中央马克思恩格斯列宁斯大林著作编译局.马克思恩格斯选集（第1卷）[M].北京：人民出版社，1995：56.

③ 严从根.论公共空间意识教育[J].教育研究，2016（5）：60-65.

④ 梁启超.梁启超评历史人物合集·西方卷：达尔文传 亚里士多德传 卢梭传[M].武汉：华中科技大学出版社，2018：19.

变成一种公共的理念，其中最主要的样态就是公意，是人们达成的共识在更广泛基础上所形成的公众舆论、公共价值。这种公共舆论与价值不仅代表一种公共意志，而且能够作为一种社会力量对公共权力领域的公共选择过程及行政过程起规范和制约作用，并赋予其坚实的合法性基础。①公意体现的是绝大多数人的意见，它总是倾向于平等、以公共利益为目标。如果公意中抽象部分能够经受住历史的考验，它就转化为公义、公理。关于"公义"和"公理"的解释，首先"公"的内涵决定了它们都是具有普遍性、公共性的。在中国古代，"公"字先于"私"字出现，然而"公"起初并没有伦理性的含义，而是在社会不断发展过程中道德色彩的愈加浓厚，"公"与"私"也成了一个对立的思想范畴。"公""私"对立有着丰富的解释，例如，朱熹曾提出"公"即是"天理"，"私"就是"人欲"。"公义"的道德内涵主要由"义"的内涵体现出来。"义"字是我国古代一个重要的政治道德概念，《论语·里仁》中"君子喻于义，小人喻于利"强调君子和小人的区别就在于君子是追求"义"的。那什么是"义"呢？《孟子·告子上》中提到"仁义礼智，非由外铄我也，我固有之也，弗思耳矣"，这里强调"义"是发源于个体内心。一种道德标准，而非外在强加的。《孟子·公孙丑》中提到："仁，人之安宅也；义，人之正路也。"这里强调"义"的作用在于以道德标准匡正自我行为。而且作为一种内在道德标准，"义"的价值要高于其他价值。在《孟子·告子上》中，孟子强调："生，亦我所欲也；义，亦我所欲也。二者不可得兼，舍生而取义者也。"提出了"舍生取义"的义利观。"公义"作为一个词正式出现于《墨子·尚贤上》："举公义，辟私怨。"强调需要用普遍的道德标准，以消解人们内心的偏私。综上所述，"公义"强调普遍的道德标准，且这种道德标准不是外在强加给个人的，而是个体内心的道德标准，即道德良心。"公理"一词是对"天理"中"天"的超越和替代，对"理"的继承与发展，意味着一个以人为中心的物理世界的出现。换言之，"公理不再先于人而存在，而是人自我立法的产物，内涵了人的自主性和权利法则"②。公理具有普遍的、客观的和形而上的性质，但它并非超

---

① 郭湛，王维国.公共性的样态与内涵[J].哲学研究，2009（8）：3-7，128.

② 许纪霖.国本、个人与公意——五四时期关于政治正当性的讨论[J].史林，2008（1）：53-62，187.

越世界的玄理，而是物质的、实证的、能够通过科学的方法加以证实。由于"公"具有双重内涵，一是代表普遍的规范与价值，二是从社会意义上对空间和公共利益的考量。由此，对于公理也存在两种解释，即公理是规范意义上的普遍义理和最高价值，也是社会层面上的公共性空间。从对公理的阐释中可以窥见，公理始终具有公共、公平和公正的政治价值内涵，是自然社会和伦理的最高价值与规范。有学者指出，"公理是指公众普遍认同的行为规范"，更多地体现的是一种公众的集体偏好。例如，在西方民主国家中，人权是最基本的公理，而在社会主义国家中，公理就是维护人民民权与实现全体人民的利益。由此可见，公理作为一种普遍意志，主要体现于外在宏观层面的价值规范，以外在普遍有效的价值规范规定人们行动的范围和方式，确保行动的公共性和有序性。

一言以蔽之，公意、公义、公理都是公民集体理念的产物和反映，"公意"主要体现的是康德所谓的普遍意志，表现为公共舆论与公共价值；"公义"主要体现的是普遍的内在道德标准，表现为个体的道德良心；"公理"主要体现的是外在的道德规范要求，其功能在于约束个体在公共空间内行动的范围和方式，以确保其行动的公共性和有序性。

2.公约意识

坚守公义、公理，个人就具有了公约意识。概言之，公约意识是行为主体在有意识地按照公约公理的普遍要求采取行动的过程中所形成的一种公共理念。具有公约意识的个体不仅遵守公共空间规范，而且反思公共空间规范；他们不仅喜好公共空间参与，而且反思公共空间参与；他们不仅是公共空间得以存在、维系、完善、充盈的主体，而且是创建新的公共空间的主体。甚至，即便是在私人空间，由于他们的存在，私人空间也会变为公共空间。譬如，当家庭成员以公众面目相聚于家中，实施公议、讨论公共事务、反思公共行动、谋求公共善的时候，本属于私人空间的家庭也立刻变为公共空间。

（二）公约意识的特征

公约意识是公共空间意识结构中最高层次的一种意识，具有浓厚的公共性价值向度，公约意识具有典型的政治学特征，但是作为一种独具特色的政治学范畴，公约意识具有如下特征。

1.生成性

在公共空间中，"公约"是客观存在的，例如在班级公共空间中，班级公约是班级成员共同遵守的章程或者规定，通过"公约"进行班级管理，旨在强化班集体某些方面的要求。但是，"公约"的存在并不意味着"公约意识"的存在。没有公约意识，"公约"的存在如同摆设，将失去其约束意义。由此，公约意识不是先在的、固定的、一成不变的，而是个体按照公义、公理的要求在参与公共事务的实践活动中获得的，是个体自我要求和公约高度融合、交融、共生的结果。一方面，公共空间不同于私人空间，其内在法则是生成的、开放的、创造的，人们总是在不断地筹划、实践，去构筑一个适合生存发展的公共空间，公约意识就在这样的参与过程中不断生成。另一方面，从某种程度上讲，不存在永恒不变的公约意识。从古至今，人们对于公共空间有着不同程度的认识，公约意识也随着对公共空间的探索而不断展开，每个人也因公共空间领域的不同、自身修养程度的提升而不断生成新的公约意识，这是一个没有终点的生成过程。

2.主动性

公约意识的形成是行为主体积极的、自觉的、主动的活动。公共空间中客观存在的公共空间规范并不能直接地成为人的公共理念，外界的各种现象和环境也不能机械地将公理、公义强加于人。只有行为主体意识到公共空间中公理、公义存在的必要性，以至于成为自身的客观需要，才能有意识地、积极主动地按照公约公理的要求参与公共事务，而非被动服从。因此，公约意识具有主动性，需要行为主体主动进入公共空间，接触公共事务、理解公共空间规范，与之发生相互联系与作用。此外，这种主动性还体现在公约意识的作用中，公约意识是一种公共理念，对公共空间中人的行为具有调节作用。有目的、自觉地改造自然和社会的斗争是人的主观能动性的表现，而公约意识则能够指导人们在公共空间中主动调节公共空间存在的诸多与私人利益相冲突的斗争。生活在公共空间中的人们会产生诸多需要、愿望，然而由于各种原因就会产生公共与私人之间的矛盾。在此境遇下，公约意识能够指导人们主动产生更为理智的认识，通过归因分析、评价等形式调节矛盾，实现公众利益的最大化。

3.反思性

反思是人的一种自我认识的活动，是人对自己经验活动的一种直接的或者间接的反映。人在与公共空间发生相互作用的过程中认识着公义、公理及其与自我的关系，而且也会通过这些关系逐渐认识到公共空间规范存在的力量，从而把公共空间规范当作主体进行考察。概言之，公约意识是一种内省性的思维或品质，带有一定的反思性，具有公约意识的行为主体不仅能够按照公义、公理的要求参与公共事务，还能够反思公共空间规范，创建新的公共空间。首先，公约意识从形成过程上看具有反思性的特征。因为公约意识是发展到一定的阶段才出现的现象，而在这一形成过程中，需要个体全身心地投入到公共空间中，与其进行交往与实践，不断积累对于公共空间规范的认识。个体对于公共空间规范的认识带有一定的理解性，需要对其进行反思、实践、再认识，由此将所形成的公约意识应用到每一个公共空间生活中。能否对公共空间规范进行自觉反思、监控、调节，也是判断个人有无公约意识的重要标志。其次，公约意识的表现形式具有反思性质。公约意识本质上是一种指向内心深处的、较为完整的图景、经验与知识的总和，是一种公共理念，这种公共理念往往通过外显的行为方式显露出来。公共空间中存在的各种刺激，会让主体对公共空间规范有直接性的自我体验，对其进行反思，考虑公共利益并以恰当的形式表现公约意识。

二、儿童公约意识的内容

儿童是一个复杂且具有争议的概念。从法律制度来看，儿童可以依据年龄阶段来划分，儿童与青年、成人之间具有明显的年龄界限，不同国家对儿童年龄的划分也存在差异，例如，韩国法律规定儿童是指不满 19 周岁的公民；《中华人民共和国未成年人保护法》中规定的未成年人是指未满 18 周岁的公民。从行为规范意义来看，儿童这一概念通常与产生某种可能行为所需要的知识、能力、兴趣相联系。例如，人们常常认为不能进行是非判断、禁止使用危险物品的人是儿童，这便是在行为规范意义上对儿童的理解。无论是法律制度还是行为规范中的儿童都承认其不仅是一种客观的自然存在，是人类生命周期的必经阶段，也是一种社会存在，在与社会互动的过程中实现自身价值的再生产。在此意义上，儿童具有独立性，儿童之于社会、社会之于儿童都具有重要价值，而公共生活空间则是沟通儿童与儿童和儿童与社会之间的桥梁。公共空间意识教育培养出来的个人是既具有自身权利意识又注重共同体价值诉求的"精明的公民"，公约意识教育强调培养个体遵守公共空间规范、反思公共空间规范、维系公共空间和创造新的公共空间的意识和能力。而这些意识和能力培养的前提是让每个儿童意识到在公共生活中自己和他人都平等地享有基本权利。何为公共生活，通常意义上来讲，公共生活是指人们在公共空间里发生相互联系、相互影响的共同生活。①只有在共同生活中，儿童才能意识到公约对实现和保障其行使权利、实现幸福生活的重要功能。同时在共同体生活中，儿童也才能意识到他人也跟自己一样拥有不可侵犯的权利，因此自己行使权利时不能放纵自身行为，而应互相尊重和体谅。在此基础上，儿童才能自愿遵守公共空间规范，并主动维系公共空间。在尊重和体谅他人的基础上，儿童也才能化解内心的偏私，能更积极地"走出"自我私人空间，参与公共空间的活动。概言之，儿童公约意识教育是培养个体遵守公共空间规范、反思公共空间规范、维系公共空间和创造新的公共空间的意识和能力的教育，关键内容是对儿童权利的内容以及儿童正当享有和合理行使权利的澄清。

儿童权利是人类社会发展的伴生物，对儿童权利的关注也可追溯至人类早期社会。1989年11月联合国通过的《儿童权利公约》是第一部有关保障儿童权利且具有法律约束力的国际性规定。基于《儿童权利公约》对儿童基本权利的界定以及公约意识的内涵，本书将儿童公约意识定义为儿童在学校、社会和家庭公共生活中有意识地维护和行使生存权、发展权、参与权、受保护权，并促进共同休利益的共同理念。儿童不仅是未来，更是现在，瞬息万变的现代信息化社会不断冲击着儿童的地位与生活方式，更加开放、多元化的公共空间也为儿童带来了机遇与挑战。如此，更需要培养儿童公约意识，在变化的社会发

---

① 刘铁芳. 公共生活与公民教育：学校公民教育的哲学探究[M]. 北京：教育科学出版社，2013：3.

展中实现价值、发展能力，这不仅是儿童的需要，也符合社会中所有人的最大利益。

（一）促进学校公共生活的和谐共生

学校是儿童生存、生长的主要公共空间，作为独立个体的儿童需要且必须经过学校才能得以"成人"。儿童是人类灵性的象征，因为其表现出的未完成状态孕育着无限的可能性与创造性，而学校能够通过教育"开其智"，让儿童脱离自己所加之于自己的不成熟状态，唤醒个体的主体意识与自觉性，成为有"智慧"的人。学校是一种特殊的公共生活，以儿童、教师和其他教育者的共同交往为基本内容，又以平等、公开、自由为基本活动特征。学校生活作为一种生活方式，是学生公共意识生发、流动、增值的过程，是学生参与共同意识、养成公共生活能力的过程。①一方面，学校具有公共性，以全体儿童的共同学习、共同成长为基础。学校的公共性要求重视儿童生活经验，在学校生活中探索共同体意识与精神。另一方面，学校是简化了的小型社会，旨在使儿童体验社会化的境遇，进行社会角色训练，养成社会精神。在此意义上，学校公共生活能够促进个体的社会化成长，使其走出私人生活领域，体验公共生活，继而从内心自觉认同并遵守社会准则，按照社会准则行动。无论是从个别施教到班级授课制演进的教学组织形式，还是从单维到多维的教学手段，都揭示出学校公共生活空间的扩大，从某种程度上来讲，这种逐步扩大的公共空间让儿童的境遇更为复杂，对其公约意识带来了挑战。

正如美国学者沃尔特·帕克（Walter Parker）所指出的，学校教育本身就是一个公共空间，它可以通过引导学生积极参与公共生活中的辩论、审议以及行动等来实现公共道德品质及精神的培育。②因此，学校公共生活是孕育儿童公约意识的"苗圃"，也是彰显儿童公约意识的"花园"。在学校公共生活中，具有公约意识的儿童能够在维护自己的正当权利、履行自我义务的基础上尽可能地促进其他共同体的利益，从而实现和谐共生。具体而言，儿童公约意

---

① 刘芳. 公共生活视域下学生学校生活的教育意蕴[J]. 教学与管理，2018（31）：17-19.
② 叶飞. 公共参与精神的培育——对"唯私主义综合症"的反思与超越[J]. 高等教育研究，2020（1）：18-24.

识主要表现在学校公共生活的以下几个方面。首先，认识到自我的独特性。强调公约意识要尊重个体的独特价值，避免步调一致片面追求共同性而压制束缚个体。在学校公共生活中，儿童对独特性的认识存在一定的局限性，他们往往对学校中"权威"的存在予以特别关注，能够认识并尊重这一"权威"，但对于身边的同学往往关注较少。但具有公约意识的儿童不仅能够关注教师以及学校的其他教育者，也能够自觉感知身边同学的存在，在与同学的交往中相互尊重、和谐共处。其次，遵守学校公共规则，参与公共领域活动。学校公共生活以促进儿童可持续发展为目标，就要建立适当规则，保障其公共秩序，因此儿童公约意识表现为能够遵守学校校纪校规、班级公约、课堂纪律，并能够意识到规则存在的意义。在此基础上，充分利用自身的参与权，将自身进步与学校发展相联系，积极参与学校的公共活动。最后，积极寻求自我发展。儿童具有发展权，这一发展权是儿童在学校公共生活中生存的基础，具有公约意识的儿童主动性与自我觉醒意识较高，对事物能够作出理性的抉择与判断，在寻求共同体利益的过程中实现自我价值的最大化。

（二）推动社会公共生活的良序发展

人类生存于社会之中，不断与社会进行物质交换与能量流动，人类的各种活动落脚于社会生活，依靠社会交往实现，同时又不断创造着新的社会交往，产生新的人类活动。[①] 如此，儿童与社会公共生活密不可分。阿伦特提出，公共生活是一种平等的、自由的、理性的生活。而社会公共生活也是如此，它是所有个体自由交往而亲密生活的空间，能消除异化和不平等，使每一个个体都能得到充分且自由的发展。社会公共生活之于儿童既具有社会性，更具有公共性。所谓社会性，即指无论出于何种需要，社会公共生活都是儿童的必由之路，需要通过社会生活形成人与人之间的联结；公共性是指适当谦抑自我，保持对他人的尊重、宽容、信任，通过合作增进共同体利益。公共性是社会生活中儿童公约意识的高级形态，而社会性则是原生形态，是更加朴素、自然的公约意识内容。在社会公共生活中，儿童公约意识表现为推动社会公共生活良序

---

① 　冯仕政. 社会治理与公共生活：从连结到团结[J]. 社会学研究，2021（1）：1-22，226.

发展的意识和行为，尤其是在高度开放、流动、分化的社会公共生活空间，公约意识能够"中和"社会中分化与整合、活力与秩序之间的张力，实现儿童与社会从联结到团结的良性递推。

社会公共生活为儿童提供了自主活动的领域，是一个儿童能够自由地行使选择权与决定权的生存空间，每一个儿童都能够实现其参与的积极性与主体性，培养和造就与他人以及社会民主理性的沟通和判断能力，今后成长为社会群体中的一名有效成员。在社会公共生活中，儿童公约意识内容为推动社会公共生活良序发展的意识和行为，具体表现在以下几个方面：首先，正确的权利观念。《儿童权利公约》赋予儿童以生存权、参与权、发展权、受保护权四项基本权利，而在社会公共生活中，是否具有正确的权利观念最为重要。由于儿童自身发展程度的差异导致其在社会生活中对权利概念的认识存在偏颇，但儿童天生追求自由，不惧权威、注重公平与正义已然显现出他们具有初步的权利观念。儿童的权利观念与生俱来，是无意识的、单纯的，社会公共生活的复杂性更需要成人对儿童进行科学的引导，树立正确的权利观念。其次，主动的维权意识。在社会公共生活中，儿童权利的实现具有现实依赖性，因儿童心智发育未成熟，将儿童权利视为源于并依赖于父母或者任何成人，这是对儿童权利的"越位"。儿童公约意识表现为在社会生活中主动维权的意识和行为，当在社会生活中权利受到侵害时，儿童具有主动向社会提出权利诉求的意识和能力。最后，积极地参与社会公共事务。儿童公约意识不仅包括对自身权利的维护与使用，也表现在社会交往活动中，主动参与社会公共事务。儿童积极参与社会公共事务的管理，对可能影响自身及他人利益的决策发表意见，如此才能增强儿童对社会的关注程度，自觉地将自身与社会的发展联系起来，不断迈向成熟，成长为社会的成熟公民。

（三）实现家庭公共生活的自然关怀

家庭是人类社会最为普遍的基础性社会组织，也是儿童不可或缺的生活场域。然而，对于家庭是否属于公共生活空间，存在着不同的观点。古希腊哲学家亚里士多德认为，家庭是人类社会的基本单元，其作用在于维持生活和繁衍生命，属于私人空间。[①]随着现代城市家庭的兴起，家庭处于与外界相对隔离的状态，公共空间与私人空间的界限更加明晰，但在农村家庭中，这种界限又十分模糊。这在深层次上意味着，家庭并非完全封闭的私人空间，而是时刻保持着一种开放的态度。事实上，从社会学角度看，只要在同一空间存在着人与人之间的交往互动，就存在着公共生活空间。因此，家庭作为人们生活世界的典型场所，虽然在外在构造上是一个相对封闭的空间，但从内部家庭活动上而言具有明显的公共性，它是一个进行情感沟通、信息交流的公共生活空间。质言之，家庭并非纯粹的私人空间，而是有一定公共生活的空间，家庭公共生活贯穿于生成和建构个体社会生活世界的整个过程。家庭是儿童成长的起点，是公共生活的发端，也是公共空间的历史起点，对儿童公约意识的形成与发展产生了重要影响。

家庭本身是一个纯粹的生活领域，每一个成员都有独立的日常生活领域，与此同时，以家庭为圆心和与家庭成员交往沟通为半径的社交圈也各自展开并相互交叉，从而使得日常生活领域的内容和影响扩大为更广泛的公共生活空间。对于儿童而言，其公约意识主要表现为在家庭中能够维护及行使自身权利的同时，又能够照顾到家庭共同体的利益，继而形成具有自然关怀的家庭公共生活。家庭公共生活中儿童公约意识的内容包括时间、空间、行为三个方面。首先，自主安排时间。在这一点上，具有公约意识的儿童能够清晰地认识到自身所拥有的生存权与发展权，在征求其他家庭成员意见的基础上自主安排时间，从而学会时间的自我管理。其次，开放自我空间。儿童公约意识在家庭空间的使用上表现为空间上的开放性，家庭空间对每个家庭成员都是平等且开放的，儿童能够冲破自我的空间封闭性，将其展示给家庭其他成员，允许其他成员进入，自身也积极参与家庭中其他空间的创设，增进家庭成员之间的情感互动。最后，遵守行为规范。家庭公共生活是社会公共生活的开始，社会中的行为规范多数时候源于家庭，保障家庭功能的实现需要儿童遵守一定的行为规范。公约意识在这一方面主要表现为儿童能够认识到行为规范是针对家庭所有成员，而不仅仅是自身，并且能够积极行使自身的参与权，主动参与家庭行为

---

① 亚里士多德. 政治学[M]. 吴寿彭，译. 北京：商务印书馆，1965：6.

规范的制定，勇于发表自己的意见，谋求其家庭集体利益的最大化。

第二节　中小学生公约意识

由于成人空间对儿童空间的不断侵入，儿童在公共空间内表达自我意志的可能性越来越小，这使得儿童只能以"被迫服从"和"保持噤声"的形象进入公共空间，履行公约要求，参与公共活动。为了更深入地了解我国中小学生公共空间意识发展的现状，课题组自主研制《中小学公共空间意识调查问卷》，对来自浙江、安徽和陕西三个省份的中小学生展开调查。调查共收回 14683 份问卷，其中有效问卷 14669 份，有效率为 99.9%。[1]

一、中小学生公约意识的发展现状

通过均值水平分析发现，相较于公共空间意识中的其他意识，中小学生的公约意识整体发展水平一般（$M=4.27$），中小学生私人空间意识水平最高（$M=4.63$），公私空间转化意识水平最低（$M=3.40$）。具体数据分析见表 6-1。其中，小学生的公约意识水平最高（$M=4.40$），高中生的公约意识水平最低（$M=4.19$）。具体数据分析见表 6-2。

表 6-1　中小学生公共空间意识在不同维度上得分的描述性分析

维度	数量（N）	均值（M）
私人空间意识	14669	4.63
公私空间转化意识	14669	3.40
公共空间规范遵守意识	14669	4.52
公共空间规范维护意识	14669	3.97
公共空间的参与意识	14669	4.23
公约意识	14669	4.27

---

[1] 调查问卷和调查样本的状况见第四章表 4-2。

表6-2　不同学段中小学生公约意识水平的描述性分析

学段	数量（N）	均值（M）
小学	4931	4.40
初中	4281	4.23
高中	5457	4.19

为了更深入地了解中小学生公约意识水平发展状况，研究者对学生在公约意识测评题上的作答情况作了进一步的分析。研究发现与分析见表6-3。

表6-3　中小学生公约意识调查每一题的作答情况分析

题项	数量（N）	最小值	最大值	均值（M）
1. 为了达成共识，我知道有时候必须作出让步	14669	1.0	5.0	4.42
2. 我认为个人必须尊重集体民主决策的结果	14669	1.0	5.0	4.60
3. 当班规不合理的时候，我会主动向教师或同学提出完善班规的意见	14669	1.0	5.0	4.15
4. 在校外公共场合，对于不合理的规定，我会向有关部门提出改进意见	14669	1.0	5.0	3.83
5. 为了提出好的建议，我会积极学习相关知识	14669	1.0	5.0	4.34
6. 我会认真思考班级规章制度制定的理由（公约意识）	14669	1.0	5.0	4.29

由表6-3可知，中小学生公约意识中的遵从意识最强，表现为个人意志对集体意志的绝对服从（这一题项的均值水平最高，$M=4.60$），但中小学生对改进和完善校外公约的意识和能力很弱（这一题项的均值水平最低，$M=3.83$）。每一题项的作答情况分析如下。

（一）绝大部分中小学生具有较高的妥协意识，但部分中小学生的妥协意识是消极的

在"为了达成共识，我知道有时候必须作出让步"这一题项上（见图6-1），分别有89.3%的小学生、87.2%的初中生和90.5%的高中生选择"完全同意"或"基本同意"；在"我认为个人必须尊重集体民主决策的结果"这一题项上（见图6-2），分别有91.1%的小学生、91.7%的初中生和93.0%的高中生选择"完全同意"或"基本同意"，且这一题项的同意比例也为所有题项之首，说明中小学生十分遵从公约的权威性，表现为个人意志对集体意志的绝对服从。

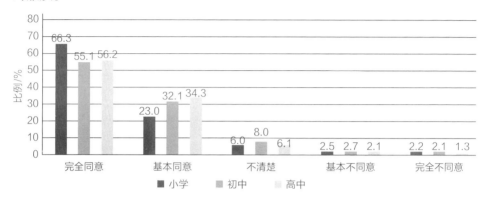

图 6-1　学生对"为了达成共识，我知道有时候必须作出让步"的态度

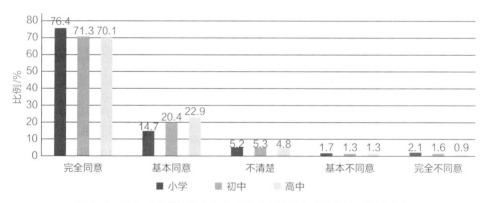

图 6-2　学生对"我认为个人必须尊重集体民主决策的结果"的态度

大部分中小学生较高的妥协意识和遵从集体意志的意识想要发挥积极效用，就必须同时要让中小学生理解公约制定的理由。只有中小学生对集体意志的遵从和妥协建立在理解和信任的基础上，才能避免集体意志对学生个人意志的压制。调查进而发现，中小学生尤其是高中生理解公约的意识和能力是相对不足的。在"我会认真思考班级规章制度制定的理由"题项上（见图 6-3），有 86.1% 的小学生、81.0% 的初中生和 78.5% 的高中生选择"完全同意"或"基本同意"。"妥协和遵从集体意志的意识"与"理解公约意识"之间比例的差距说明：部分学生尤其是高中生是在不理解公约本质基础上随意放弃个人意志的消极妥协和遵从。由此也可以说明，中小学生公约意识培育要加强"解理"环节，以增强中小学生尤其是高中生对公约的理解和认同。

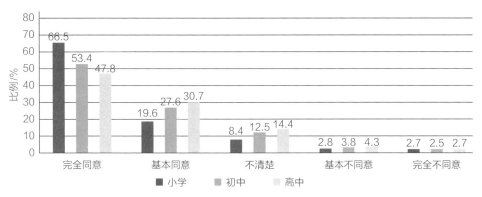

图 6-3 学生对"我会认真思考班级规章制度制定的理由"的态度

（二）大部分中小学生具有改进校内公约的能力，但校外公约改进的能力不足

学生反思和改进公约的意识和能力是公约意识培育中的较高要求。调查发现，大部分中小学生具有反思校内公约的意识和提出改进的能力。在"当班规不合理的时候，我会主动向教师或同学提出完善班规的意见"这一题项上（见图 6-4），分别有 83.4% 的小学生、75.3% 的初中生和 73.0% 的高中生选择"完全同意"或"基本同意"，但在"在校外公共场合，对于不合理的规定，我会向有关部门提出改进意见"这一题项上（见图 6-5），分别只有 70.4% 的小学生、63.0% 的初中生和 57.6% 的高中生选择"完全同意"或"基本同意"；且在校外公共场合面对不合理的规定时，有高达 29.7% 的小学生、36.9% 的初中生和 42.5% 的高中生选择不清楚或不同意向有关部门提出改进意见。中小学生尤其是高中生不能主动对校外公共场合的规范进行反思和完善的现象，可能有三个原因：第一，中小学生尤其是高中生被规训成为社会规范的绝对屈从者，缺乏反思的能力；第二，中小学生不在乎社会规范的好坏，对远离他们校园生活的社会公共事务漠不关心；第三，中小学生缺乏反思、改进和完善校外公约方面的理论指导和实践练习，因而不清楚如何提出改进意见。调查数据也显示，分别有 18.4% 的小学生、24.7% 的初中生和 28.8% 的高中生选择"不清楚"如何向有关部门提出改进意见。由此可见，中小学生公约意识培育亟须给予学生尤其是高中生参与完善社会公约的知识、方法和途径的指导与实践训练。

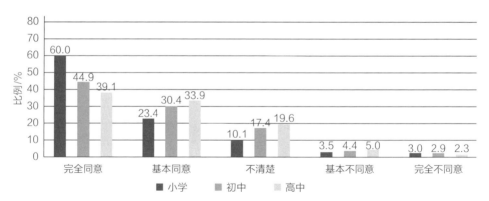

图 6-4　学生对"当班规不合理的时候，我会主动向教师或同学提出完善班规的意见"的态度

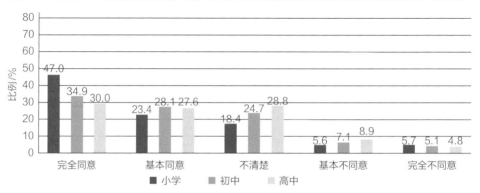

图 6-5　学生对"在校外公共场合，对于不合理的规定，我会向有关部门提出改进意见"的态度

（三）对于提升完善公约知识，绝大多数中小学生表现出较高的理论兴趣

虽然反思和改进公约的能力存在不足，但绝大多数中小学生十分乐于学习知识以提高自身践行公约的能力。在"为了提出好的建议，我会积极学习相关知识"这一题项上（见图 6-6），有 88.8% 的小学生、83.4% 的初中生和

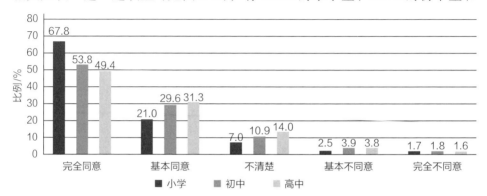

图 6-6　学生对"为了提出好的建议，我会积极学习相关知识"的态度

80.7%的高中生选择"完全同意"或"基本同意"。由此可以说明，中小学生公约意识培育十分契合学生的兴趣和需要，教师和家长应当帮助和引导学生了解和掌握相关的知识。

二、中小学生公约意识的影响因素

（一）所在省份对中小学生公约意识发展水平的影响分析

通过比较不同省份中小学生公约意识水平的得分情况发现（见表6-4），浙江、安徽和陕西中小学生公约意识水平的得分情况存在极其显著的差异（P=0.000 < 0.001）。具体来说，陕西的中小学生公约意识水平最高（M=4.33），安徽的中小学生公约意识水平最低（M=4.20）。

表6-4 不同省份的中小学生公约意识的得分情况

省份	数量（N）	均值（M）	标准差	F 值	P 值
浙江	3783	4.27	0.68		
安徽	5233	4.20	0.72	48.7000	0.000***
陕西	5653	4.33	0.66		

（二）学校所在区域对中小学公约意识发展水平的影响分析

通过比较不同学校所在区域中小学生公约意识水平的得分情况发现（见表6-5），学校所处城区、镇区和农村的中小学生公约意识水平的得分情况之间不存在显著差异（P=0.127 > 0.05）。

表6-5 不同区域的中小学生公约意识得分情况

所在区域	数量（N）	均值（M）	标准差	F 值	P 值
城区	8749	4.28	0.68		
镇区	3840	4.27	0.68	2.06	0.127
农村	2080	4.24	0.73		

（三）学段对中小学生公约意识的影响分析

通过比较不同学段中小学生公约意识水平的得分情况发现（见表6-6），不同学段学生的公约意识水平的得分情况存在显著差异（P=0.000 < 0.001），小学

生的公约意识水平最高（$M=4.40$），高中生的公约意识水平最低（$M=4.19$）。

表6-6　不同学段的中小学生公约意识得分情况

学段	数量（N）	均值（M）	标准差	F 值	P 值
小学	4931	4.40	0.68		
初中	4281	4.23	0.69	132.930	0.000***
高中	5457	4.19	0.68		

（四）性别对中小学生公约意识的影响分析

通过比较男女中小学生公约意识水平的得分情况发现（见表6-7），不同性别学生的公约意识水平的得分情况存在显著差异（$t=-3.340$，$P=0.000 <$ 0.001），女生的公约意识水平远高于男生。

表6-7　不同性别的中小学生公约意识得分情况

性别	数量（N）	均值（M）	标准差	t 值	P 值
男	7351	4.25	0.72		
女	7318	4.29	0.65	−3.340	0.000***

（五）父母受教育程度对中小学生公约意识的影响分析

通过分析和比较父母受教育程度对中小学生公约意识发展水平的影响发现（见表6-8、表6-9），父母受教育程度会对中小学生公约意识发展水平产生极其显著的影响（$P_{父亲受教育程度}=0.000 < 0.001$，$P_{母亲受教育程度}=0.000 < 0.001$）。总的来看，父母受教育程度越高，中小学生公约意识的均值水平也就越高，这说明学生公约意识发展水平与其父母的受教育程度成正比。虽然数据显示，父母未受过教育的中小学生公约意识水平的得分也较高，但这有可能是由于父母未受过教育的中小学生被试数量太少引起的调研误差。调查显示，只有220位父亲和415位母亲未受过教育。

表6-8 父亲受教育程度对中小学生公约意识发展水平的影响

受教育程度	数量（N）	均值（M）	标准差	F值	P值
研究生	618	4.32	0.74		
大学本科	2074	4.33	0.68		
专科	1400	4.30	0.67		
高中	3635	4.25	0.70	4.221	0.000***
初中	5388	4.26	0.67		
小学	1334	4.24	0.71		
未受过教育	220	4.30	0.75		

表6-9 母亲受教育程度对中小学生公约意识发展水平的影响

受教育程度	数量（N）	均值（M）	标准偏差	F值	P值
研究生	539	4.35	0.69		
大学本科	1861	4.35	0.67		
专科	1357	4.29	0.70		
高中	2920	4.27	0.69	7.198	0.000***
初中	5346	4.26	0.68		
小学	2231	4.23	0.69		
未受过教育	415	4.24	0.74		

（六）父母职业对中小学生公约意识的影响分析

通过分析和比较父母职业对中小学生公约意识发展水平的影响发现（见表6-10、表6-11），父母职业会对中小学生公约意识发展水平产生极其显著的影响（$P_{父亲职业}=0.000 < 0.001$，$P_{母亲职业}=0.000 < 0.001$）。总的来看，父母职业为教师、政府工作人员，孩子的公约意识水平会比较高；父母是城市里无工作者，孩子的公约意识水平会比较低。值得注意的是，父母为进城打工人员，孩子的公约意识水平也是比较高的。

表 6-10　父亲职业对中小学生公约意识发展水平的影响

职业	数量（N）	均值	标准差	F 值	P 值
农民	1979	4.24	0.70		
进城打工	4568	4.28	0.68		
村干部	210	4.15	0.86		
教师	603	4.32	0.69		
服务员	185	4.32	0.80	4.420	0.000***
专业技术人员	1064	4.30	0.66		
政府工作人员	533	4.35	0.67		
公司员工	2687	4.28	0.65		
做生意	2659	4.24	0.72		
城市里无工作者	181	4.14	0.81		

表 6-11　母亲职业对中小学生公约意识发展水平的影响

职业	数量（N）	均值（M）	标准差	F 值	P 值
农民	2574	4.24	0.69		
进城打工	2801	4.29	0.68		
村干部	137	4.20	0.78		
教师	883	4.37	0.66		
服务员	571	4.32	0.69	5.898	0.000***
专业技术人员	1124	4.31	0.67		
政府工作人员	323	4.36	0.65		
公司员工	2373	4.27	0.68		
做生意	2111	4.23	0.72		
城市里无工作者	1772	4.23	0.69		

（七）是否为独生子女对中小学生公约意识的影响分析

通过比较是否为独生子女的中小学生公约意识水平的得分情况发现（见表 6-12），独生子女学生和非独生子女学生间的公约意识水平的得分情况不存在差异（$P=0.503 > 0.05$），这说明是否为独生子女不会对其公约意识发展水平产生影响。

表6-12 是否为独生子女对中小学生公约意识发展水平的影响

是否为独生子女	数量（N）	均值（M）	t 值	P 值
独生子女	4735	4.27	-0.689	0.503
非独生子女	9934	4.27		

综上所述，中小学生的公约意识发展水平不会受到学校所在区域和是否为独生子女的影响，但会受到所在省份、学段、性别、父母受教育程度和父母职业等因素的影响。具体表现为以下五个方面：①在浙江、安徽和陕西三个省份中，陕西的中小学生公约意识水平最高，安徽的中小学生公约意识水平最低；②小学阶段学生的公约意识水平最高，高中阶段学生的公约意识水平最低；③女生的公约意识水平比男生高；④父母受教育程度越高，学生公约意识水平也越高；⑤父母职业为教师、政府工作人员、进城打工人员的中小学生公约意识水平均较高，父母是城市里无工作者的中小学生公约意识水平较低。

第三节　中小学生公约意识的培养

公约意识是公共人成长的契约，学生在家庭、学校、社会等公共领域中会设立主体间联结的规范，这些规范具有一定的公共价值和公共伦理，为中小学生处理关系网络和行动成长提供了丰富的资源支撑。因此，对于中小学生公约意识的培养，家庭、学校、社会都负有重要的责任。具体而言，第一，学校是厚植公约意识教育的独特场域。正如奥斯特罗姆（Ostrom）所谈到的，学校依靠单一中心的治理模式，其最终的结果往往是悲剧性的；良好的公共治理需要依靠多元主体的共同参与。[①] 在此情况下，学校要重塑治理空间的风格。改变上下垂直式的管理模式，关心学生的公共权利意识，通过参与学校的组织管理和班级的生活管理给予学生实现权利的保障。第二，家庭是发挥公约意识教育的同向基础。家庭是开启中小学生公约意识的初始点，具有基础性作用。在家庭教育理念上，既要有个体的独立人格，又要确立共同体的生活理念。第三，社会是调适公约意识教育的重要阵地。社会生活经历了共同生活、个体生活以

---

① 叶飞. 走向多中心治理：学校组织管理的善治之道[J]. 苏州大学学报（教育科学版），2020（4）：46-52.

及公共生活的三大阶段，为中小学生走进公共领域提供了充实的实践场域。更为重要的是，社会要充分利用社区服务和公议平台，培养中小学生公义、公理和自我展现力。

一、厚植公约意识教育的独特场域

国家治理体系着重强调培养公民的公共性与个体性的有机统一，学校治理体系亦如此。有学者反思学生权利的集体性沉默，提出合理把握教育权力和学生权利的张力性存在。①还有学者从公议空间和公议活动的开启出发，指出学生应尽可能以公共身份参与学校公共生活，培养学生的公共品格。②概观学者的研究视角，为本书全面提出中小学生公约意识培养的教育措施提供了借鉴，即可从纵向的学校组织管理空间和横向的班级生活空间出发，开启厚植中小学生公约意识教育的实践理路。

（一）纵向：打造合作共治的学校组织管理空间

当前，"共建共治共享"是我国社会治理空间的价值取向。可以看出，社会治理不是个体行动，而是集体在场。③这为学校的组织管理工作提供了治理疗方。学校作为公共领域的重要场所，在培养学生公共性发展之路中扮演着重要角色。近年来，学校组织管理存在纵向的垂直管理样态，这种垂直管理空间赋予了学校领导者和管理者控制权力。在此境遇下，学生的参与权、管理权处于萎缩状态。显而易见，垂直式的学校组织管理空间不符合学生个体存在的主体性，更遑论培养学生的公共品格。从社会治理的新目标反思，学校在组织管理上要加速解放学生主体的公共权利，消解"一言堂"的单一管理模式，形成以学生为中心、多元共同体合作共治的学校管理空间。通过学校组织管理空间的民主转型，可以在多元主体共生条件下开启培植公共人的行动逻辑。具体举措如下：第一，满足学生发展诉求。为避免学生集体性"沉默"现象，学校要遵循相关法律法规，维护学生的受教育权、自由表达权、平等参与权等。正如

---

① 陈祖鹏. 权力与权利视域下学生沉默现象研究[J]. 中国教育学刊，2017（1）：56-61.
② 严从根. 论公共空间意识教育[J]. 教育研究，2016（5）：60-65.
③ 李山，吴理财. 公共人：现代国家治理的社会基础[J]. 兰州学刊，2014（10）：74-80.

石中英教授指出："学生拥有自主发展的自由。学生的学习自由包括学与不学的自由；选择学校、教师以及课程内容的自由；学习过程中独立思考非灌输的自由。"[1] 第二，发挥多主体治理团队的作用。学校组织管理的公共性还体现在治理团队中，比如不断完善的"教代会""学生会""家委会"等。一方面，学校要树立多主体民主决策力，尤其是发挥学生的主体作用，保障学生的基本权利；另一方面，运用学生社团培养学生的公共品格，鼓励学生参加社团组织的创建，通过一系列公益活动和志愿者活动发展自我的治理能力与公共精神。第三，改变学校的管理风格。上下垂直式的学校管理不存在主体间合作共治的可能，因为在强势的管理下，各主体要么选择屈从式追随，要么走向排斥式反对，而不存在公共理性的博弈。学校的组织管理应是柔性的，需要各主体共享权利，共同管理公共性的成长空间。

（二）横向：建立互融共生的班级课堂生活空间

班级与学生公约意识发展具有助推关系。从一个初期组建的班级到优秀集体的形成往往需要经历三个阶段，这也是学生摆脱自我、融入班级共同体的始点。组建初期，在班主任的带领下，班级从教学组织形式上得以确立。此时，学生的公约意识来自集体的规章制度与要求，学生通过对班级公共空间规范的吸收、遵守与完善获得对普遍约定的接受性。组建中期，主体间已产生彼此的信任。有些同学领悟到自身存在的公共性，从班级的公共福祉出发，承担起班干部的职责，以言说和行动的公共性组织开展集体活动。组建活动期，学生的主体性增强，出现普遍关心、热爱班集体，积极承担集体工作的趋势。由此，班级到集体的建构逐步强化了学生在公共领域的公民身份认同，但要想实现公约意识的理想状态，避免学生公共权利的消弭，则必须通过班级公约意识通识教育的渗透、班级公议空间的设置以及班级公议活动的开展来构筑班级空间的公共价值导向。首先，在班级公约设置中秉承公约精神。班级公约是师生达成合意的重要抓手，它所秉承的生生平等、自由意志、对话协作[2] 等理念是公约精神的真实写照。一方面，公共智慧是设立班级公约的主观条件。教师可

---

① 石中英. 教育哲学 [M]. 北京：北京师范大学出版社，2007：230.
② 余雅风. 引入契约理念 创新高校学生管理制度 [J]. 教育研究，2007（6）：48-53.

通过讨论会的形式，从班级公约的形式与内容上提出宝贵的建议。需要注意的是，教师需尊重学生的主张，切勿一己敲定，导致"教育暴力"的膨胀。所谓的"教育暴力"主要表现在教师按照属己的利益把受教育者的想法加以型塑进行处理的意志，这种意志会消灭个体的主动性，是训练个体被同化的特定功能，它把支配和服从作为教育关系的常态。[①]但也不可过度放权。总之，教师要积极调动学生参与班级公约的积极性。另一方面，班级公约并不是一成不变的，面对教育对象的复杂性和教育问题的发展性，班级公约应始终处于动态完善中。教师可利用教学中的经典案例引导学生对班级公约进行反思与重构。其次，创建班级公议空间。公议空间是学生获得公约意识的入场券。教师要把公议空间搬到课堂中来，将课堂教学视为不断生成的过程，每一位教师和学生对给定的普遍性内容可阐释自身的理解。最后，开展班级公议活动。为形成公约意识理论和实践的合力，全面提升学校公共空间的质量，教师要积极开展相关班级公议活动，例如，艺术秀、朗诵会、辩论赛等。学生进入公议活动，不仅意味着学生主体可根据自身的偏好进行选择，也意味着学生在主体间共同在场的基础上，形成平等交流、共生共长的有序格局。

二、发挥公约意识教育的同向基础

家庭教育在学生"学以成人"的发展过程中始终担任着重要角色，承担着培育社会主义建设者和接班人的神圣职责。习近平总书记强调：家庭教育涉及很多方面，但最重要的是品德教育，是如何做人的教育。[②]其中，公约意识教育是学生成人的必修课，对学生素养的培植具有重要意义。因此，家庭应与学校同向在场，以志同道合的方式共建培养学生公约意识的共同体。同时，利用扁平式的家庭管理空间组织家庭公共活动、引导学生公德意志和公共关怀的实现。[③]

---

① 金生鈜. 论教育权力[J]. 北京大学教育评论，2005（2）：46-51.
② 习近平：推动形成社会主义家庭文明新风尚[EB/OL]. （2016-12-12）[2024-09-02]. https://www.xinhuanet.com/politics/2016-12/12/c_1120103506.htm?src=se6_newtab.
③ 刘利民. 学校教育与家庭教育的边界[J]. 中国教育学刊，2017（7）：43-47.

（一）同向在场：共建家校教育共同体

在公约意识的培养中，学校是重要场域，但仅靠学校的力量是单薄的，必须坚持家校同心，为学生公约意识的养成提供全面的实践思路。当下，家庭教育在公约意识培养层面出现极端化。一是家庭教育的缺失和不到位。有些家庭父母忙于工作，忽视了对孩子公约意识的渗透，把教育的职责归于学校。加之陪伴孩子的时间有限，面对孩子的任意需求"一呼百应"，从而宠出家中的"小少爷""小公主"。这些孩子在生活和工作中不具有规则意识，往往站在自己的立场去处理事务。在未来的成长中，此类学生越来越倾向于私人利益的达成，排斥与自己无关的社会事务，导致学生人际关系的冷漠。二是家庭教育的过度干预。家庭教育中功利化内卷严重，学生失去了公约意识形成的基础，即私人空间意识。家长用专制的教育方式干涉学生的私人空间，不利于学生个体的个性化发展。基于此，公约意识的培养需要家校的正向联结。首先，家庭需树立正确的教育观，确保学生个体的公共空间不被干涉。同时，学生的言行得到家长的尊重。正如学者所言："为了更有效地维护学生的利益和权利，家长必须同等尊重学生的权利和利益，不干涉学生的私人空间，在公共空间交往中要互相尊重，平等共享公共福祉。"[1]其次，学校要发挥自身的引领作用。为方便家庭正确实施公约意识教育，学校可借助线上线下平台为家长提供学生公约意识培育的有效机制。例如，线上通过数字化信息技术载体开展系列讲座，线下借助家委会传递公共价值，形成家校互补、互助的共同体。最后，与学生共同制定"家庭契约"。规则的共同遵守是学生形成公约意识的保障。更为重要的是，契约不是外在于学生的客观存在，而是根据学生的实际需要，通过与家长的平等协商、对话沟通建构出来的，具有一定的适切性和灵活性。

（二）民主建构：创设扁平式的管理空间

良好的家庭氛围对学生公约意识的养成至关重要。从某种程度上说，家庭生活也属于公共生活，它是家庭成员必须参与的生活。因此，学生是家庭公共

---

[1]　Dagger. Civic Virtues: Rights, Citizenship, and Republican Liberalism[M]. Oxford: Oxford University Press, 1997: 195.

生活的主人，家长为此必须改变"控制与被控制"或"一言堂"的管理模式，变"单向式"为"扁平式"的管理空间。第一，扁平式的管理空间需善于组织家庭公共活动。在协商民主精神的带领下，家庭成员集思广益，善于站在他者的角度表达自己的判断和选择能力。譬如，家庭成员因议而聚，定期举办"阅赏时光""家庭辩论"等公共行动。这样的家庭氛围充盈着公共理性和家庭温馨的光芒。第二，扁平式的管理空间需引导学生公德意志的实现。公德是培养学生公约意识的重要组成部分，它以主体之间的尊重、公平、悦纳为基础，引导学生自觉遵守主体间交往的基本准则。家长应做好帮助学生区分个人空间和群体空间的基础工作，"它涵盖了包括公共领域在内的多种群体性工作、学习和生活领域，教室、车间、饭店、车站、电影院都是这样的领域；另一类为个人领域，关门独处和我们的内心世界就是这样的领域，包括个人独处、兴趣和爱好的选择、能力倾向、美学偏好以及个人隐私等多个方面"①。学生会在家庭空间中确立一种个体与共同体的道德共识。在特定的公共领域中，学生自觉产生规则意识和良好的家庭素养。但学生公德的养成也与年龄有内在的联系，学生的道德发展一般由他律走向自律。因此，家庭是带领学生从被动走向主动遵守规则的中坚力量。第三，扁平式的管理空间需公共关怀的渗透。公共关怀主要是指学生在公共领域中的关怀伦理，是在情感体验基础上所呈现的公共意识和实践情怀。拥有公共关怀的学生善于处理各种人际关系，并善于用具体行动参与公共事务。关怀的养成离不开家长对学生的关怀，这是家长与学生之间保持美好和谐家庭关系的重要纽带。因此，唯有在家庭共同生活中，学生亲身感悟关怀的存在，才能迁移到关爱他人、关心集体和心系国家。

三、调适公约意识教育的重要阵地

在培育学生成为公共人的道路上，社会是渗透公约意识的中坚力量和责任主体。对待学生公约意识的养成，社会需全面置换公共生活的理念，依托社区服务的实践机制培养学生的公共性。

---

① 傅维利. 我国学校公德教育的现实路径[J]. 教育研究，2015（12）：20-24.

（一）公约意识的置换：私人化的脱离到公共性的回归

公约意识教育是在公共领域视角下规定着个体与他者、个体与共同体之间的结合形式。这种结合形式是私人性与公共性的统一，即"它是一种包含个体主体和主体间性精神培育的公共性教育"[①]。然而，在社会发展早期，空间私人化日益增强，它的公意性几乎处处面临着折损的危险。这种公意性的折损将意味着个体人对公共人的克服，私人意志对公共意志的压制，最终将外化为对社会公约意识的悖反，无时无刻渗透着私人化带来的社会危机。从公约意识的主客关系上看，社会中的主体走向了"唯我论"。也就是说，个人价值超越了社会价值，具有自我中心、无视公约的对象特征。托克维尔（Tocqueville）指出："人与人之间的交往空间处于对立封闭状态，他的世界只有他自己，他只为自己而存在。"[②]从公约意识的道德性上看，主体脱离于共同体的诉诸意味着道德意志的衰落，亦是对追求"公共福祉"的道德宗旨的阙如。这势必影响学生公共品格中德性的培育，降低学生积极参与公共事务的主动性，反之，社会向心力与和谐度也面临严峻的挑战。由此，公共性的回归成为社会治理的当务之急。观照当下，单子式的个人正走向具有公约意识的公共人，社会发展也从"差序格局"的自我走向"共建共治共享"的我们，它正在呈现普遍化与个性化的双向耦合。首先，在普遍化立场上，学生需走出私人空间，遵循社会公共领域的规则，表达公共空间的言说和行动，进而担当公共责任，才能形成公约意识下的价值共识。公约中的每一个人回归于协商合作、对话沟通的交往场域。其次，公约的普遍化是育人的根基，但成功实施公约意识教育还需面向具有独特性的差异化个体，即公约意识不可侵犯学生主体的个性化。因为只有当学生拥有丰富的私人空间及其意识，才会有丰富的个性、丰富的视角、与众不同的思维和观点，才会不至于变得人云亦云，才能为公共生活提供新鲜"血液"，提高公共空间参与的质量，更好地增进公共福祉。[③]质言之，公约意识可以理解为学生主体在坚守社会公义、公理的基础上，开放自我。

---

① 严从根. 论公共空间意识教育[J]. 教育研究，2016（5）：60-65.
② 桑内特. 公共人的衰落[M]. 李继宏，译. 上海：上海译文出版社，2014：367.
③ 阿伦特. 人的条件[M]. 竺乾威，等译. 上海：上海人民出版社，1999：49.

（二）公约意识的搭建：社区服务的实践机制

社会是搭建公约意识教育平台的多元主体之一，它需要唤醒学生的公共意识，引导学生公共性的行动逻辑，加速学生由"个体人"的膨胀走向"公共人"的解放。社区服务作为一种创新性的实践模式，能够有效地促进学生对社区治理的参与，是形成学生社区公约意识的关键举措。从本质上讲，社区服务始终是公益性和公共性的存在。一方面，学生参与社区服务的初心是公共之心，即学生应该站在社区成员的整体利益之上考虑问题，提供的社区服务项目具有双向共生性，这是学生参与社区服务的内在要求和前提条件。另一方面，社区服务是面向不同人群的集体活动。诚如学者指出："公共领域中的公共人不是同质性的抽象人，而是异质性的自由人。"[1]由此，社区服务应竭力满足成员的差异化需求，以共同参与、平等协商的形式开展服务。具体实践机制如下：第一，在"共建共治共享"的社会格局中，营设公共空间。学生只有在公共空间中，参与多样化的公共活动，才会生成心中的公共责任。学生可积极参与社区公益活动，例如"社区图书馆阅读活动"。从服务对象的视角深度采集社区成员的阅读喜好，激发成员的参与度，从而建立良好的社区风尚。第二，创设公私互利的舆论空间。学生公约意识的形成离不开舆论媒体的互动，这为学生自我展示提供了便利条件。学生可充分利用微博、微信等媒体手段进行合理的言说和表达，通过多元交流活动，提升学生对公共空间的认同感和归属感。第三，依托数字化平台丰富学生的社区服务方式，它为提升社区成员的学习效果和学生参与社区服务的热情提供了技术保障。"数字化教育借助现代信息技术可有效利用优质教育资源共享机制，构建数字化学习支持服务平台，实现网络传输和资源的远程共享，使得不同地域的学习者能够快捷方便地获取信息，共享资源。通过'教育超市''学习超市'等形式，面向社会各类群体，最终拓展学生参与社区教育公共服务的范围"[2]。

---

① 冯建军.公共人及其培育：公共领域的视角[J].教育研究，2020（6）：27-37.
② 张琪，曹晓寒.公共服务视角下的社区教育[J].职业技术教育，2013（12）：57-59.

下篇

公共空间意识教育方式

第七章　在公共空间中培育公共空间意识

现代社会的一个重要特征在于公共领域的扩大与共同利益维护的必要性，如果一个在公共领域生活的个体并不考虑公益而仅仅考虑私益，那么会对整个社会造成不良的影响。因此，有必要旗帜鲜明地提出对个体进行公共空间意识的教育。这里所说的教育并不是灌输或注入式的教育，而是近乎于养成或教化的教育，即通过对公共空间的塑造，生成滋养公共人格的文化条件。正如哈贝马斯所言："人是一种在公共空间中生存的政治动物……由于他天生就处于一个公共的社会关系网络之中，因此逐渐形成了使他成为人的能力……（人类）离不开与同类成员之间共同分享的公共文化。我们人类互相学习。但这只有在一个充满文化活力的公共空间中才有可能。"[①]因此，公共空间意识教育的开展、公共人格的养成，亟待通过对公共空间的重塑实现。

第一节　作为公共人教育的公共空间

公共空间的构成不仅包括作为社会交往的空间建构、作为政治参与的公共领域、作为信息交流的虚拟空间，还包括以公立学校为主要场所的公共教育空间。在关于公共空间的讨论中，人们往往忽视了公共空间的教育功能以及公共教育空间的建构。因此，这一节所要论述的是让公共空间发挥公共教育功能，建构家庭、学校、社会共同参与的公共教育空间。在这样的公共教育空间中有利于培育具有公共空间意识的人。

---

① 哈贝马斯. 公共空间与政治公共领域——我的两个思想主题的生活历史根源[J]. 符佳佳，译. 哲学动态，2009（6）：5-10.

一、公共空间的公共人教育功能

公共空间之所以要具有公共人教育功能是与现代社会中的人所面临的身份问题密切相关的。早在 18 世纪，法国哲学家卢梭在《爱弥儿》中就曾有这样经典的设问："我们培养一个人，不是为了他自己，而是为了别人的时候，又怎样办呢？……由于不得不同自然或社会制度进行斗争，所以必须在教育成一个人还是教育成一个公民之间加以选择，因为我们不能同时教育成这两种人。"①

在现代社会中，公共人何以可能的问题是与公共空间何以可能的问题紧密相连的。以自利与理性为基础的社会空间中难以真正滋生公共人性格。公共人性格的培养需要可以进行言说与行动的空间，这样的空间恰恰是公共空间所拥有的。在教育上也是如此，家庭在人的培养上倾向于人的自然发展和个人道德的培养，要想培养公共人则需要更具公共性的空间，例如学校、社区等。在这些空间中，儿童能够与更多的陌生人接触，在接触过程中也会涉及一些集体性的事务的处理，在处理过程中通过民主的方式才能滋养儿童的公共人格。

二、作为教育的公共空间及其实现

公共空间要想实现教育功能，根据一些哲学家和教育学家的意见，可以分为三种方案：第一种方案是通过道德教育，即强调用基本社会规范和普遍伦理的道德教育培养公共人心灵。这个方案的代表人物是卢梭，特别是他的著作《爱弥儿》为我们提供了一种通过设置特定的教育环境培养自然人进而培养公共人的教育方案。第二种方案是通过交往，在民主交往过程中学会如何参与公共生活。这种方案的代表人物是杜威和哈贝马斯。第三种方案为空间生产方案，强调人们的集体行动如何形塑空间反过来空间，又是如何塑造现代人的观念与行动模式。

（一）道德教育方案：公共空间意识形成的自由性前提

卢梭为我们提供的方案是一种道德路径，即人们达成一种心灵共识，能

---

① 卢梭.爱弥儿[M].李平沤，译.北京：商务印书馆，2011：9.

够自主维系公共生活。卢梭在《社会契约论》中构建了以自由公共人联合的共同体，并声称：人们要"以其自身及其全部的力量共同置于公意的最高指导之下，并且我们在共同体中接纳每一个成员作为全体之不可分割的一部分"[①]。但是在《爱弥儿》中，卢梭选择了自然教育，执意要将爱弥儿培养成一个自然人，这似乎与他在政治学著作中提倡的公共人是完全相反的，这种矛盾使得后世学者认为"他向读者展示了令人模糊难解的景象：一个在恰相反对的两个位置上持续不断地前后摆动的人"[②]。其实，卢梭给出的解释是"经常处在自相矛盾的境地，经常在他的倾向和应尽的本分之间徘徊犹豫，则他既不能成为一个人，也不能成为一个公民，他对自己和别人都将一无好处"[③]。在卢梭看来，人是生而自由的，并且应当以公共人的身份达成这样的社会契约："一种结合的形式，使它能以全部共同的力量来卫护和保障每个结合者的人身和财富，并且由于这一结合而使每一个与全体相联合的个人，只不过是在服从他自己，并且仍然像以往一样地自由。"[④]为了培养公共人，卢梭在《爱弥儿》中设置了这样一种教育环境：爱弥儿在乡野之中成长，遵循其天性，不被贵族礼教所束缚，他的身体机能与精神力量都得到充分发展，成为自己的主人。虽然卢梭未集中讨论公共空间的教育功能，但是我们从卢梭的社会契约方案和他的教育方案关系中可推导出，一个具有公共空间意识、具有捍卫自由人共同体的公共人首先是自然天性得到充分发展的健全的自然人。公共空间要想培养具有公共空间意识的公共人并不是要压抑个性发展，相反，是通过个性的自由发展，学会如何尊重集体的自由。

（二）交往方案：公共空间意识形成的交往环境与机制

杜威强调学校本身就是民主交往的重要空间，学生在学校里学习如何参与公共生活。公共空间关注共同利益以及群体之间的相互影响，公共生活是人们共同参与共同利益的行动所构成的生活样态。在《民主主义与教育》一书中，

---

① 卢梭. 社会契约论[M]. 3 版. 何兆武，译. 北京：商务印书馆，2003：19-20.
② 施特劳斯. 自然权利与历史[M]. 彭刚，译. 北京：生活·读书·新知三联书店，2003：260.
③ 卢梭. 爱弥儿[M]. 李平沤，译. 北京：商务印书馆，2011：10-12.
④ 卢梭. 社会契约论[M]. 3 版. 何兆武，译. 北京：商务印书馆，2003：16.

杜威的民主主义观恰是对公共生活的一种解释："民主主义不仅是一种政府的形式，它首先是一种联合生活的方式，是一种共同交流经验的方式。"[①]学校生活被认为是一种社会生活，儿童在学校的民主生活中学会平等相处，建立共同经验。但是如果仅仅依赖学校，想要培养儿童公共空间意识与行为显然还是不够的。杜威补充道："学校的社会生活却不能代表学校以外的生活，这种生活如同寺院的生活一般。在这种学校里，可以培养社会的兴趣和了解，但是校外就没有这种精神，不能从校内转移到校外。"[②]因此，校内学习应当与校外学习连接起来，打破校内与校外的隔阂。公共生活不应当被浅薄地认为是校内学习对校外生活的模拟，而应当是学校内外生活的联合。公共空间意识教育同样需要重视学校作为学生学习公共空间意识的重要场所，同时社会也是重要的学习场所，也就是要打破学校与社会的隔阂，实现真正公共生活的联合。

交往的方案强调交往发生的环境，即公共性的、能够针对共同话题进行公共协商的环境。这种环境突破了学校与校外的界限，是以日常生活为基础的。在这种环境中的有效的公共交往过程也提醒着参与的行动者形成公共空间意识。

道德教育方案与交往方案启发了公共空间的教育功能，但是它们又各有侧重点，在以卢梭为代表的道德教育方案中，公共空间是背景也是蓝图，道德教育首先考虑的不是公共人的培养，而是自然人的培养，在此基础上再培养自由的公共人；交往方案虽然较多地涉及交往行为发生环境的设置、公共空间的形成以及公共空间对于公共人公共空间意识培养的重要性，但是公共空间何以形成，它与公共空间意识形成之间的关系还需得到进一步的分析。空间生产方案对于这一问题作出了恰当的回应。

（三）空间生产方案：在空间生产中实现公共空间意识教育

按照列斐伏尔（Lefebvre）的观点，空间生产有三个关键概念：空间实践（spatial practice）、空间的表征（representations of space）和表征的空间

---

① 杜威.民主主义与教育[M].王承绪，译.北京：人民教育出版社，1990：97.
② 杜威.民主主义与教育[M].王承绪，译.北京：人民教育出版社，1990：377.

（representational space）。它们是三位一体的。空间实践包括生产与再生产，以及每个社会形态的特定地理位置与空间特征，表示社会群体的社会行动轨迹。空间实践不仅在日常的消费、娱乐、旅行和劳动等行为中被感知，也在家庭、办公室、学校和街道等日常空间中被感知。空间的表征涉及空间规划者的概念化空间，例如，工程师、建筑师、科学家等通过平面图、设计图和地图构思空间，形成组织和引导空间关系的符号系统。表征的空间是直接通过相关的图像和符号生活的空间，体现复杂的象征意义。例如，艺术家、作家和哲学家对空间的描述，它是运用想象力试图改变和占用的被动体验的空间。①

作为公共人教育的公共空间主要是从前两个层面来谈的：从空间实践角度而言，公共空间表示公共行动轨迹的过程。公共空间不是静止的，而是在公共生活过程中，经由公共行为彰显其公共性；从空间的表征角度而言，公共空间的公共性是在空间设计过程中被表达出来的，当空间设计以追求公共人和谐团结的公共生活为目的时，那么此后更有助于形成适合公共生活的环境。公共空间意识渗透在空间实践和空间表征过程中。

公共空间的教育作用发挥往往经过两个重要途径：一种是以学校机构为代表的教育空间。学校在一般意义上并不能被称为完全的公共空间，它是从私人领域向公共领域过渡的重要中介，由于学校特别是公立学校担负着公共人培养的重要任务，因此学校被认为是培养具有公共空间意识的公共人的重要场所。在学校中，通过校园环境、课程设置、师生活动安排等方式提供给儿童进行公共生活实践的机会，在这种类公共生活实践中，学生培养出公共意识与对空间规则的遵循意识。另一种则是一般的社会公共空间，例如，社区、公共图书馆、博物馆、公共交通等，这些成人与儿童都适用的开放空间也是培养理性公共人的重要空间。社会空间在设计之初就需要考虑到公共生活的便利性，并通过公共人的日常生活增益。

正如加拿大城市研究者雅各布斯所发现的，儿童想要成为能够进行公共生活的公共人，想要培养出公共责任感，光靠家庭或学校是不够的。儿童必须在具有公共生活的社会中成长起来，因为公共责任感"只有通过让不是你的亲朋

---

① Lefebvre H . The Production of Space[M]. Oxford：Wiley-Blackwell，1991：31-33，38-39.

好友、对你不承担任何正式责任的人，来为你承担这点起码的公共责任，你才能学到这种经历"[①]。现代社会中儿童社会化面临的一个重要问题是有没有让他参与社会生活的公共空间存在。如果童年的空间仅限于学校、辅导机构、家庭、游乐场这些地方，那么儿童很难有机会过上公共生活，没有公共生活经验就难以培养出公共人格。城市规划者与开发商们如果没有考虑到儿童作为未来公共人成长所需要的公共空间，那么儿童活动的空间就会受到限制，他们被局限在家中、学校、游乐场和校外辅导机构，儿童的公共生活被剥夺。

三、公共空间意识教育的公共空间困境

理想的公共空间教育方案在现代社会面临怎样的现实困境？为什么我们需要强调公共空间意识教育必须从公共空间角度进行思考？这是因为当前公共空间意识薄弱问题是与现代社会的公共空间困境密切相关的，公共空间困境主要表现在公共空间私有化、公共人的衰落与教育空间公共性弱化三个方面，只有通过探索公共空间意识危机的社会根源及其表现，才能进一步设想让理想的公共空间教育方案得以真正实施的措施。

（一）公共空间私有化

伴随着现代社会城市化的发展，我们似乎拥有越来越多的公共空间。例如，公园、图书馆、博物馆、体育馆、青少年文化宫等，它们承载了城市公共人休闲娱乐与文化教育的功能。但是，伴随大型商业企业垄断式的发展，人口稠密的地段往往通过城市改造建成城市新公共空间，包括大型的公司、广场、购物中心、主题公园等，它们看似是开放的，其实又是受限制的，它是面向消费而非公共活动的。这种所谓的公共空间并没有形成真正开放的公共空间，而是分化的社会空间。"通过模糊私有财产和公共空间之间的区分，他们形成了公众，这个公众的范围过于狭窄。"[②]商业利益驱动着城市规划，导致公共参与的公共空间被压缩。公共空间私有化的后果之一在于让公共空间意识失去了根基，由此造成的是人们在公共场所难以具有公共感，将自己定位为消费者而非

---

① 雅各布斯.美国大城市的死与生[M].金衡山，译.南京：译林出版社，2020：95.
② 米切尔.城市权：社会正义和为公共空间而战斗[M].强乃社，译.苏州：苏州大学出版社，2018：127.

公共人去理解公共空间的意义，人在公共空间的自由度受到了限制。

城市公共空间的私有化趋势伴随着城市化进程的加快而出现。城市公共空间的私有化主要表现在服务于商业的空间迅速扩大，包括商业街、大型购物中心、融合商业需求的景观空间、作为城市地标的商业空间等。①这些空间是以商品交换关系为基础的，虽然面向公众，但是对于公众如何使用这类空间却有着消费主义的要求。除此以外，还包括一些封闭式社区将本属于公共空间的绿地、街道、景观圈为内景，供业主使用，排除了非业主的使用权。空间私有化往往与社会隔离、空间分割相伴而生。社会隔离表现为阶层分化形成空间使用的分化，将消费水平作为区分的标准，将大众区分成等级不同的人群。空间分割则表现为公共空间，例如，街道、公园和广场等往往是分割的而非连贯的，这使得人们之间的公共交往弱化。

我们可以想象，当儿童成长在这样的城市之中，他们能够理解什么是公共责任与公共交往吗？儿童是这样生活的，当他们需要娱乐时，或者在封闭的社区中的儿童游乐场玩耍，或者是被父母带去儿童主题公园、电影院、购物中心等地方玩耍。在封闭的社区中，儿童似乎因为封闭而安全，但是也减少了更广泛的进行公众交往的机会。儿童在这个过程中学会了城市的空间规范与交易规则，当他们去理解与他人的关系时，是通过这样的经验来理解的。那么，还有其他的可能性吗？比如当遇到与自己文化、知识与经验相差非常大的人的时候，能够保持尊重与理解吗？除了家人、教师（教练）、同伴，还有更广泛的可以交往的人吗？更深层的问题是，当社会关系被商品交换关系所遮蔽，我们能够期许主动进行公共交往的人际关系及其公共精神吗？

（二）公共人的衰落

培养公共空间意识的核心是培养人的公共精神。它表现为公共人积极参与公共事务、建设公共生活，并具有共同心理联结。其实，政治哲学家们一直在反思基于资本主义生产关系中的人的社会关系被异化，人们难以保持公共精神去进行公共行动，开拓公共领域。正如马克思深刻意识到的，在资本主义生

---

① 吴士新. 走向公共空间的艺术[M]. 北京：九州出版社，2017：160.

产过程中，人与劳动本身的关系发生异化，劳动成为外在于自己的谋生手段，"人同自己的劳动产品、自己的生命活动、自己的类本质相异化的直接结果就是人同人相异化"①。人与人的社会关系被商品的物与物的关系所遮蔽。

相伴而生的则是困扰现代社会的"公共人的衰落"问题，正如桑内特对这一问题的分析所表明的，资本主义的异化问题在公共生活中表现为聚集了大量劳动者的城市并没有带来丰富的公共生活。相反，人们不再热衷于公共空间中的社会交往，在公共领域保持沉默与不被打扰，并且以建立亲密关系和主观情感的多元共同体来消解公共性。②个体不再关注自身以外的共同利益与兴趣，而是退回到自我迷恋与亲密关系中，封闭在自己的私密空间中。人们盘旋在家庭、工作场所与消费场所，难以拥有完整的、规律化的公共生活。

互联网、虚拟社交空间的发展成为人们公共生活空间的替代品。它迎合了人们的私密公开化与公共私人化的需求，人们作为观众窥探他人的秘密，观看公众人物的角色表演，被娱乐新闻与商业广告裹挟着情绪，兴趣焦点快速集中又烟消云散，即使涉及公共性话题，人们还未来得及进行公共空间参与，就又开始追赶下一个话题舆论。在家庭的私密化、工作的异化以及消费主义的包围下，即使互联网提供了超越物理空间限制的公共交往空间的可能性，但是由于互联网并不能独立于企业资本的商业利益诉求与网络信息茧房的束缚，导致人们的公共人格缺乏成长空间，这是公共人的衰落对公共空间意识教育发起的巨大挑战。

（三）教育空间公共性的弱化

公共空间意识教育面临的第三个困境是教育空间公共性的弱化。大卫·哈维（David Harvey）关于资本与城市化关系的研究表明，资本的积累与价值的扩张不仅表现在商品的生产与消费过程中，而且表现在空间的生产上，资本的扩张表现在符合资本运作逻辑的空间扩张上。③同时，空间也在资本空间化的

---

① 中共中央马克思恩格斯利宁斯大林著作编译局. 马克思恩格斯文集（第1卷）[M]. 北京：人民出版社，2009：163.

② 桑内特. 公共人的衰落[M]. 李继宏 译. 上海：上海译文出版社，2014：359-370.

③ 哈维. 叛逆的城市：从城市权利到城市革命[M]. 叶齐茂，倪晓辉，译. 北京：商务印书馆，2016：128-140.

过程中资本化了，即在社会实践过程中所形成的空间作为商品在市场机制中转化成了资本。伴随着全球新自由主义经济导向与人力资本理论的兴起，学校被认为其主要功能"在于依据成人社会的角色框架对人力资源进行分配"[①]。

现代教育制度建立之初是让教育管理权力从私人领域转移至公共领域，教育被认为应当符合国家与社会的公共利益。早期公立学校的成立保护儿童免受过早工作的剥削，承担起保护儿童身心发展与培养公共人的责任。[②]然而，伴随着资本全球化对研发、销售贸易价值需求的增加，产业从劳动密集型转向知识、技术与资本密集型，对劳动者人力资本的需求增加，教育与个体经济价值的联系愈发紧密，这导致学校教育依赖资本运作的逻辑。教育资源的投入演变为以获得经济成就为目的，学校教育的公共属性转化为培养人力资本的教育投资。同时，学校教育的公共价值被削弱，教育市场化过程中资本的逐利性破坏了教育生态，符应教育选拔机制"考试"的教育模式更容易产生利润，教育资源集聚到垄断资本运作中，由此诞生学区房、民办学校高学费、课外补习等层出不穷的热点现象，原本承担儿童社会教育功能的少年宫、公立托育园的功能被弱化，社会教育空间被学校的影子空间（补习机构）所取代。家庭必须加大教育消费，与教育资源分配争夺空间。

在这个过程中，教育空间的公共性弱化，教育公共性内涵逐步狭隘化。与早期教育被赋予的建构国家认同、培养社会成员的集体意识、责任意识的公共性相比，当下的教育更多地体现为经济意义上的公共性。[③]教育公共性演变为共同消费和利用公共资源，影响社会成员共同的必要利益。[④]它表现为提升竞争力而发展教育，并以此获取人才资源；学校附庸于人才竞争与绩效竞争发展；家庭投资教育以此获取子代劳动力增值。社区不再是与家庭、学校比肩的公共教育的共同主体，学校与家庭形成教育责任单一化。当教育空间的公共性

---

① Parsons T. The school class as a social system: Some of its functions in American Society[J]. Harvard Educational Review，1959，39（4）：297-318.
② Qvortrup J，Corsaro W A，Honig M S. The Palgrave Handbook of Childhood Studies[M]. London: Palgrave Macmillan，2009：110.
③ 郑新蓉，王国明. 教育公共性的嬗变——也谈我国农村教育兴衰[J]. 妇女研究论丛，2019（1）：23-32.
④ 曼昆. 经济学原理[M]. 梁小民，译. 北京：北京大学出版社，2009：134-135.

弱化时，培养具有公共意识的公共人这一教育目标就难以实现。

因此，实现公共空间的公共人教育功能，通过公共空间培养公共空间意识，不仅仅是通过学校环境创设公共空间意识教育的课程，而且需要关注儿童日常生活中所常居的公共空间形态是怎样的，人与人之间的交往关系是怎样的，以及教育空间自身公共性能否得以保障。

第二节　公共空间中的公共空间意识教育

在公共空间中开展公共空间意识教育有双重含义：学生能够身处公共空间之中，通过参与公共事务培养其意识；同时，也通过对空间的重构，彰显公共空间的公共性，进而滋养公共空间意识。学校校园环境建设和课程资源提供学生开展公共活动的空间，校外社会环境提供学生更丰富的社会交往资源。此外，在意识层面与制度层面，树立儿童为社会公有共育的理念对于改造儿童成长的社会空间尤为关键。本节从学校与社会两个角度探讨开展公共空间意识教育的可能方式。

一、创设公议空间

学校具有"准公共领域"属性，相对于家庭，学校拓展了儿童的人际交往范围，让儿童能够在更加注重公共空间规范与公共利益的环境中成长。学校虽然并不是完全的公共领域，但是作为正式教育系统，特别是公立学校系统，是服务于国家培养未来公共人的需求，让学生顺利地从家庭过渡到社会的公共生活之中。因此，秉持公共价值的学校是培养学生公共空间意识的重要场所。儿童虽然需要在家庭庇护中成长，但是也要为未来作为成年公共人享有权利与履行义务做准备。公共学校教育的重要目的是把儿童导向公共领域，学校教育不仅提供公共人教育的必要课程，而且儿童在校园生活中也会获得集体生活和公共交往的伦理。

（一）增加校园共同活动的空间

学校要实现培养具有公共空间意识的学生，需要在校园空间设计上，尽量增加学生相互交往、共同活动的空间，这也是目前很多中小学选择的方式。传统的校园设计往往将教学楼作为主建筑，并且以班级为单位将学生固定在一个个班级之中，学生的主要活动空间是教室。从公共空间意识培养角度考虑，校园空间设计上就需要侧重于公共活动区域的拓展，让儿童能够与更多的同伴相遇、交往。例如，教室不再只是作为固定的班级使用，而是根据课程，不同的学生进行走班学习；走廊不再是狭窄、平行的，而是相互连接、四通八达的；公共活动区域不再只是楼下被教学楼包围的小块空地或者是居于一隅的操场，而是教学楼的每一层都有较大的公共活动区域，儿童走出教室就可以进行集体活动。

校园公共活动空间的设计需要根据儿童不同年龄阶段的需求有不同功能的调整。例如，学前教育阶段与小学低年级阶段的共同活动空间主要是提供学生自主活动以及与同伴游戏的机会，让儿童在游戏过程中学习规则与处理同伴争端；小学中高年级阶段与中学阶段的共同活动空间应该增设公共议事的区域，可以用来发布校园管理事务与学生管理事务，鼓励学生参与议论与投票表决。高等教育阶段，校园公共活动空间更加广阔，这时候可以让大学生参与公共活动空间的设计，让学生能够以公共性原则创造校园公共活动空间。

（二）支持学生自主进行公共生活

然而，光是改变校园空间配置还是不够的，更加重要的是能够让学生的公共生活得以发生。学生不只是学习者，同时也是学校生活的参与者。当学生进入学校场域，就是开始学习超越自我中心、学会理解他人从而进行公共生活。这意味着每个人不只是拘泥于个人的家庭背景、文化习性，而是在共处中寻求共同的人性，实现师生、生生交往共同体。[①] 在学校中，儿童具有共享的身份认同和共同的学习旨趣，他们与教师形成以教学关系为基础的师生关系，在日常生活中培养公共观念，共同塑造学校公共文化。

让学生公共生活得以发生的一种途径是在学生日常生活的真实事件中和学

---

① 刘铁芳.学生何以进入公共生活之中——基于学生视角的学校公共生活建构[J].山西大学学报（哲学社会科学版），2013（5）：126-134.

生进行商议。例如，学生在参与学校和班级管理事务时，针对涉及集体权益的事务进行集体讨论与民主决策，在这个过程中，需要注意，民主是让每个学生都能有机会参与决策和管理事务，而不是以个别学生的意志代替全体学生，以公示结果代替民主程序。在学生的日常校园生活中，会遇到各类公共议题，例如，"学习资源分配是否公正？集体道德规范应该遵循怎样的原则？班级管理如何更加民主？个体自由与集体纪律是否冲突？"等等。各类议题都会在充满偶然性的日常生活中涌现，当教师发现学生正在面临公共事件与公共问题时，应当抓住机会让学生能够自主参与、陈述理由、发表意见，进行辩论，协商处理。让学生成为公共生活的主动参与者，而不是旁观者。只有如此，才能让学生拥有公共生活的参与感与责任感。

（三）设置公共议论的教育场景

设置具有教育性的公议空间是促进学生的公共理性发展的重要途径，所谓公议是指以公众福祉及其相关普遍性原则为标准，议论、评议公共事务和公共事件的活动，它是培育公共空间意识特别是培育公约意识的有效举措。公共言说与商讨是公议的表现形式，通过拟订人类社会生活中重要的关于公共福祉、公众权益的公共议题，不仅包括教师、学生，还包括与相关议题有密切联系的社会人士参与讨论。在方法上采取民主议论的方式，参与的人以平等、不带有私人偏见、情感的方式进行讨论。

罗尔斯的无知之幕正是进行公共议论重要方式。尽管这种假设的原初状态被认为在现实复杂境况中不切实际，但是作为一种思想实验方法却是可以运用到教育之中的。罗尔斯在《正义论》中认为面对公共议题时，个人往往会根据他们的信仰、利益、社会处境与机会进行推理与决议。因此，罗尔斯假定各方彼此互不关心，不愿为别人牺牲自己的利益，同时，人们又处于中等匮乏的状态，具有冲突与协商的需求；当公正的主观条件与客观条件满足时，人们被要求处于无知之幕背后，每一个人都不知道自己的社会角色与社会地位，在这种境况下进行正义推理。[①]在学生进行公共议论时，可以采取这样的原则针对某

---

① 罗尔斯.正义论[M].何怀宏，何包钢，廖申白，译.北京:中国社会科学出版社，2009:14-17，105-116.

个涉及不同利益的议题进行讨论与商议，确定合理的决策程序。在这个过程中，学生验证着公共人道德理论，实现公共道德的成长。

二、重构公共性教育空间

公共性的教育空间并不能仅仅依靠校园里的空间设计、课程资源和活动安排来实现，因为教育空间并不只是学校教育空间，还包括校外的教育环境。教育空间公共性弱化是公共空间意识教育面临的困境之一，打破这一困境的可能途径是重构公共教育空间。其中，最为核心的是树立儿童公有的意识，形成社会共育的环境；在儿童成长过程中需要明确家庭、学校与社会在培养公共人责任上的分工；让儿童不仅在校园里学习成为公共人，而且在校外日常生活中体验公共人身份，形成公共空间意识。

（一）强调儿童的公共属性

伴随着以义务教育为代表的公共教育制度的建立，儿童被认为不只是家庭所私有的，公共教育应当培养国家未来的公共人，国家也应当为一切儿童提供正规教育。同时，妇女权利发展和儿童权利发展，主张儿童养育不能仅仅依赖母亲，而需要公共服务介入育儿。儿童不是父母的所属物，而是作为人、作为未来公共人，享有相应的权利。[①]伴随着公共教育的发展，社会中的政府机构、非营利性组织、企业，乃至于每个纳税人都承担着儿童成长的责任。

强调儿童的公共属性要尊重儿童公共表达的权利。社会不应当忽视儿童的声音，而是能够让儿童通过各种渠道，针对公共议题公开表达自己的意见和观点，并展开讨论。儿童公共属性还应当尊重儿童公共的教育权利，不因其性别、家庭背景、学业成就而对教育资源进行不平等分配。儿童的公共属性并不意味着忽视儿童的个性，恰恰是在尊重每个儿童的基础上强调儿童的公共福祉。

---

① 克里滕登. 父母, 国家与教育权[M]. 秦惠民, 张东辉, 张卫国, 译. 北京: 教育科学出版社, 2009: 63-70.

（二）构建家庭—学校—社会协同共育机制

儿童的成长是在家庭、社会与学校多重空间中的社会化过程，家庭、学校和社会既承担了各自不同的教育责任，又是共同促进儿童健康成长的合作伙伴。因此，需要建构有助于儿童成长的"家庭—学校—社会"协同共育的模式，实现儿童全面发展的公共教育环境。

实践中，家庭、学校和社会协同共育的经验主要有两种类型：第一种是以学校为主导的第二课堂，例如社区服务和社会实践活动。这是目前家庭、学校、社会协同共育的主要表现形式。第二种是以家校合作为主，学校提供平台，家庭贡献社会资本构建合作体系，例如国内部分学校开展的"FSC家校社共育同心圆行动体系"。这些努力在一定程度上弥合了学校公共教育覆盖面有限的问题，但是主要集中在学校与家庭的合作上，社会的功能还需进一步凸显。因此，还需要社区教育以及社会照料系统的建立来强调社会在家庭、学校和社会协同共育中的作用。

建立以国家社会照料系统为代表的社会化养育模式。国家将社会教育嵌入其社会福利体系中，以解放女性劳动力，改善不利处境家庭教育的困境。例如，瑞典等国提供 0～3 岁儿童公共托育服务，强化了社会在儿童早期养育方面的责任，为家庭解放劳动力和后续学校教育提供社会保障。①因此，需要组织基层社会力量实现育儿共育，把养老、育儿、生产和服务通过合作的方式进行社会分担，建构以政府为主导，企业、社会公共服务机构组织参与，家庭辅助的婴幼儿托育服务体系。

建构社会共育环境，以社区为单位建立福利共育机制。社区是公共生活的基本单位，也是人们进行教育文化活动的重要场所。可以利用学校的开放资源与非营利性社会组织的力量，以社区为单位开展面向全年龄段社区成员的健康、文艺、职业培训、家庭教育等多方面需求的活动。②这种社区教育可以作

① Duncan G J. Modeling the impacts of child care quality on children's preschool cognitive development[J]. Child Development，2003，74（5）：1454-1475.
② Manley F J，Reed B W，Burns R K. Community Schools in Action: The Flint Program[M]. Chicago: University of Chicago Process，1961：65-69.

为公共教育系统的补充力量。

通过家庭—学校—社会协同共育，形成共享、开放的教育网络。儿童活动空间不局限于学校、家庭与教育市场，建构国家社会照料系统，发挥社区公共教育空间的作用，形成多元与开放的儿童成长空间。

三、开展空间行动

公共空间意识教育不仅是面向儿童，更是面向每个公共人，要想实现公共人的公共空间意识教育，不能仅仅要求公共人对既定公共场合行为规范的遵守，而且需要公共人在通过行动塑造公共领域的过程中培养公共空间意识。公共领域的形成意味着个体能够自由地参与公共事务的处理，能够作为公众（而非威权的服从者、个人或个别组织利益的追求者）以公开的、理性的方式进行自由对话与公共意见发表。[①]公共领域的核心是公共交往，公共交往实现的条件包括如下空间行动：公共人民主参与政治空间的丰富化、居民生活空间的共治化与公共空间伦理的规范化。

（一）公共人民主参与政治空间的丰富化

民众的政治参与途径主要包括依法参与民主选举、民主决策、民主管理与民主监督。要想保障民众有效的政治参与，需要提供更加便利与丰富的政治参与空间。实践中，可以以社区为单位向民众宣传民主参政途径，以学校和传媒为途径，教育公共人民主参政的意义与方式，帮助公共人在日常生活中更有机会与能力进行民主参政。

互联网技术在一定程度上突破了地理空间限制，不同区域、不同年龄阶段、不同教育文化背景的民众都有机会在互联网空间中获取政治信息、寻求意见表达的合法途径，为国家政策制定提供公共意见。可以说，民主参与政治的空间伴随着信息技术的发展而更加丰富化。然而，互联网空间同时也是公共空间私人化、私人空间公共化的空间，公共人能否保持理性能力、关注公共议题并付诸行动是值得深思的。在信息社会，面临民主参政的这种重要的新空间，

---

① 廖申白. 交往生活的公共性转变[M]. 北京：北京师范大学出版社，2007：145.

需要通过参政程序设计、意见表达平台规范、网民参政理性培养的方式保障新型参政空间的有效性。

（二）居民生活空间的共治化

居民的生活空间主要集中在社区，社区在法理上属于群众自治组织，同时也是"行政体系的神经末梢"①。社区科层化不仅加重了国家基层治理的负担，而且也让居民难以形成社区公共性的意识。因此，从培养公共人公共空间意识的角度，应当鼓励居民对生活空间的共治。目前，典型表现是成立业委会对于小区业主面临的各种公共问题以代表居民意见的方式与物业进行协商。然而，由于现在商品房居民区往往实行封闭式管理，居民共治的范围大大缩减，居民共治演变为社区层面的自我管理，不同居民区之间的横向交流弱化。

因此，居民生活空间的共治化并不限于此，更为重要的在于居民通过民主协商参与社区的公共事务，借助居民会议、议事会议的方式进行居民自治；生活区开放居民进行集体活动的空间，鼓励居民对于社区规范进行民主制定，鼓励居民共同维护生活区的秩序。居民对生活区的自治，不仅有助于培养其对日常空间公共性的观念，而且也有助于公共生活的规范化。

（三）公共空间伦理的规范化

日常生活公共场所的特征是开放、共享与公共交往的，同时在社会交往过程中形成了相应的行为规范。公共空间规范一方面是对公共人行为进行限制，约束个人行为以保障公众自由；另一方面，公共人在主动维护规范的过程中形成公共空间意识。

公共空间规范有两种形式；一种是以强制性法律作为规范。法律法规是现代国家调控公共空间社会行为的重要途径；另一种是以文化习俗作为规范。强制性的法律规范具有局限性，对公共空间中行为的规范还需要形成公共空间行为的约定俗成的规范。公共空间规范需要根据城市发展和公共人素质发展进行制定，规范既不是随意变动也不是一成不变的，相反需要根据发展保留合理的规范，去除不合理的规范。当空间规范一旦形成，就需要公众严格遵守，对于

---

① 刘春荣.社区治理与中国政治的边际革新[M].上海：上海人民出版社，2018：138.

违规者进行相应的惩罚。公共空间道德（公德）需要通过公共空间规范以及相应的教育来培养，从而形成自主但有序的公共空间意识。

公共人的公共空间行动是进行公共空间意识自我培养的过程，同时也是为儿童创造更好的公共社会环境的方式。儿童只有在更具公共文化的成长空间中才能潜移默化地成为具有公共空间意识、能够自主参与公共事务、维护公共福祉与公共理性的公共人。公共空间正是在公共人教育的努力下、公共生活制度的完善中、公共人的理性行动中生产出来的。

第八章　在话语协商中培养公共空间意识

从 20 世纪 70 年代末至今，随着我国改革开放的不断深入，人口流动、城镇化发展等带来了生活空间格局的变迁，使整个社会发生了翻天覆地的变化。中国现代社会，可以说已经完成了从"熟人社会"走向"陌生人社会"的整体转型。"陌生人社会"是不同于中国传统"熟人社会"以血缘、亲缘、地缘为纽带的乡土性、同质性的共同体社会，"陌生人社会"是尽量避开私人之间的亲密性、情感性的公共交往社会，"不和陌生人说话"早已成为公共生活中的潜规则。但是，公共人必须是一个积极的"言说者"，他们在行动和言说中，表明他们是谁。① 在学校教育中，学生过着一种学校的公共生活，言语和行动本身就是公共生活的建构活动，理性的言说能够培养学生的批判思维、理性辩论思维等，这是对公共性最有力量的坚守。学校教育尽力培养学生在公共生活中成为关心公共事务的积极"言说家"，尤其在现代社会中通过话语协商培养公共空间意识的使命不容忽视。

第一节　话语协商及公共空间意识

公共空间意识是指个体在公共空间中主动参与公共空间事务，并为谋求公共空间中共同体的福祉和利益，从而构建和维护良好公共生活空间的自觉能动的意识。话语协商是培养个体公共空间意识的重要路径。

一、话语协商及公共空间意识的阐释

对在话语协商中培育公共空间意识问题的探讨，需要厘清话语协商和公共

---

① 阿伦特. 人的境况[M]. 王寅丽，译. 上海：上海人民出版社，2009：141.

空间意识的内涵，并且，针对话语协商相关理论和公共空间意识问题，从理论层面剖析两者的关系，同时，在理论分析的基础上增加对这一问题的理性思考。

（一）话语是主体间性的交往行为

话语是一种语言的行为方式，是说话人与受话人基于文本和情景基础的主体间性的交往行为，主要有以下三方面的内涵：第一，话语是多主体之间通过对话达成相互尊重、相互理解的行为过程。话语作为一种语言实践，可以分为话语内容和话语形式。话语内容指的是说什么，而话语形式则涉及是谁在什么情景下说的。话语内容被编织在社会关系网络之中，每个人都是关系网络中的人，话语在其中起到黏合剂的作用。话语是思想的对话、情感的交流、价值观的流露。当个体不愿意或无法进行话语交往时，个体就无法成为公共人。第二，话语是解决行为问题的方式。哈贝马斯认为"话语"是人类语言所具有的唯一功能，从某种意义上说，双方同意是达成共识的根本。人们需要求助于话语的沟通与协商来达成双方的共识。由此可见，话语作为一种语言实践活动，它体现的是多主体之间通过对话达成相互理解、相互尊重的情感交流过程。从社会学的视角来看，话语作为一种公民主体权力，赋予了权力力量，话语是为了达成共识的交往方式。第三，话语中蕴含着权力象征。布迪厄（Bourdieu）从社会学角度解释了社会分化在语言中的表现。他的核心观点认为，在人与人的交流中，语言表达的是一种权力。他提到这种权力是隐形的，它通过语言来塑造特定的现实，使人们认可并相信其真实性。在社会生活中，权力的运作离不开话语的应用。象征性权力之所以能够发挥作用，是因为话语本身被赋予了力量，人们相信话语以及发言者的合法性。[①] 社会生活中的权力运作，都离不开话语的使用，象征性权力之所以能够被打破，是因为话语被赋予力量，人们相信话语和发话人的合法性，发话人要有权力资本。从布迪厄的权力资本来看，话语作为一种公民主体权力，履行公共空间意识，这里的话语是公共空间意识表达不可或缺的行为。话语权力本质上是通过语言表述来构建意义、价值和规范，从而影响和规范人们的思维、行为和价值观念。[②]

---

① Bourdieu P. Language and Symbolic Power [M]. London: Polity Press, 1991: 170.
② 傅春晖，彭金定. 话语权力关系的社会学诠释[J]. 求索, 2007 (5): 79-80.

（二）话语协商是多主体之间的博弈过程

第一，话语协商是两个以及多个主体间的谈话，强调的是多主体的参与、互动，是一种证明普遍道德规范的合理来源，话语协商过程的实质就是博弈。第二，话语协商也是一种辩论和冲突，它是人与人之间在不同观点中相互对话、沟通、达成共识的过程。在社会公共领域，公共人就某问题通过各种组织进行研讨、协商，旨在达成共识的公共舆论，促进公共社会的发展。话语协商能够消除单一的话语霸权，并形成公共性的规范和行为准则，它通过多元对话，听从多方观点展开交流，使个人参与公共场域，基于公共话题展开博弈，这有利于摆脱个人中心主义的状态，弥合个体与社会的裂痕，使个体成为更加积极的、富有公共担当精神的公共人。第三，话语协商是有效性公共空间规范认可的合理方式。话语协商具有呈现道德验证的特征，强调了有效性的规范在于通过话语协商达成民主性、公共性，而非强制性的普遍规范。第四，话语协商是公共精神的有效彰显。公共人是具有公共关怀精神和公共协商能力的人。公共人在公共生活中基于自由和平等展开交往，对他者和社会持有一种更关怀的精神。显然，话语协商有助于弥合个体与他人、个体与社会的裂痕，个体通过话语协商积极参与合作，成为公共事务积极献言、献计的发声者。第五，话语协商具有浓郁的人文气质、道德意蕴和智慧品格。话语协商是交往者以自身言行的变化去引发对方发生期待中的变化的活动，其中饱含着影响人身心发展的愿望和期待，充分体现了对他者关怀和理解的特质。话语协商是理解他人和让他人理解自我的媒介，这是一种具有人文气质的行动，饱含着智慧品格。由此可见，话语协商作为一种非理性行为，是有效性公共空间规范认可的合理方式，话语协商本身充满着担当精神，能够消除个体之间的孤立、矛盾，从而促进人们之间有温情的交往，促进社会公共事业得到更好的发展。

（三）公共空间意识是主体能动的社会认知

公共空间意识强调公民的公共空间参与责任，以及个人对自身所处公共空间的权利、义务、地位等的认识。这一概念涵盖了个体或群体对公共空间的认识、理解和态度，它不仅是一个认知层面的概念，更是一种社会行为和文化心理的体现。在现代社会，公共空间意识的培养对于促进社会和谐、提高公民参与度、增强社会责任感具有重要意义。公共空间意识是一个多层次、多维度的概念，产生于公共空间之中，公共空间参与是其行为表征，公共伦理是其行为准则，公共利益是其主旨，依托于主体的能动性产生价值理念，理解公共空间意识的内涵，需要从以下几个方面进行阐释。

首先，公共空间是意识发生的场域依托。阿伦特认为公共空间是相对于私人空间而言的，是指私人空间以外的空间。哈贝马斯认为公共空间是公共理性精神的载体。现代意义的公共空间指的是社会成员可以自由进入、使用和参与的场域，具有开放性、互动性和共享性。这些空间不仅是物理的存在，更是社会交往和公共生活的关键场域，具有社会属性。公共空间意识的形成和发展依赖于这一场域的依托。在这些开放和共享的空间中，公民得以进行面对面的交流，表达意见和诉求，并依据一定的规则开展集体行动。公共空间提供了一个现实的场景，使得个体的公共意识得以具体化并付诸实践。在这些空间中，公民的互动不仅仅限于物理层面的接触，更涉及思想和文化的交融。这种互动能够激发公众的集体意识和社会责任感，使得个体不仅关注自身的利益，同时也关心集体的福祉和社会的整体利益。公共空间中的这些互动和交流，构成了公共空间意识形成和发展的基础。

其次，公共空间参与是公共空间意识的主要行为表征。公共空间参与指的是公民利用自身所处公共空间的权利与义务在公共事务中的积极介入，对公共空间建设的主动投入，这不仅包括政治参与，还涵盖了公共合作、社区建设等多方面的活动。公共空间意识需要通过具体的社会实践作用于现实，从而谋求公共福祉。个体不是孤立化地存在于公共空间之中，而是如同蜘蛛网中的节点，具有多重社会身份，公共空间参与是公共空间意识的表现形式，反映了个体的社会责任感和道德意识。通过公共空间参与，公民能够更加深入地了解公共事务的运作，提升自身的公民素养。同时，个体积极承担公共空间中的责任，这也是个体公共空间意识的能动性的体现。

再次，公共伦理是公共空间意识的行为准则。公共伦理指的是公民在公共空间中应当遵循的道德准则和行为规范，这些准则包括尊重他人、遵守公共规则、珍惜公共资源、保护公共设施等。公共伦理规定了个体在公共空间中的行为方式，以及如何处理个人利益与公共利益的关系。与私人空间的自我中心不同，公共空间强调有序性，各主体需要自觉遵循公共伦理规范，树立公共空间意识的自觉性。公共伦理规范的确立和遵循对于维护公共秩序和保障公共利益至关重要。它不仅反映了个体的道德水平和社会责任感，还体现了社会的文化和价值观。遵循公共伦理能够增强社会成员之间的信任和合作，从而为社会的和谐发展奠定基础。

最后，公共利益是公共空间意识的主旨。公共利益指的是社会整体的福祉和利益，代表了社会的整体利益和长远利益，它既是公共空间的发展动因，也是公共空间的追求目标。个人利益离不开集体利益，公共空间意识的培养，旨在维护和实现公共利益。这要求公民在公共生活中能够超越个人私利，从社会整体利益的角度出发，关注和参与公共事务。社会是一个共同体，在该共同体中，个体进行分工合作形成公共利益，这些利益是公共空间长治久安的保障。现代社会强调共建共治共享，主体在个人利益得以保障的同时需兼顾公共利益，实现利益人人共享、公平共享、成果共享。

（四）基于话语协商的公共空间意识

从现代心理学角度对意识（consciousness）的界定来看，意识是个人直接经验的主观现象。"意识"具有自觉性、目的性和能动性的特点。基于话语协商的公共空间意识可以从以下三个方面进行理解：第一，主体性意识。公共空间意识是一种"主体性"意识，公共空间意识尊重个体的主体性地位，培养个体的主体能力，它不同于主体性教育的地方在于这种教育还重视公共空间的独特性诉求，强调个人是具有自由权利意识并注重共同体诉求的"精明的公民"，有利于明晰公共生活的价值和意义，注重维护公共空间的公共性。第二，目的性意识。公共空间意识是具有目的性的，是为了促进公共空间的公共性实现，体现着所肩负的社会使命，以及公共道德使命，从而为了公共空间中和谐、平等、公平、公正等，追求公共空间所带给公共生活的人的福祉。所以，公共空间意识不是停留于意识形态层面，它是带着一种目的性的实践行为，需要人们通过某种行为方式达成目的。第三，成人意识。公共空间意识是公共空间和个人之间产生积极互动和影响的桥梁与中介，其是指个体对于自己在公共空间中的地位、应享有的权利和应履行的义务的自觉意识，是一种"成人"意识。①

二、话语理论与公共空间意识培养

（一）福柯的话语理论

福柯在话语史研究中是至关重要的人物。他的话语理论与其他研究者不同，福柯始终将话语与实践联系在一起，认为话语不是一般意义上的语言表达的外在形式，话语是在实践中构成的，它又深刻影响着实践。福柯认为话语具有历史性，这是因为话语由一系列连续的实践构成，实践是话语的产生方式，话语是另一种特殊的社会实践。

首先，话语与权力紧密关联。福柯在《词与物》中认为"话语即权力""权力即话语""哪里有话语，哪里就有权力，权力是话语运作的无所不在的支配力量"。话语蕴含着权力，其本质在于权力的运作，这在特定情境中形成了一种控制关系和行为。这主要通过语言表述实现，构建意义、价值和规范。这种建构方式与政治制度和法律的直接建构相似，对人们的思想、行为和价值观产生了规范作用。由于权力与知识之间的微妙关系，所以，监狱、精神病院、医院、学校甚至大众传媒等都与权力有着紧密的关系，可以说是与不同形式的知识连接在一起，在它们中有可能引申出一种关系网络体系，在《话语的秩序》《知识考古学》《词与物》中，福柯提出了"知识型"问题，"知识型"是某一时期不同学科、不同人物的共同言说方式。在福柯看来，知识并非源自某一特定学科或个人，而是受制于笼罩其上的权力关系。知识是强势群体的集体意识，掌握知识的人似乎就拥有了特殊的"话语权"。因此，权力的运作与知识的传播密切相关。知识通过权力得以传播其话语，权力则通过知识话语的内化，广泛渗透到社会生活中。②任何话语都离不开权力关系的运作。从某种程度来看，话语被赋予了某种意识形态，与此同时，话语也是意识形态的表

---

① 严从根.论公共空间意识教育[J].教育研究，2016（5）：60-65.

② Fairclough N. Language and Power[M]. London：Longman，1989：68-60.

现，是一种权力控制。这就规定着，任何话语都不是随便来说的，权力规定着什么能说、什么不能说以及话语如何表达等。因此，话语是权力的外在武器，权力影响着话语，权力也是通过话语来表达的，话语与权力密不可分。

其次，话语体现公共空间意识的权力行为。言说者在话语协商的公共空间意识中实质就是在表达自己的意识形态和思想情感，其中体现着权力者的意识形态。在公共空间中，人与人之间进行通过语言交往，语言交际中的参与者之间往往存在等级关系，话语权力的不平等也在话语实践中无处不在，因此，公共空间中隐藏着一种话语权力的非和谐空间。然而，在公共空间中，公共性就体现在对话语权力的消除中，在公共空间中每个个体都被赋予了话语权，通过这种权力，在对话、协商中消除公共空间中的不平等。因此，话语作为一种社会实践，在公共空间中化解着矛盾。

（二）哈贝马斯的话语民主理论

在哈贝马斯的交往理论中，话语成为其研究交往行动的基础，话语在哈贝马斯的研究中占据着重要地位，话语在人的生活交往中起到决定性的作用。在此基础上，哈贝马斯关注民主理论，他在《在事实与规范之间》中提出了话语民主理论。在哈贝马斯看来，话语与交往密不可分，交往行为是实现话语民主的桥梁。其中，商谈是一种正式的交往行为。商谈过程是话语平等、达成共识和相互合作的过程，任何人在商谈过程中都可以平等自由地表达自己的观点。纯粹以自我中心的主体性交往不是真正的话语民主交往，因为我们每个人在进入交往对话时，主体就进入一种关系，这种关系被某种规范制约，这种规范调解着公共空间中的每个人都应遵守的规范，这也是话语民主的前提。

话语协商是民主实现的根本途径。在哈贝马斯看来，语言是个体与集体达成一致性及合理性社会秩序实现的条件。只有在言语的互动交流辩论中，理性的准则才能得以明晰。话语协商突出了主体间的对话性，协商具有批判的性质，这是对权力的压迫，人们不诉诸任何霸权，在自由、开放的讨论中达成共识。在话语协商中能自由、平等的辩论，人们不仅能发表自己的观点和价值观，在遵循规则的前提下还可以自由地发表意见，从而实现民主自由。

话语民主是个体和整体的统一。自由主义强调个体，认为个体是社会中一种原子式的个人主义。然而，哈贝马斯反对这种原子式的个人主义，他强调主体间性，交往互动中的每个个体都带着不同的价值观念、不同的文化背景，这种主体间性的交往活动承认每个人的价值观，并且认为通过对话能够达成一致，从而体现了作为整体中的个人权利。哈贝马斯的交往理论强调整体中的个人和个体组成的整体，这恰恰是以社会中不同个人的差异性为基础的，这种个人在群体中的差异是个体在群体中独立自由平等的体现。

话语民主是程序主义民主。哈贝马斯指出："真正的共识绝不会否定差异，取消多元性，而是要在多元的价值领域内，对话语论证的形式规则达成主体间认识的合理的一致性，并将这一前提引入语言交往。"①对话不是无规则，只有在规则中的对话才能实现自由、平等。话语民主不同于其他民主形式，它致力于政治意识，通过对话将政治舆论和政治决策合法化，它强调法律条文等内容需在话语民主中获得合理性与合法性。

因此，哈贝马斯从话语民主理论来看待通过话语协商达成公共空间意识的问题，它需要参与者掌握话语原则和话语规范，同时，话语不仅是对事物外在性的描述，更是对自己内在意向性的表达，参与交往的行为主体必须具有语言交往能力，因此，在公共空间领域中，需要呼吁创造平等、民主、自由的话语表达。

（三）拉克劳和墨菲的主体认同话语理论

以拉克劳（Laclau）和墨菲（Mouffe）为代表的主体认同话语理论是后马克思哲学思想的核心。拉克劳和墨菲的主体认同话语理论吸收了维特根斯坦（Wittgenstein）的语言游戏概念，认为话语与意义不可分割。意义是通过话语来建构的，话语是生成意义的来源。拉克劳和墨菲的观点深受马克思主义哲学思想的影响，辩论性分析了话语和社会的关系。他们认为话语决定社会，而非社会决定话语。社会只有在一定的话语存在中才能得到理解，社会在话语意义

---

① 哈贝马斯.作为未来的过去——与著名哲学家哈贝马斯对话[M]. 章国锋，译. 杭州：浙江人民出版社，2001：126.

的构建中得以阐释其合理性。任何对象都可以是话语对象，语言和社会行为的差异仅仅在于它们的结构化形式不同。意义通过语言和行为得以生成，当意义在话语中表达时，也会与其他新的话语共同构建新的行为。拉克劳和墨菲的主体认同话语理论大致包括以下几个观点：第一，话语不仅仅是言谈，也不单单是写作，话语总是和行动结合在一起。第二，话语是通过相互间的沟通和链接，产生一定的意义，所以话语不是碎片的和自由的。第三，话语不等同于语境。话语只有在语境中才存在，话语语境是话语可能性的前提，因此，任何话语的存在都离不开背后的话语语境，在该语境中建立起具体话语，才使得话语具有可能性条件。

拉克劳和墨菲的主体认同话语理论认为，不是社会决定话语，而是话语决定社会，因为话语建构了社会，社会只有在特定的语境中才能得到解释。拉克劳和墨菲的主体认同话语理论在探讨话语与社会关系问题时，强调了两个基本观点：社会的非决定性和社会的多元性。[①]社会不是不变的，而是具有历史性和流动性，从话语的角度来理解，即一定的语言行为和主体认知，是在特定的已经建立起来的意义结构中理解的，这种结构会随着时间而不断变化，因此，话语构建的社会是多元的。总之，话语内涵远远超过了"言语"本身，具有总体的、历史的、多元的特征，会随着时间而变化。任何一个特定话语解构都带有主体思维，一个主体思维的表达可以通过和其他主体的差异阐释出来。结构关系正是不同主体的差异性导致的。话语没有办法离开具体的场域而独立存在，话语理论的建构是在解构后的"碎片"基础上完成的，话语并非主体，它是偶然的、非决定性的、分散的，同时又具有结构性。所以社会是由话语建构起来的，拉克劳和墨菲所强调的话语理论虽然夸大了话语对社会的决定作用。

因此，拉克劳和墨菲的主体认同话语理论在构建公共空间意识培养中，强调话语的多元性、结构性、差异性和多主体性，具有重要的价值。话语的多元性、差异性强调公共空间意识中人们在价值观的差异性中进行的对话，通过多主体协商达成共识中的多元化声音。

---

① 拉克劳，墨菲.领导权与社会主义的策略——走向激进民主政治[M].尹树广，鉴传今，译.哈尔滨：黑龙江人民出版社，2003：114，136.

（四）巴赫金的对话理论

对话理论是巴赫金（Bakhtin）思想体系的基石。他终生致力于各个人文科学领域的研究，但建构对话理论始终是他不懈追求的事业。他认为对话理论贯穿于人文科学的各个领域，并将其作为研究的不同途径。对话理论作为巴赫金思想的基础，其核心是人文精神。可以说，对话理论在其根本上是关于人的理论，是巴赫金毕生奋斗的理论结晶，闪耀着人文精神的光辉。这种人文精神继承了俄罗斯文化传统中的人道主义思想，关注人的主体建构、存在和命运，以及平等和自由。因此，巴赫金的研究不仅融入了20世纪"语言论转向"的潮流，还使语言研究走向了人文精神的张扬，体现了人文科学的本质。

在巴赫金的理论体系中，对话的概念被赋予了丰富的层次性，既可从狭义范畴细究，又能在广义视角下展开深入探索。从狭义层面剖析，对话特指一种直接发生在说话者与对话者之间的、以言语为载体的互动模式，它构成了人际沟通的基本形式之一。而转向广义视角，对话的边界则被极大的拓宽，涵盖了更为广泛且多样的言语交流情境。这包括但不限于：①人与人之间直接、即时的面对面交谈，作为最直接的情感与信息交换方式；②借助书籍、报刊等印刷媒介实现的间接沟通，它跨越了物理空间的限制，让思想得以跨越时空传递；③历史性的对话，这类对话虽跨越了时间的鸿沟，却通过文献、遗迹等载体，让后世能与先贤进行心灵的对话与智慧的碰撞；④跨越国界与文化的意识形态的对话，它展现了不同文明背景下人们观念和价值观的交汇与碰撞，促进了全球性的理解与共识。巴赫金的对话理论强调人文科学不同于自然科学，强调对有声的、个性化的人及其活动的研究。

可见，对话发生在主体与主体之间的理解过程中。对话关系是一种特殊的含义关系，它不同于逻辑学、语言学、心理学或机械关系。巴赫金指出，对话关系的成分是完整的表述，而这些表述背后则是实际或潜在的主体——表述的作者。此外，对话关系在学术语境中展现出超越日常对话范畴的广度、多样性与复杂性。它不仅仅局限于即时、直接的言语交流，而是跨越了时空的界限，将即便身处遥远地域、彼此未知但在意义层面上相互关联的表述都纳入其范畴。这种对话关系的建立，不依赖于物理上的接近或直接的认知联系，而是基于内容上的共鸣与意义的交织。具体而言，即便两个表述在时间与空间维度上相去甚远，甚至它们的作者或参与者互不相识，只要它们在思想内涵、主题探讨或观察视角上存在着某种程度的共通或互补，那么这些表述之间便能构建起一种深刻的对话关系。这种关系的成立，不苛求主题或观点的完全一致，而是允许并鼓励部分相通与多元视角的碰撞融合，从而促进知识与思想的交流与深化。

巴赫金提出的对话思维不同于"是—是""否—否"的二元对立思维。对话的历程是一个在差异中寻求共识、在共识基础上再探索差异的双向交互过程。它要求对话者彼此"心灵敞开"，在一种毫无保留的坦诚氛围中相互审视与理解。对话的本质特征在于其真诚性、直接性与自由性。在对话的框架内，首要原则是尊重对方的人格独立与权利保障；进一步而言，应全面认可并尊重对方存在的独特价值，即便其见解可能含有偏颇或不足，也应积极肯定其在各领域的贡献，并从中汲取有益的营养；最终，在构建对话的基础条件之上，对话者需具备独立的思考与判断能力，同时争取到实质上的独立地位，善于进行自主而深刻的反思。对话的终极目标聚焦于思想的碰撞与真理的探索。通过持续的相互学习与深入的交流探讨，人们得以不断拓展认知边界，逐步接近真理的本质。在对话过程中，各方往往自诩为真理的掌握者，视自身作品为完美典范，承载着真、善、美的理想。然而，真理的判定并非依赖于个人的主观宣称，而是必须通过广泛的社会实践进行验证。因此，对话内容应当与多样化的社会实践紧密关联，任何脱离实践基础的对话都将沦为空洞的语言交锋，失去其作为实质性对话的意义与价值。

在公共空间意识的培养中，巴赫金的对话理论发挥着至关重要的作用。它促进了主体间的互动与合作，为公共讨论搭建了平等、开放的平台，使不同观点与意见得以自由表达，进而消除隔阂、增进共识。同时，对话理论强调的人文精神，更是公共空间文化建设的灵魂所在，它鼓励人们关注人的存在与命运，传递人文关怀，提升公共讨论的文化内涵与思想深度。

第二节 话语协商失落与公共空间意识培养

随着社会的发展，社会公共空间中充满了诸多不确定性，人们的公共空间意识模糊、道德排他主义、信任危机、道德秩序混乱等问题层出不穷。学校的公共空间布局以及学校制度等影响着学生话语协商的达成，导致学生公共空间意识淡薄。当今，学校公共空间生活中话语在公共空间意识教育中逐渐隐退，主要表现在学校公共生活的制度化消解着话语，学校公共空间布局暗示着话语的没落，大众传媒的发展强化了学生话语的沉默。在个体化社会中，个体越来越孤独，加之信息化社会的推进，造成了人的孤独和冷漠。因此，本节基于时代背景探讨社会伦理中公共空间意识的缺乏与社会道德冷漠等问题，以及学生公共空间中话语隐退的现实问题。

一、学校公共空间生活中话语的隐退

学校作为公共空间场所，不同于家庭私人空间场所，学生在学校公共空间生活中滋养、实践自我。可如今，学校公共空间生活从管理制度、空间布局以及大众传媒在学校中的显现来看，学校公共空间生活中学生话语逐渐隐退。

（一）学校公共生活的层级化

教育是师生之间的对话活动，学校教育生活更是一种公共生活，培养学生具有公共空间意识是学校教育的目标。现在的学校公共空间生活中，垂直型管理制度与不合理竞争消解着学生的话语。第一，学生主体参与权的隐退。目前，我国大部分学校现行的学校管理模式，是借鉴苏联学校金字塔式层级管理模式，逐渐发展演变而来的等级式管理模式。虽然这种管理体制有利于提高工作效率，但是对于师生人数相对较少的小规模学校，这种等级式或排他性管理模式对学校管理不合理，会导致集权化，不利于学校民主管理。学生事务多由学校和老师说了算，学生很少有发言权，这种学校管理模式使学生变成了公共生活中的沉默者，在公共场所中缺乏履行公共义务的意识、公共事务参与的意识，更缺乏一种民主协商意识。第二，学校教育存在着不断制造孤独的学习者和竞争者的现象。当前的学校教育系统有一个显著特点，它在某种程度上已经

转变为一个竞争性和排他性的场所，而不再是一个分享、沟通、合作与对话的公共生活空间。教育系统围绕着考试竞争展开，学生被要求追求更高的排名和更好的升学机会，这成为衡量成功的标准。每个人都希望在竞争中超越对手，从而保障自身获取更优质的教育资源和机会。在这种排他性的学习环境中，人与人之间的关系只能越来越隔阂和分裂，它无助于养成公共对话、协商的公共品格。

（二）学校公共空间布局的结构化

学校的教育公共空间布局也暗示着话语的衰落。"公共空间"是桑内特分析公共人衰落的原因，他指出公共空间的缺失是其中的一个重要因素。例如，在18世纪的西方，咖啡屋、咖啡厅和客栈成为社交中心，可如今却成了忙碌者短暂休息的场所。现代建筑空间越来越多的设计目的是便于人们流动和短暂栖息，不再是仪式或聚会的商谈场所。同样，在学校教育公共空间布局中，班级里"秧田式"的桌椅摆放，传递着以教师为中心的理念，形成了教师与学生之间的权利关系，不利于民主协商的公共生活的建构。尽管近几年，国家对教育资金的投入加大，但学校建设经费还是有限，例如学校教学楼之间较为紧凑、走廊较为狭窄，不利于学生课余时间活动。在学校狭小的走廊中，处处装置着监控设备，实时监控着学生的一言一行，校园空间格局多是为学生安全考虑，较少提供给学生言说与协商公共事务的空间。

（三）大众传媒发展的霸权化

大众传媒和电子科技的发达成为新的话语霸权，也在一定程度上强化了学生公共话语的沉默。约翰·海辛格（John Heisinger）在《游戏人》中将"游戏"定义为情感无涉、内心封闭的行为。首先，学生从儿童时期就开始进行游戏，将自我沉溺于游戏之中，游戏话语是一种虚拟的网络公共空间中的对话，这种话语在一定程度上强化了个人的封闭行为，导致学生不愿承担公共责任，更愿意"蜷缩"在私人生活中，并且认为自己"享受"这种孤独，最终也对自己所应该履行的公共使命产生排斥的心理。其次，当代学生运用多媒体进行交流，导致缺乏人与人之间的面对面沟通。例如，他们通过各种手机软件进行路线搜索，缺乏对旅途的人文感受，缺乏与陌生人询问、对话的机会，尤其是身体经验。再次，大众传媒对学生话语的沉默的强化还体现于特定学校内部大众传媒所有权的规制、传媒资源使用和分配规则等，从沟通的议题，到论证的论据，屡屡遭到缺乏"公共话语"的质疑。尽管大众传媒为文化交流和社会交往提供了便利，但这并不意味着大众传媒等同于公共传媒，具有公共性。冈伯特（Gumpert）和德鲁克（Drucker）分析了人们在网络传播中为保护自己的隐秘性而施行的策略，指出疏离网络匿名后，人们以不涉入的姿态旁观他人发言。[1]这种新媒介透露了另一种公共话语沉默的危机。我国学者潘忠党和陆晔在讨论我国新闻媒介改革开放历程时，强调公众主体建设以及媒介实践对于媒介公共性的重要性，他直言在缺乏公众主体性的体制下，任何个人或群体都不具备公众代言的正当性。[2]大众传媒的公共性的核心不在于传播，而在于秉持公共性，为公共人服务，基于公共利益，对各种公共问题进行交流、讨论和协商，最终达成共识，为公共人服务，引导社会健康风尚。然而，如今大众传媒隐藏以一种舆论倾向来压制对民主话语的协商。在学校，学生一方面看似在享受着作为公共人的话语权，另一方面，在公众主体体系缺乏的事实面前，学生无形中被大众传媒的发展压抑着，无法从深层次实现真正的民主对话交流。正如汤普森（Thompson）所言："大众传媒的发展非但没有敲响公共生活的丧钟，却产生了一种新的公共性，并且从根本上改变了大多数人能经历公共事务的条件以及在今天参加所谓的公共领域。"[3]

二、社会公共空间话语协商的匮乏

随着社会的发展，社会公共空间充满了诸多不确定因素，人们的公共空间意识模糊、道德秩序混乱、道德排他主义和信任危机等问题不断涌现。

---

① Gumpert G，Drucker S. The green line: Impact and change in Nicosia[J]. Journal of Mediterranean Studies，1998，8（2）：205-222.

② 潘忠党，陆晔. 走向公共：新闻专业主义再出发[J]. 国际新闻界，2017（10）：91-124.

③ Thompson J B. The Media and Modernity: A Social Theory of the Media[M]. Stanford，California: Stanford University Press，1995：3.

（一）陌生人社会中道德秩序的崩颓

中国传统社会是"家—国—天下"的社会结构，个人和国家、个人和社会紧密相连。人与人之间长期生活在稳定的环境中，以稳定的社会秩序和道德秩序价值系统进行社会交往，可以说，传统熟人社会也是一种亲密型社会。在我国传统社会中，人们生活在自己的乡村、社区、街道，人们之间大多都是熟人，而熟人与熟人之间意味着有着相同的生活习惯，价值观也较为相同，这导致人与人之间的价值观摩擦较少。可以说，人群之中存有"亲密圈"，所以熟人社会也被称为"亲密型社会"①。在熟人社会中，人与人之间通过固化的道德风俗和道德权威等，较少产生矛盾与冲突，道德秩序趋于稳定。

改革开放后，中国社会结构发生了翻天覆地的变化，从传统的熟人社会逐渐转变为陌生人社会。随着人口流动性的加大、生活环境的不断变迁，陌生人社会带来了不确定性和风险性，具体体现在社会生活中的道德排他主义、信任危机和价值多元等。陌生人社会给人们的社会生活带来了一系列挑战，人们在传统熟人社会中的稳定的生活秩序和价值观被打破，这意味着陌生人社会中道德风险的加剧。熟人社会有着一套比较稳定的、静态的价值系统，陌生人社会是通过共同价值观维系的。陌生人社会的人员组成差异性较大，社会成员结构较为复杂，这造成了陌生人社会价值体系的多元化。人与人之间容易产生不统一、不和谐的价值观念。然而，在价值功利化的今天，这些外在制度的成功运用背后带来的仍是一种道德冷漠，冷冰冰的法律条文无法从根本上解决人们之间的温情关系。因此，协调利益化问题，更需要用一种民主协商的沟通方式去解决各种在公共空间中产生的利益纠纷，人们之间需要以尊重、民主协商的方式去处理各种价值动态化造成的人与人之间的"矛盾—协商—再矛盾—再协商"的螺旋过程。

（二）人与人之间的道德冷漠

陌生人社会中的"排他性"更为显著，这种"排他性"直接体现了人与人之间的道德冷漠。例如，老人跌倒不扶现象时有发生、学校教育中告诫学生警

---

①　陈弱水. 公共意识与中国文化[M]. 北京：新星出版社，2006：28.

惕生活中的陌生人等。现实生活中，信用等社会道德底线屡屡失守，"人性冷漠"现象蔓延为社会常态。①正如霍布斯（Hobbes）在《利维坦》中所讲述的，"人与人之间处于战争状态"，人们相互敌视、猜忌。②

事实上，人与人关系的道德冷漠本质上是手段和目的的背离，"社会"是由人们通过理性权衡的，即"选择意志"建立起来的群体组合，是通过权力、法律和制度等观念组织而成的。在这里，尽管人们通过契约和规章制度进行各种联系，但手段和目的在本质上是分离的，因此，"社会"是一种机械的合成体。滕尼斯推崇一种基于人性内在维度的社会形式，其手段与目的内在一致，而外在的理性方式则导致了异化。鲍曼指出，在公共空间中，首先应将"他者的利益放在首位"，并"履行为他者而在的道德义务"，这样才能规避道德排他主义引起的风险。③所以，要增强陌生人之间的道德情感，就必须通过一种内生力的道德共情能力，即通过话语沟通、民主协商的方式增加人与人之间的温情关怀，增强人与人之间的关怀意识，正如斯洛特（Slote）所认为的，"世界上的宗教不宽容和文化冲突根本上说是违背关怀道德，这些都是因为人的移情能力开发得不够充分，对人的生命福祉关切得不够深刻"④。人与人之间的道德冷漠无法通过外在化取向的道德绑架实现，而更需要内在化的道德关怀提升人与人之间的温度，培养人与人之间的情感与互惠关系，话语沟通、民主协商成为时代背景下的必然路径。在话语协商中实现互惠共生，在互惠环境中，实现共情的生长。

（三）个体化社会中公共空间意识匮乏

个体化是现代社会的必然趋势，是指"所承载的是个体的解放……这种变化被正确地看作现代的境况中最明显和最有潜势的特征"⑤。在个体化社会中，个人变得越来越孤立和原子化，越来越少地从帮助他人的角度来反思自

---

① 鲍曼.通过社会学去思考[M].高华，等译.北京：社会科学文献出版社，2002：51.
② 霍布斯.利维坦[M].黎思复，等译.北京：商务印书馆，1985：94.
③ 鲍曼.通过社会学去思考[M].高华，等译.北京：社会科学文献出版社，2002：51.
④ 石若坤.美好生活、道德契约与公民道德建设的内在维度[J].福建论坛（人文社会科学版），2017（12）：164-173.
⑤ 鲍曼.个体化社会[M].范祥涛，译.上海：上海三联书店，2002：181-182.

己。①"集体对于个体的松绑以及个体能动性的显著增加都催促着个体从承受者向责任者转型"②。

在个体化社会中，人与人之间的互动关系和人对公共空间的意识逐渐降低。公共秩序是实现公共生活有序化的重要保障，只有当个体的主体意识发展到主体间意识的时候，个人才能意识到自己不是"私民"。在个体化社会中，人们很容易将"公共空间"与"私人空间"模糊化。例如，公共空间很容易被当作私人空间，旁若无人、大声喧哗、随意插队、乱闯红灯、践踏公共草坪、随地吐痰、乱扔垃圾等是其表现。因此，个体化社会中公共空间意识的匮乏，更需要通过话语协商构建起公共空间中的共识的达成，在包容个体权利的同时，又能调节个体差异性。通过话语协商协调邻里之间的纠纷，促进公共空间中的社区友好交流等。只有在公共空间的差异中谋求一致，才可能让公共空间中的个体真正拥有自由和权利。因此，个体化社会需要建立个体与共同体之间互利互惠的良性互动关系，这离不开个体与个体之间通过话语协商提升人们的公共空间意识，建构充满活力、多元包容的共同体。

第三节　培养公共空间意识的话语协商之路

公共空间意识作为连接公共空间与个人之间积极互动和相互影响的桥梁及中介，特别是指个体对自己在公共空间中的地位、应享有的权利以及应履行的义务的主体性自觉，这也是一种成熟的意识。话语协商是培养这种公共空间意识的有效载体。其中，对话意识是公共空间意识培育的前提，民主协商是公共空间意识培育的关键，公德意识是公共空间意识培育的核心，公共品格是公共空间意识培育的根本。因此，通过话语协商培养学生的公共空间意识，主要通过培养学生话语协商的意识，赋予学生话语协商的权利，创设学生话语协商的活动等实践路径展开。

---

① Tormey S. The individualized society[J]. Contemporary Political Theory，2003（2）：245.
② 贝克，贝克－格恩斯海姆. 个体化[M]. 李荣山，范譞，张惠强，译. 北京：北京大学出版社，2011：8.

一、培育公共空间意识的载体

（一）对话意识是公共空间意识培育的前提

对话意识的外在表现形式首先是一种积极的公民意识，是公共空间意识结构中的基本层次，对话意识是公共空间意识教育的前提。对话不同于争吵，争吵通常是一方试图压倒另一方，而对话则是要静心聆听对方的观点，理解彼此的想法，并在理性的交流中进行讨论。在讨论中，应包容不同意见，最终达成共识。[①] 其次，对话意识是一种公共协商意识的前提。对话如果顺利进行，每个人与他者都必须运用所有人都能认可的公共话语和公共空间规范意识进行论证、说理，是主体性意识的体现，对话意识是把公共空间中的所有人作为平等者加以对待，它是公共协商意识的前提和基础。最后，对话意识是公共理性意识的体现。公共理性作为公共空间意识的组成部分，是公共空间参与的理性表现形式。对话意识谋求通过理性交流和讨论达成公共福祉，从而在公共空间中实现共赢。

（二）民主协商是公共空间意识培育的关键

私人生活区别于交往生活，是指私人基于内心活动体验的生活活动，而在公共空间生活中，是指个体与他者的大范围的交往活动。[②] 在公共空间交往中，民主协商成为公共空间意识培育的核心。公共空间对每个人来说都是平等开放的，人人都能从不同的角度观察和聆听，这使得公共空间具有广泛的公共性。公共性意味着共同行动和共识的追求，是因多样性而汇聚。[③] 要实现不同个体之间的公共性目标，必须基于相互尊重，并通过理性讨论和对话交流来达成。协商体现出一种公共理性，人们需要通过公共理性达成共识，在此过程中需要"博弈"，博弈是协商的重要体现，民主协商不是要妥协权威，反之，是为了打破权威和霸权，从而实现共赢和公共福祉。民主协商是公共空间意识培育的核心，主要体现在以下几个方面：第一，公共空间意识的灵魂是民主的主

---

① 冯建军.公共人及其培育：公共领域的视角[J].教育研究，2020（6）：27-37.

② 廖申白.论公民伦理——兼谈梁启超的"公德""私德"问题[J].中国人民大学学报，2005（3）：83-88.

③ 冯建军.公共人及其培育：公共领域的视角[J].教育研究，2020（6）：27-37.

体意识，即公共空间中个体的主人翁意识，只有当个体都意识到公共空间不是私人空间，而是属于所有人的空间时，每个个体才能积极主动地参与公共空间事务。个体在公共领域能够积极参与协商，致力于对公共决策的影响，这种主体意识不是唯我独尊的"主人"意识，而是权利平等的民主意识。具有公共空间意识的个人具备契约精神、民主精神，因此，公共空间意识实际上是一种民主意识。第二，个体在公共空间中不仅要遵守公共空间规范，还要有致力于完善这些规范、正确而及时地解决公共空间内的公共事务的意识。因此，公共空间意识培育不仅涉及对公共空间内公共秩序的遵守，还要注重对公共空间规范的完善和公共事务的解决等。公共事务的解决需要靠公共空间中每个个体之间的协商，而不是依靠权威，民主协商能够促使个体主动承担公共空间赋予个人的责任和权利，促成公共空间意识的养成。第三，民主协商作为公共理性的表达，不同于私人理性，它不会只强调个人利益和福祉，更加强调尊重他人和共同体对各自利益和福祉的追求。只有通过公共理性，个体才会在公共性和互惠的基础上进行协商论辩，彼此理解、相互包容、达成共识，使公共空间规范、公共事务等向有利于每个人的方向发展。

（三）公德意识是公共空间意识培育的核心

公德意识是一种对公共空间中伦理道德意识的觉醒，这一觉醒不仅包括在公共空间中对不符合公共伦理道德的行为的觉醒意识，也包括人们公共生活中所有重要的价值问题，公德就是对公共利益、社会群聚有所贡献。公德基本上是一个社会伦理的概念，就是讲"积极的公德"，侧重于同情心。公德意识作为公共空间意识培育的核心，体现一种对话与协商意识，它涵盖了人与人、人与社会、人与自然之间的关系，是个体意识到"我"之外，还有"他人"，即对公共空间中的人、社会、自然等，通过对话与协商达成对其公共利益、公共秩序等方面的维护，使得个体站在公共性角度来思考公共空间中的问题，协商处理公共事务，从而摆脱狭隘的私人视野、个体利益，从而追求公共福祉、社会正义的德性意识以及理性能力。人们不再只是以"私人身份"（civil indifference）聚集在一起，而是作为承担公共责任的"公众"（the public）

共同参与公共协商，追求公共利益。[①]公共空间意识教育是一种"成人"的教育[②]，是为了让学生更好地呈现、丰富和增进公德意识，公德意识能够让人更好地理解世界和人生，怀着一份关心公共福祉之德，在公共生活中关怀他者的同时，也相互地成就自我，从而促进所有人都能协同合作谋求公共福祉，这是一种摒弃公与私对立的思维，最终通过公共空间意识培育，走向一种成人、成德的人生。

（四）公共品格是公共空间意识培育的根本

公共空间意识教育追根到底是为了培养具有公德心之人，即公共品格之人。在公共空间中，人们通过参与公共生活、进行公共交流，以及展开行动与表达，来培育公共空间意识。这些行为构成了公共生活的实践条件。然而，一个人是否能够作为自由的行动者，关键还在于其是否具备作为公共人的公共品格[③]，这是公共空间意识培养的根本。一方面，公共空间意识教育能够促进学生自觉地遵守公共空间道德规范，承担自身在公共空间中的公共角色，这有助于个人成长为成熟的社会成员，符合社会的公共道德标准；另一方面，它能够使个人成为更自觉的道德个体，在内化公共道德规范的过程中，积极追求公共利益和社会公正，成为具有公共理性的人。具备公共品格的人同时也是具有公共关怀精神的人，这种精神是培养公共空间意识的最终目标，意味着个人始终对他人充满关怀，通过合作、参与和对话等公共活动，成为社会公共事务的重要建设者，它是培养富有公共担当精神的道德主体。换言之，公共空间意识教育使得"个体成为更加自由自觉的道德主体，在内化社会公共道德规范的同时追求一种更加高尚的道德生活，成为具有公正、平等、诚信、友善、宽容、尊重等公共美德的人"[④]。

---

① Mukerji J，Schudson M（eds.）. Rethinking Popular Culture：Contemporary Perspectives in Cultural Studies [M]. Berkeley：University of California Press，1991：398.

② 严从根，胡旭东.培育公共空间意识：公民教育的必要基点[J].教育观察，2012（2）：1-4.

③ 冯建军.公共人及其培育：公共领域的视角[J].教育研究，2020（6）：27-37.

④ 叶飞.当代道德教育与"公共人"的培育[J].南京社会科学，2020（8）：146-151.

二、话语协商培育公共空间意识实践路径

在当今新时代的社会主义建设中，我们需要持续提升人们的民主法治意识、公共空间参与意识和公共道德素养，从而培养出能够肩负中华民族伟大复兴重任的新时代青年，这就要求学校教育担负起培养具有公共言说意识、对话协商精神的公共人。

（一）培养学生话语协商的意识

公共空间意识的培养也是让学生养成参与公共活动的主动性和能动性，提高公共空间参与权利意识以及对公共事务的敏感性。学校教育中，需要培养学生的言说能力、理性思辨能力，培育学生发挥自身作为公共生活中主体人的积极性意识。

首先，引导师生之间的对话与辩论意识。教师要在日常教育教学中，注重培养学生参与公共领域话语协商的意识，在协商中包容差异，达成共识。教师不仅要在每节课上都创设机会给每个学生表达，而且还要允许学生对他人的观点进行评论、辩论。哈贝马斯强调，话语在实践中的成功运用需要满足三项有效性要求：一是对于参与者而言，所传达的内容必须是真实的；二是对于言说者而言，表达的意图必须是真诚的；三是对于社会的期望而言，话语必须是符合规范和正确的。[①]

其次，培育学生的公共理性和爱的情感。爱的情感是对话和协商产生的动力，公共理性是对话和协商得以达成的重要条件。理性言说不仅需要流畅的口头及书面表达能力、严密的逻辑，还需要具备批判性思维和辩证思维。如果学生缺乏这些思维品质，他们容易失去道德判断和选择的能力，容易屈从于权威或盲目跟风，失去坚持自我公共性的能力。公共理性还给予学生明辨是非的能力，强调尊重他人和共同体对各自利益和福祉的追求，基于公共理性，个体才会在公共性和互惠的基础上进行协商论辩，公共事务才能朝着有利于每个人的方向发展。与此同时，学生还需要具有公共爱的情感，这一情感是对他人和共同体的关怀之爱，爱的情感能够催化个体对公共空间领域他人和公共事务的关

---

① 哈贝马斯.交往与社会进化[M].张博树，译.重庆：重庆出版社，1989：29.

怀意识，从而促进公共空间意识的养成。对他人负责是一种善，对自己负责是一种诚实和现实，对公共空间中的事务负责是一种责任和使命。

（二）赋予学生话语协商的权利

学校公共生活还要让学生拥有参与学校公共事务的话语权。首先，学生要有参与学校治理的话语协商权。学校制度体系要逐渐摆脱自上而下的垂直管理模式，走向一种多元兼顾的民主协商的公共治理模式，这种治理模式强调多元主体的协商对话和合作共治，将学生作为治理的参与主体，教师和学生在学校管理体系、制度体系中民主参与、平等合作。也就是说，在学校制度化管理中，将更多权利让渡给学生和教师，尊重学生的尺度，保留他们的声音，让他们参与学校环境的局部和设计，消解各种固定的边界。例如，走廊上期待看到什么样的风景，都可以与学生进行协商，让他们养成关注公共空间的意识，在学校公共空间中，每个人都可将自己的想法加入到这个空间叙事之中，使得它不断丰富和生长。其次，学生要有在班级管理制度中的话语权和协商权。学生作为班级管理的主体，要鼓励他们对班级公共事务开展对话、协商和参与，以确保学生在班级管理体系中的话语权和平等参与的机会。例如，可以多增设班级岗位，让学生参与小岗位的管理。学生参与不同角色群的人员交流轮换，增加了每个学生的多重角色体验，提升学生作为班级主人的责任意识和能力，让学生明确职责，其责任是为其他同学服务、承担班级公共事务管理。同时，还要鼓励班干部收集同学对班级建设工作的意见和建议等信息，并通过班级民主会议的形式将其反馈于班级中，这种小小班干部要轮换制，而非终身制，其目的要让每个学生参与其中，他们在相互合作和服务中进行日常管理，获得共同发展。再次，在多主体参与中，要给予集体关怀。集体关怀能够推动多主体在参与中的自主建构。"共生体中的师生关系是相互规定、交互生成的，师生没有固定的身份。师生角色与身份的定位，取决于各自对知识创生和人格实践的动态贡献，因此是动态的、可变的"①。学校在公共交往中关怀他者，能够实现

---

① 冯建军.主体教育哲学[M].太原：山西教育出版社，2023：221.

差异性主体之间的交互共生，"'差异'与'共生'并在"①。

（三）彰显学校制度的协商价值取向

协商的学校制度价值取向，首先要承认学校中不同个体的主体性，承认每个个体的平等权利、平等尊严。协商的学校制度价值取向是赋予每个个体话语权，学校的管理制度要充分征求学生的意见，制度除了反映管理者和教师的意愿外，更多地体现了学生的意愿，代表学生公共生活中的利益，如此才能保障学生在学校公共生活中公共空间意识的养成。学校制度尤其是学生管理制度或管理条例的形成，是一个制度、讨论、修正的过程，本着学生在公共生活中参与的原则，学生在话语协商中要保障其正当利益。其次，学校制度是学校公共空间中的规则和政策，政策是为发展人服务的，学生参与学校制度的制定是学生参与公共生活活动的一种特殊德性。彰显协商的学校制度价值取向注重培养学生在话语协商中的公共空间意识。协商品质还能够促进学生更有意识地关心公共事务和公共福祉。再次，学校制度还要创设平等协商的环境。平等协商的学校制度强调多主体的参与、互动。学校通过制度保障赋予学生参与学校公共生活的权利，就某种问题通过各种组织、论坛和平台等进行研讨，旨在达成共识。平等协商的学校制度环境，能够形成集体性的规范和行为准则，有利于弥合与他者的裂痕，个体也能够更加积极地参与公共生活。

（四）创设学生话语协商的活动

在社会公共空间内，就特定问题通过各种组织、论坛和平台等进行交流、讨论、对话和协商，旨在培养学生的公共空间意识。学校要为学生创设话语协商的社会实践活动。具体可以从以下两个方面进行：首先，创办新型公共事务议题研讨活动。一是学校要为学生创设平等协商的有效空间，为学生提供休闲、舒适、开放的公共空间环境，以确保开展有效的话语协商的可能性。例如，学校为学生创造休闲吧、研讨吧、娱乐吧等，这些活动集娱乐与教育于一体，在休闲娱乐中开拓学生思维，展开开放式对话。二是创设研讨组织。公共

---

① 冯建军.从主体间性、他者性到公共性——兼论教育中的主体间关系[J].南京社会科学，2016（9）：123-130.

事务议题研讨活动能够锻炼学生对公共事务的申辩、辩论、协商能力，学校还应创设"学生申诉会""学生民主协商委员会""学生民主辩论会"等新型的组织机构，以保证教师和学生在公共平台上就公共议题进行民主协商，更好地保障学生的参与权和合法利益，在民主协商中实现公共空间意识的主体性教育。三是创设社会—社区—学校多方协同的活动。学生公共空间意识的培育不只是学校的事情，更是多方配合、合作的活动，这需要学校实施走出去策略，积极走进社会、走进社区，学校积极创设师生共同参与的社会实践活动，致力于建构"社会—社区—学校"多方参与的实践活动，多方参与的实践活动能够让学生真实地参与社会公共事务，而不是让学生在虚拟的故事和案例中进行探讨，这样更能提高学生对公共空间事务的参与力。例如，学校可以鼓励学生参与社区民主协商活动、社会公共事务议题研讨活动，在实践中提高学生公共理性能力、增强话语协商精神，在实践中不断增强学生对公共事务的参与力、感知力、辨别力等。社会—社区的公共性能够促进学生公共人的养成，使学生真实感受到小公民的角色意识，在公共空间中培养公共人，从而促进培育公共空间意识。

（五）构建公共空间中话语协商的生活方式

学校是一种公共领域，学校的公共性是其根本特征。在学校生活的个体参与学校活动，学生和教师都遵守学校的公共制度规约，在学校公共生活中师生均关注共同利益、参与共同利益，这需要不同个体积极参与协商、讨论，从而关心公共事务与公共福祉。那么，如何建构一种话语协商的生活方式？并在这种生活方式中培育学生的公共空间意识？这需要从以下三个方面进行：一是锻造学生协商式的思维方式。协商式的思维方式是从协商的角度观察和认识公共问题，是民主化和理性化的思维方式。教师要鼓励学生运用协商来达成共识，提高运用协商的方式来解决公共生活中的问题的能力。通过发挥制度的规范和激励效用，帮助学生养成协商的行为方式和理性化辩论问题的能力。二是培养学生协商的精神品格。这需要学校在话语协商活动中培养协商的品格。协商的品格是指能沟通、善沟通、爱交流等，在陌生人社会中学生要善于关怀他人，走近他人，并与他人进行沟通，从而达成共识。协商的品格更是一种关怀，不是强制式或将个人观点强压于他者，而是为他者考虑。三是引导学生过一种话语协商式的生活。话语协商式的生活是公共生活的体现，源于解决公共生活中的矛盾和冲突。话语协商式的生活能够保障学生自主关怀公共生活中的矛盾和冲突，提升学生的公共空间意识。

第九章　在技术物中培养公共空间意识

　　公德是公共空间的道德要求。公共空间意识是人对公共空间中个人权利和义务关系的意识，它不仅是公德的重要组成部分，而且是公德素养养成的前提和基础。[①]国人公德水平相对不高，与公共空间意识淡漠密切相关。由于公共空间意识淡漠，国人要么把公共空间理解为"无主空间"，误以为在公共空间就可以随意而为；要么把公共空间理解为"政府空间"，误以为维系公共空间秩序，促进公共空间发展是政府的责任，而非个人的道德责任。为了深入推进文明城市创建工作，提升公民的公德素养，很多地方开始重视公共空间意识教育。公共空间是人和物共同组成的空间，在公共空间中，既有人与人的交流，也存在物对人的影响。因此，为了培养学生的公共空间意识，我们既要重视人的活动和交往的设计与开展，也要重视物的设计和应用。

第一节　公共空间意识教育的问题与实施：
技术物道德化的角度

　　受主流伦理学的影响，很多学校误以为物不具有道德性，无法对人的道德行为产生重要影响，只重视通过设计和开展各种人的活动与交往来培养学生的公共空间意识，不重视通过物的设计和应用来培养学生的公共空间意识。其实，物也具有道德性，人们有意识设计的技术物更有可能具有道德性，能够对人的道德行动和公共空间意识培养产生重大影响。本节从技术物道德化的角度来分析公共空间意识教育何以可能、存何问题、以何生效。

---

① 严从根. 论公共空间意识教育[J]. 教育研究，2016（5）：60-65.

一、公共空间意识教育何以可能

生活世界中的人不仅要与人打交道，也要与物打交道，特别是要和技术物打交道。美国学者帕克就说道："个体在塑造城市的过程中也间接地按照自身所建设的城市样子改造自己。"[①] 换言之，人生活在社会中，一方面改造着物，另一方面也在社会生活中受到各种物的影响和改造。因此，通过"物"，特别是人类有意识设计和应用的"技术物"，开展公共空间意识教育具有可能性。

（一）技术物的道德性

一般来说，自然界中的"物"并不必然具有道德性，混沌世界中的物"缺乏秩序、划分、形式、美、智慧以及一切称之为美的人性"[②]。但是，当自然界中的"物"与人遭遇，成为秩序整体的一部分，即成为"技术物"之后，它便有可能具有道德性。技术物即技术人工物，指的是应用于现实生活中的技术产品。有学者指出，"技术物是什么"，这必须基于其所处的具体情境才能确切地来把握。唐·伊德（Don Ihde）提出技术物的多重稳定性理论，认为技术物并没有一个固定的本质，它必须通过使用才能成其所是。换而言之，技术物的本质依赖于其所处的具体情境及其被使用的方式。"不管什么样的技术物品，只有通过它的使用才能成其所'是'""技术属性是在使用情境中获得意义的"[③]。因此，技术物意味着人在使用技术的情境中与世界发生联系，使用中的物形塑着人在世界中的感知与实践。技术物事实上作为中介调节着人与世界的关系。但主流伦理学认为，物本身是价值中立的，技术物作为实现人类目的的工具或手段具有效用价值，并不具有道德价值；"物质客体没有思想或意识。它们缺乏自由意志和意向性，并且还不能对他们的行动负责；因而它们不能成为成熟的道德共同体要素"[④]。易言之，在主流伦理学看来，道德的主体只能是人，技术物是没有自由自觉意识的物，不具有道德性；我们可以对人进行道德

---

① Park R. On Social Control and Collective Behavior[M]. Chicago: Chicago University Press，1967：3.
② 尼采. 快乐的知识[M]. 黄明嘉，译. 北京：中央编译出版社，1999：83.
③ 伊德. 技术与生活世界[M]. 韩连庆，译. 北京：北京大学出版社，2012：74.
④ 维贝克. 将技术道德化：理解与设计物的道德[M]. 闫宏秀，杨庆峰，译. 上海：上海交通大学出版社，2016：2.

评判，但不能对技术物进行道德评判。然而，随着技术物对人类生活影响的不断增强，传统伦理学的观念越来越难以解释技术时代的真实道德境况。以荷兰哲学家彼得·保罗·维贝克（Peter Paul Verbeek）为代表的技术哲学家，重新思考了"技术物能否以及在何种程度上能够作为道德主体"这一问题。维贝克认为，技术物调节着人的道德行为和决策，技术物可以成为某种意义上的"道德主体"，并提出了"技术道德化"（moralizing technology）的概念。

在人使用技术的情境中，人可以影响技术物的使用，技术物也可以影响人的感知和行为。维贝克认为，技术物通过形塑人的感知与实践，调节着人的道德行为和道德决策，从而对人的道德行动产生影响。易言之，技术物可以有意或无意地"劝说"行为主体按照道德要求行动，比如马路上的减速带时刻都在提醒驾驶员在特定地段要减速行驶，地铁入口的验票闸门时刻都在提醒人们要买票才能乘坐地铁等。在这一过程中，技术物与人相互交织，人的行为不仅受到个人意识和意志的影响，而且也受到技术物的影响，正是在此意义上可以说，技术物也是某种意义上的"道德行动者"[1]。维贝克因此指出，"我们不应当仅仅关注人，而应当开始认识到非人类的实体充满了道德"[2]。

技术物不仅"劝说"着人的道德选择和道德行为，还会以其自身的存在方式强制人按照技术物的道德逻辑开展行动，这种存在方式可以称为海德格尔所说的"Ge-stell（国内一般翻译为"座架"）。海德格尔认为，"Ge-stell意味着对那种摆置（stellen）的聚集，这种摆置摆置着人，也即促逼人，使人以订造方式把现实当作持存物来解蔽"[3]。以"Ge-stell"为存在方式的技术物具有如下特点：一是摆置性。技术物原本出自人的作为，而现在人却无可奈何地被其束缚，表现为技术物起着普遍强制的作用；二是支配性。当技术物的摆置性被普遍化后，它就取得了支配性地位，表现为对人在世存在方式的支配和对它物存在方式的支配；三是限定性。即技术物限定了人和物的行为与实践。也就是

---

① 刘铮. 技术物是道德行动者吗？——维贝克"技术道德化"思想及其内在困境[J]. 东北大学学报（社会科学版），2017（3）：221-226.

② 维贝克. 将技术道德化：理解与设计物的道德[M]. 闫宏秀，杨庆峰，译. 上海：上海交通大学出版社，2016：2.

③ 海德格尔. 演讲与论文集[M]. 孙周兴，译. 北京：生活·读书·新知三联书店，2005：19.

说，技术物与人类的日常生活紧密地交织在一起，而且支配着人们的思维方式和行为方式。①

（二）基于技术物实施公共空间意识教育的可能性

"公共空间意识是指个体对于自己在公共空间中的地位、应享受权利和应履行义务的自觉意识"②。公共空间意识教育是培养学生公共空间意识的教育。作为"Ge-stell"的技术物，具有培养学生公共空间意识的可能性。

技术物可让学生拥有新的道德体验和道德诠释，从而生发出公共空间意识。在公共空间生活中，由于人与技术物的相互作用，在促使人作出符合公共空间生活规范的行动过程中，技术物发挥着重要作用，它重构了人在公共空间生活中的道德体验和道德诠释。"人类不是直接体验世界，而是通过一种调节技术来体验的，这种技术促进着人与世界之间关系的形成。双筒望远镜、温度计以及空调都通过获得新的评估现实的方法，或通过为体验创建新语境的方法来帮助人类形成新的体验。这些被调节体验的并非全部是'人'。人类如果没有这些调节装置就不可能有这些体验"③。可见，技术物可以帮助人发现凭借自然肉身无法发现的一些现象，形成新的体验。因为有了新的体验，所以会有新的诠释，当然也会有新的公共空间意识和道德诠释。比如，监控设备可以将车祸现场完全还原，让学生全方位感知车祸的过程及各种细节，这种监控设备及其内容的播放，让学生有了更新的体验和诠释，产生新的公共空间意识，强化其遵守公共交通规则的意识。

技术物还可为学生创造出新的道德选择境遇，锤炼学生的公共空间意识。技术物是人创造的，并且被人赋予了一定的功能和意向。不过技术物一旦创造出来并且被使用后，就具有了不以人的意志为转移的意向性，可以创造出具有道德选择的公共空间生活境遇。尤其需要注意的是，技术物所具有的意向性并不完全是人赋予的意向性，很多意向性是技术物自身生成的意向性。易言之，

---

① 蒋邦芹.世界的构造——论海德格尔的"世界"概念[M].北京:中国社会科学出版社, 2012: 186-187.
② 严从根.论公共空间意识教育[J].教育研究, 2016（5）: 60-65.
③ 维贝克.将技术道德化:理解与设计物的道德[M].闫宏秀, 杨庆峰, 译.上海:上海交通大学出版社, 2016: 70-71.

技术物的意向性并非都是人衍生出来的意向性，不能完全还原为人类的意向性。比如番茄收割机具有人类赋予的意向性，即促使番茄高度集约化、大规模化的种植；同时也具有人类未被赋予的意向性，比如让不能大规模集约化种植的小农场倒闭，让即便味道佳但不适合集约化生产的番茄停止种植等。因为技术物具有意向性，甚至具有人类没有赋予的意向性，所以在公共空间中技术物能够创造出新的感知体验和道德选择境遇，锤炼人的公共空间意识。例如，减速带一旦被创造出来，即便其设计者、安装者不在场，减速带本身也为驾驶车辆的人员创造了道德选择的境遇：减速还是不减速驾驶车辆？总之，技术物可以"以人类从未预测或期望的方式调节人类的行动和体验"[1]。"物是负责道德的；它们调节道德决定、塑形道德主体，并在道德能动性方面发挥着重要作用"[2]。当然，技术物虽然具有意向性，但这种意向性必须得到人的意向性的支持，才能对人在公共空间中的行为产生影响。

技术物还可以给学生提供新的道德行动的建议，按照生发出来的公共空间意识行动。公共空间中的技术物的功能一旦被人类创造出来，即便人类不在场，其自身对人类的公共空间行为也具有"劝说"的功能，建议人作出符合公共空间规范的行为选择。恰如布鲁诺·拉图尔（Bruno Latour）所说，技术物能够影响行动，技术物的意向就像电影脚本一样，告诉演员们在什么场合，该做什么，不该做什么。[3]在马路上，减速带时刻都在提醒驾驶人员，要有正确的公共空间意识，减速驾驶车辆不仅是安全之举，也是道德之事；不减速驾驶车辆可以提高速度，但非安全之举，也非道德之事。因此，"道德决定通常不是仅仅由人来作出的，而是由人与所使用的技术相互影响来形成的"[4]。"将伦理定位为人类'社会'领域专有的、将技术定位为非人类的'物质'领域专业

---

① 维贝克.将技术道德化：理解与设计物的道德[M].闫宏秀，杨庆峰，译.上海：上海交通大学出版社，2016：72.

② 维贝克.将技术道德化：理解与设计物的道德[M].闫宏秀，杨庆峰，译.上海：上海交通大学出版社，2016：26.

③ 维贝克.将技术道德化：理解与设计物的道德[M].闫宏秀，杨庆峰，译.上海：上海交通大学出版社，2016：56-57.

④ 维贝克.将技术道德化：理解与设计物的道德[M].闫宏秀，杨庆峰，译.上海：上海交通大学出版社，2016：15.

的，这是一种错误"①。当然，在此不是否认人在公共空间生活中的主体作用和能动作用。"作出道德决定是人与技术共同努力的结果。技术意向性是最终导致'复合行动者'意向性的一个要素，复合行动者是人和技术元素的杂交"②。也正因为如此，阿兰·汉森（Allan Hanson）提出的延展能动性理论认为，道德责任并不位于某个伦理个体中，而是分布在人类和技术物之间的关系网络中③；戴维·查奈尔（David Channell）提出的仿生学伦理学认为，虽然要反对人类中心主义，但也不能把机器等技术物，以及动物、植物、山河等赋予人类同样的道德地位，生态的每个实体都有一定程度的自主性，但在整个系统中，每个实体在互动中，对整个系统的调控发挥着一定作用。④

二、技术物道德化的缺失和窄化

如上所说，技术物具有道德性，能够对人的公共空间意识的形成和发展发挥重要作用，但是绝大多数学校都没有充分意识到技术物道德化的作用，特别是技术物在公共空间意识教育中的作用，即便一些学校意识到有必要让技术物道德化，但由于狭隘地理解了公共空间意识，让技术物道德化有所窄化，片面地实施了公共空间意识教育。

（一）技术物道德化的缺失和公共空间意识教育的缺失

学校是人工的产物，从这种意义上而言，学校本身就是一种技术物；学校的任何一个角落都有相对微小的技术物的存在。但是，很多学校通常只对凝聚了学校文化的技术物进行精心的道德化设计和应用，比如校门、校园雕塑等，而忽视其他绝大多数技术物的道德化设计和应用。即便如此，技术物一旦形成，往往就能产生一些意想不到的道德作用和道德教育问题。维贝克指出，

① 维贝克. 将技术道德化：理解与设计物的道德[M]. 闫宏秀，杨庆峰，译. 上海：上海交通大学出版社，2016：7.
② 维贝克. 将技术道德化：理解与设计物的道德[M]. 闫宏秀，杨庆峰，译. 上海：上海交通大学出版社，2016：73.
③ Hanson F A. Beyond the skin bag: On the moral responsibility of extended agencies[J]. Ethics and Information Technology, 2009（11）: 91-99.
④ Channell D J. The Vital Machine: A Study of Technology and Organic Life[M]. Oxford: Oxford University Press, 1991: 153-154.

"甚至当设计者没有明确从道德角度反思他们的作品，他们设计的人工物也不可避免地在人们的行动和体验中扮演着调节作用"①。因为没有精心设计和应用技术物，所以这种调节往往很难起到道德教育的作用（包括公共空间意识教育的作用），甚至起到相反的作用。比如，Class DoJo 等智能化的教学互动管理平台，不仅让师生的外在言行无处可遁，而且还让师生的内在偏好、思维习惯等无处可藏；智能手机、可穿戴技术等让师生在学校的隐私行为可被即时传播和扩散；各种大数据技术让匿名化的隐私保护举措毫无作用。②如果师生均没有意识到学校公共空间中的隐私伦理问题，长期和这些技术物相处之后，师生就难以形成公共空间中相应的隐私保护意识和尊重他人的隐私保护品质。

再如学校设计和应用的诸多技术物，比如流程表等，目的不在于实施道德教化，而在于优化管理和教学。这些技术物没有明显的道德化，但可能产生道德教化的作用，比如有可能让学生逐渐形成程序正义意识，但也有可能产生一种反道德教化的作用：这些技术物要求师生按照目的理性，遵循技术规制的程序和标准，高效行事。在这种反复的高效行事中，学生很可能会形成如下条件反射：遇到问题，尊崇命令，自动化地按规行事。这种尊崇命令和自动化地按规行事甚至被很多学校视为一种"美德"。这种美德要求个体思考的不是要不要接受命令、按规行事，而是如何更好地接受命令、按规行事。在这种只追求目标完成和高效行事的过程中，个人不会充分考虑自己和合作伙伴的情感诉求、道德想象、道德追求等；对于强制同伴按规思考和行动、摒弃个性化追求和个性化思维等，不作道德方面的考虑，或者佯装不见，他们从不扪心自问，"我是否对得起自己的良心"。如此，个人就很容易犯下阿伦特所说的"平庸的恶"③。

统而言之，当学校只重视技术物的工具价值，没有充分考虑技术物的道德化，技术物就会完全沦为规训学生的工具。如此，"任何微小的活动都受到监

---

① 维贝克.将技术道德化：理解与设计物的道德[M].闫宏秀，杨庆峰，译.上海：上海交通大学出版社，2016：113.
② 严从根，陈丹琴.信息技术时代教学空间的隐私风险[J].华东师范大学学报（教育科学版），2022（3）：10-19.
③ 阿伦特，等.《耶路撒冷的艾希曼》：伦理的现代困境[M].孙传钊，译.长春：吉林人民出版社，2003：190-195.

视，任何情况都被记录下来"①；学生被限制在特定的空间内，处处受到监视，不可越界。作为工具的技术物促使学生形成的是被迫遵循规范的意识，而非自觉履行公共空间要求的意识。当脱离这些技术物的控制时，学生很难在公共空间自觉遵守它的规范要求，表现出很好的公德素养。

（二）技术物道德化的窄化和公共空间意识教育的窄化

不可否认，学校对一些技术物实施了道德化设计，但是，绝大多数学校道德化设计的技术物，都只是在引导人遵纪守法。这些技术物主要通过突出人的行为细节、干预人的行为细节，从而对人实施规训。

学校技术物对人行为细节的规训主要体现在对空间的分割上。学校首先通过围墙等把学校和班级与外界分割开来，排除外界的打扰。在学校内部，学校通过课桌及其排列、走廊及其行走指示标志物等，让每个人都有自己的位置，每个人都不得擅自离开自己的位置，走进别人的空间。"原本混杂在一起的人或事物得到了分解、整理、排序，被赋予了一种'秩序'。'秩序'是一种展露和操作细节的艺术。它避免混乱，强调清晰；它打断联系，强化分离。个体被按照其特性赋予了固定的位置，其细节和全部的秘密也在此得到了展现"②。学校技术物对人行为细节的规训还集中体现在对时间的控制上。学校通过钟表、电铃等技术物，引导教师和学生按照要求到校和离校、上课和下课。有时候，甚至通过这些时间技术物，规定学生每个动作所需的时间、幅度、力度等。"在这种训练方式中，个体的活动被分割成了若干细节性的动作，每个动作都会得到反复的操练。与此同时，规训还制定了精细的'时间表'，从时间上严格地把握动作的过程。需要指出的是，这种'时间表'有一种'榨取'，而不是利用时间的性质，它试图用精确到秒的规定来限制和排列人体的动作和活动。身体的位置、姿势、动作等都被框定在紧密的时间序列中"③。为了让教师和学生遵循时间和空间的控制，学校还通过摄像头等技术物对人进行监视，通过行为规范文化墙等技术物对人进行提醒，通过行为记录本、档案等技术物

---

① 福柯. 规训与惩罚：监狱的诞生[M]. 刘北成，杨远婴，译. 北京：生活·读书·新知三联书店，2012：221.
② 张凯. 生命政治：现代国家治理术[M]. 上海：上海社会科学院出版社：2021：66.
③ 张凯. 生命政治：现代国家治理术[M]. 上海：上海社会科学院出版社：2021：66.

对人进行检查等。

总而言之，这些技术物和师生一起创造了新的道德境遇和体验，影响了个人的道德诠释和道德行为，这实际上是"一种权力'物理学'或'权力解剖学'"①。通过这些技术物的影响，师生可以更大程度地利用时间和空间，可以更有效地工作或学习，在此过程中，学校可以提高教学质量，也可以提升师生的道德水平。但是存在如下不足：第一，规范有余，活力不足。这种规范虽然能让师生遵纪守法，但未能有效地激发学生的主动性和积极性，未能释放学生的天性以追求自己的兴趣。更为严重的是，在这种规训中，学生的生命受到全方位的控制，丧失了对学校的空间和时间的支配权利。学生看起来是为了更好的生活而积极奋进，但实际上这些积极奋进行为都是被控制的产物。第二，窄化了对公共空间意识的理解。公共空间既包括遵纪守法即可正常运行的消极的公共空间，例如，电影院、图书馆等，也包括需要个人积极参与和互动方能正常运行的积极的公共空间，例如协商大会等。因此，公共空间意识既要包括消极的公共空间意识，也要包括积极的公共空间意识。但在现今日益注重升学率提升的学校教育中，不少学校存有的技术物产生的道德影响，往往只是要求学生具有消极的公共空间意识，例如公共空间规范遵守意识和维护意识，缺乏积极的公共空间意识的培养。秧田式的座位排列、普遍化的录像监控、无处不在的透明墙设计，都在强化要遵守的公共空间规范，弱化了人的公共交往和协商意识，妨碍了公共生活的开展，阻碍了人的公共空间参与精神和自由品质的培养。"在现今学校里，看似存在大量适宜公共生活的物理空间，比如教室、图书馆、操场等，但实际上，这些空间的设计基本沿用了透明墙设计的原理：为了让物理空间内部和外部融为—体，墙面尽量采用玻璃等透明材质。不过，墙体的框架结构则让这种透明空间变成封闭的，人们可以随时看见空间里的人和物，却很难有机会进入这种空间参与活动。这种设计除了提高空间的采光度，并没有创造更多的空间可以使学生停留、议事和举办各种集体性的公共活动。甚至，学校里的各类通道也只保留了安全和快速流动功能，不再具有柏拉图学

---

① 福柯. 规训与惩罚：监狱的诞生[M]. 刘北成，杨远婴，译. 北京：生活·读书·新知三联书店，2012：241-243.

园里的各类通道所具有的功能：随处停留，方便议事。可见，现今学校里的这些物理空间貌似是开放的学生公共生活空间，实际上却对学生集体性的公共生活呈现出拒绝的姿态"①。总之，就个人道德主动性的发挥和增进公共福祉而言，形成积极的公共空间意识，积极参与公共生活和公共交往，具有更为重要的价值和意义。当把公共空间意识及其道德要求仅仅理解为五讲四美的时候，实际上就大大窄化了公共空间意识教育及其道德教育的价值和意义。阿伦特就指出，只有形成积极的公共空间意识，走进公共空间，参与公共活动，实施公共交往，才能充分展现人的卓异和创造性，成为真正意义上的人。②

三、公共空间意识教育的一种实践：学校技术物道德化的设计与应用

为充分利用技术物在培养学生公共空间意识中的价值和作用，学校要充分意识到技术物的道德维度，从公共空间意识培养的角度出发，自觉以实践伦理学者的身份去设计和应用技术物。

（一）优化学校技术物的道德化设计

在现实生活中，技术物并不一定能够发挥设计者想要发挥的道德作用，其发挥的作用往往是无法预料的。实践中，技术物实际发挥作用的是使用者、设计者等。例如，打字机的设计初衷是帮助视力不好的人书写，但在使用过程中，打字机已经被当作所有人快捷打字和编辑的机器了。因此，为了让技术物充分发挥公共空间意识教育的作用，要从公共空间意识生发和发展的角度，优化学校技术物的道德化设计。

第一，设计者要充分发挥其道德想象力和设计能力。通过想象在公共生活情境中，使用者如何理解、评价、操作和体验技术物，设计者有可能预测到技术物实际发挥的教化作用。基于道德想象，设计者还可以不断地完善技术物道德化的设计和布置，凸显技术物在公共空间意识教育中的作用。为此，设计者至少要做到如下几点：①确定道德要求。明确公共空间的道德要求是进行技术

---

① 严从根. 在校园生活中培育学生集体意识[N]. 中国社会科学报，2021-12-31（12）.
② 阿伦特. 公共领域和私人领域[M]//汪晖，陈燕谷. 文化与公共性. 2版. 北京：生活·读书·新知三联书店，2005：80.

物道德化设计的基础和前提。设计者团队要熟悉各种价值哲学、不同共同体所意向的公共空间的道德要求；不仅要熟悉遵纪守法意义上的消极的公共空间意识及其道德要求，也要熟悉积极的公共空间意识及其道德要求。在此基础上，了解与技术物打交道的学生特点，知晓学生经常出入的公共空间，确立针对性的公共空间的道德要求。②融入道德要求。设计者要有能力把确立的公共空间的道德要求融入技术物中，并能针对不同类型的学生，呈现差异化的道德影响，实施因材施教；最好能根据情境变化，适当调整道德影响策略。③证明道德影响效果。用各种方法测试实施的影响能否达到预期，并根据测试结果，不断调整设计。需要特别指出的是，不是每次设计都需要按照上述顺序进行。比如，确定道德要求这个步骤，可能在活动早期确定，也可能在后期才能完成，这不仅是因为一开始设计者考虑不周，更是因为在融入道德要求和证明道德影响效果时需要不断完善道德要求的内容和程度。①

第二，运用集体智慧，协同设计具有涵养公共空间意识的技术物的作用。设计者展开道德想象是提高技术物道德化的重要举措，但这仍然是有限的举措。道德想象只是设计者一方的想象，并不能确保使用者会按照设计者的想象使用技术物，也不能确保技术物会按照设计者的意向发挥协同作用。因此，为了精准提高学校技术物的道德影响力和公共空间意识教育能力，可以运用集体力量，对技术物进行道德评估和道德改进。集体智慧的运用可以分为三类：①任务分解，即将复杂的任务分解成很多简单的小任务，让不同的人去负责；②交替完善，即先让A完成，再让B完善，接着让C来完善或者返回给A来完善；③网络众筹，即将任务发布在公共平台上，让大家根据自己的兴趣和能力协同完成。②这三类方式都是发挥集体力量的重要方式。不过，诸多成功经验显示，网络众筹是特别有效的一种发挥集体智慧的方式：能够激发所有人的积极性，发挥所有人的智慧，其贡献能力和绩效远远超过个体简单分工带来的贡献和绩效。我们可以在鸟群、蜂群、蚁群等群居动物身上发现这种集体智慧，也可以在维基百科、公交城市大脑等智能系统中发现这种集体智慧。为了有效

① 霍文，维克特.信息技术与道德哲学[M].赵迎欢，宋吉鑫，张勤，译.北京：科学出版社，2014：284.
② 高奇琦.人工智能：驯服赛维坦[M].上海：上海交通大学出版社，2018：282.

地发挥网络众筹在学校公共空间技术物道德化设计方面的作用，设计方需要建构"涌现体制"。所谓"涌现体制"，"是指通过某种机制激发所有人自主行动，聚集所有人的简单智慧，让整体拥有个体所不具有的'群集智能'"①。在这个过程中，设计方除了要直接参与技术物道德化设计外，还要花费专门的时间与精力去构建和完善"涌现体制"。总而言之，发挥集体智慧，完善公共空间技术物的设计和安装，可以有效地释放技术物的公共空间意识教育功能。不仅如此，让各方代表评估技术物及其设计方案，还能让所有相关方共同决定技术物的功能和使用，从而可以避免世人担忧的技术专制的恐惧。②

第三，利用虚拟现实技术模拟技术物的实际使用。设计者的道德想象、使用者对技术物设计方案的评估都只是人的主观想象，无法充分考虑技术物在现实场域中对使用者的影响。虚拟现实技术可以逼真地模拟现实世界中的公共空间及其生活。通过虚拟现实技术，可以尽可能地呈现真实学校情境中设计者、技术物、师生的各种交互作用，显现技术物对师生的影响。根据虚拟现实的实际运行情况，设计者可以进一步优化技术物的设计，尽最大可能提高技术物的公共空间意识培育作用。一般而言，利用虚拟现实技术模拟技术物的使用的步骤如下："首先，为处于设计中的技术物以及使用情境中可能涉及的所有相关者确定相应的虚拟代表；其次，运用虚拟代表建构仿真情境，以完成进行模拟试验的装置系统的设置；最后，设计者在试验系统中通过对不同使用情境的模拟，对技术物的功能及可能的调解作用进行研究。"③

（二）合理化应用学校技术物

在学校公共生活中，经过道德化设计的技术物，可能会实现设计者培养学生公共空间意识的初衷，但也有可能不能实现设计者的初衷，甚至还会出现设计者预想不到的积极结果或消极后果。为了有效发挥技术物对公共空间意识培养的积极作用，道德化的学校技术物需要正确使用。

---

① 严从根，商庆义.大学的后科层制取向及批判[J].教育发展研究，2018（7）：67-74.
② 维贝克.将技术道德化：理解与设计物的道德[M].闫宏秀，杨庆峰，译.上海：上海交通大学出版社，2016：128.
③ 程海东，贾璐萌.道德物化——技术物道德"调解"解析[J].道德与文明，2014（6）：111-116.

一是技术物应用的意图要良善。"作为一个实现规范和价值的手段，这些设备的训诫能力不仅体现在安装、编程和运行这些设备的用户身上，还体现在用户最初安装这些设备的那个关键决定上"①。因此，如要提升技术物在公共空间意识教育方面的作用，避免产生不良影响，学校一方面要分析技术物设计的道德意图是否正当，是否适合安置在自己的学校，另一方面还要端正技术物应用的道德意图。学校至少要按照下面三个原则应用技术物：首先，遵循无害原则，即确保应用的意图是善的，不会伤害使用它的人，也不会伤害他所影响到的人；其次，遵循福祉原则，即确保技术物应用后有利于使用该技术物的人，也有利于因其应用而受到影响的人；再次，遵循公平原则，即确保应用者能够公平地对待所有与此相关者，在此过程中，没有边缘化部分人。如此，才有可能提升技术物应用的道德教育价值，避免产生消极的道德教育问题。②

二是技术物应用的方法要妥当。即便设计者和应用者的意图良善，但如果应用方法欠妥，道德化设计的技术物也难以发挥公共空间意识的引导作用，甚至产生消极后果。恰如有人说的："由于设计者的意图与使用者的使用情境之间存在不一致性，这就意味着设计者必须依据技术人工物在具体情境中的使用情况来对技术设计行为和技术设计理念进行反思和修正。技术使用者亦有必要对整个技术使用情境和技术人工物潜在的功能进行反思，以防止技术被误用或滥用。这就是反思技术设计与反思技术使用相结合的方法。"③为了提高和不断优化技术物在公共空间意识教育方面的作用，弱化乃至消除技术物的负面效应，学校至少需要遵循下面三个原则应用技术物：首先，尊重个人的道德自主性。人之所以为人，就在于人拥有自由自觉性。技术物虽然具有道德性，能对人的公共空间行动产生影响，但这种影响不能成为决定性的影响，否则就会导致技术专制，让人成为技术物的奴隶，产生道德懒惰，以至于把所有行动决策都让位给技术物。因此，应用技术物要充分尊重人的道德自主性，让个人拥有

---

①　内斯科乌. 社交机器人：界限、潜力和挑战[M]. 柳帅，张英飒，译. 北京：北京大学出版社，2021：340.
②　维贝克. 将技术道德化：理解与设计物的道德[M]. 闫宏秀，杨庆峰，译. 上海：上海交通大学出版社，2016：160.
③　刘铮."设计者谬误"与前反思自身觉知——论技术人工物道德化设计的身体现象学基础[J]. 东北师范大学学报（社会科学版），2021（3）：1-7.

思考和选择的权利，知晓技术物的道德劝说只是一种影响和建议。其次，确保应用方式无害。道德化的技术物具有良善的道德教化功能，但是如果应用方式不当，也有可能产生不良影响。比如，西方一些学校安装的"健康卫士"（当孩子如厕后没有洗手，会自动提醒孩子洗手），如果其提醒孩子洗手的声音过大，则会让其他学生觉得该生不讲卫生，可能会伤害孩子的自尊等。再次，确保应用公平公正，让所有相关者都被同等对待，避免歧视、边缘化等。

三是技术物应用的结果要分析。分析应用结果是总结技术物应用经验，完善技术物道德化设计和安置的重要步骤。为了让分析更加全面，需要从公共空间意识教育方面进行综合考虑。首先，分析使用者是否信任该技术物。"这个语境中的信任意味着人们合理地期望技术做那些它们应该做的事情以及使用时所产生的结果无害于他们，除非它们预先被充分注意到。这显示了信任暗含着说服性技术的可靠性和设计者部分的责任"①。使用者信任反映了技术物的接纳程度，是技术物能够有效发挥作用的前提和基础。其次，分析技术物实施道德影响的正当性。正当性是人们普遍认可的底线伦理标准。技术物即便能够有效实施公共空间意识教育作用，但如果缺乏正当性，让学生的正当权利和道德选择的自由受到威胁，那么这种技术物就会受到大众的抵触，就不适合在学校应用。"非营利基金会"inBloom免费为很多美国学校提供了性能优越的信息采集和处理软件，教师运用这些软件可以轻松地获取和分析学生的家庭背景、成绩、行为表现等400多种数据，可以对学生实施精准教育，但这项技术物并没有赢得社会的认可和支持，原因在于家长们非常担心孩子的隐私数据被泄露。②再次，分析问题出现的根源。技术物应用可能会出现影响公共空间意识养成的问题。针对出现的问题，需要分析问题产生的根源，确定问题产生的责任者：是设计者设计不周延，还是应用者应用不当，或是使用者使用不正确等。根据这些分析，可以相应地让设计者完善设计，应用者完善应用，使用者正确使用，从而提高技术物的道德教育效果。

① 维贝克. 将技术道德化：理解与设计物的道德[M]. 闫宏秀，杨庆峰，译. 上海：上海交通大学出版社，2016：160.
② Alier M，Casan G M J，Amo D，et al. Privacy and E-learning：A pending task[J]. Sustainability，2021（16）：2-17.

第二节　高品质校园学习空间的构建：公共空间意识教育场所建构

　　学习空间作为技术物，不仅是实施公共空间意识教育的重要载体，更是推进公共空间意识教育的重要力量。因此，公共空间意识教育需要高品质的学习空间。学习空间本身是推进公共空间意识教育的重要力量，改变学习空间可以变革公共空间意识教育。学习空间在不同区域表现出不同的形式，中国古代以"成均""私塾""书院"等为主要形式，在西方常以"教堂""讲堂（hall）"为主要形式。这些学习空间的主要价值在于为学习提供安置之处，是作为"容器"而存在，"物理性是其本质属性"[①]。进入工业社会后，随着科学主义和科学管理主义的影响，人们突破了对学习空间作为"容器"的自然属性的认识，更加关注其工具价值和社会价值，即认为学习空间不仅是"容器"，更是提升教育效率的工具和社会关系再生产的工具。19世纪，教育改革者们纷纷要求对学校建筑进行改革，开展标准化设计。1838年，美国教育家巴纳德（Barnard）提交了《加强公立学校监督的法案》（An Act to Provide for the Better Super Vision of the Common Schools）。法案认为，不良的物理环境阻碍专注的学习活动的发生。[②]随后，这一法案被付诸实施，以规范学习空间的标准化设计，提升教育效率。19世纪末至20世纪初，为适应资本主义发展的需要，许多教育改革者将工业生产的科学管理思想与教育活动相结合，形成了社会控制的新的方法论，试图通过利用规范工人生产活动的经验来改造学习空间，如空间标准化分割，即每个学生都有自己的位置且每个位置都有一名学生；制定时间表，即"时间的划分越来越精细，各种活动必须令行禁止，雷厉风行"[③]。这些方法使得教师有可能对学生个体的活动加以精心控制，不断地培养具有驯顺人格的个体。追求"科学化、标准化和精确化"的科学主义思想一直影响至今的学习空间设计与生产，并成为现代学习空间设计的主导思想。基于科学主义构

---

①　胡化凯，林祯祺. 亚里士多德对时间和空间的认识[J]. 力学与实践，2006（5）：92-94.

②　Button H W, Provenzo E F. History of Educational Culture in America[M]. 2nd ed. Englewood Cliffs, NJ: Prentice Hall, 1989: 114.

③　福柯. 规训与惩罚：监狱的诞生[M]. 刘北成，杨远婴，译. 北京：生活·读书·新知三联书店，2012: 170.

建的学习空间不利于公共空间意识教育的开展。

一、学习空间的科学化危机

为有效开展公共空间意识教育，必须深入反思当前学习空间构建存在的问题。科学化是学习空间构建中存在的主要问题。学习空间的科学化使空间不再仅是客观的、静止的容器，或者说是具有长、宽、高的三维空间，而是会对学习者及其学习生活产生重要影响的体验空间。学习空间可以为学生提供一种非常特殊的空间体验，这种体验与学生存在的基本意识有关。高品质的学习空间就像家一样，可以让学生感受到一种安全感和归属感。[①]科学化的学习空间追求空间的规范、标准和同一，剥夺了学习空间具体的和整体的鲜活情境，遮蔽了学习空间在存在论上的意义，使学习者丧失了在其中的意义体验，无法满足学生安全的需要、归属的需要和自我实现的需要。

（一）学习空间区隔化布局引发安全感不足

空间安全感是指在空间中"有家的感觉""有平静、轻松和放松的感觉"[②]，不受空间中不安全因素威胁的体验。狭长过道分割的封闭空间是影响个体安全感的重要因素。[③]学习空间区隔化随处可见。通过对深圳、杭州、上海、株洲和潍坊等地中小学学习空间的观察发现，"单间教室被秩序井然地划分为几大区域，如门厅（学生入口处）、教师讲台、课桌椅摆放区与过道"[④]。具体而言，学习空间区隔化主要表现为：其一，讲台与学生池的分割。讲台桌与学生座位之间的过道或者台阶将讲台与学生池决然分开。一般而言，讲台区域高于学生池，教师"他站在一个高高的讲台上面，眼光同时看着全体学生，谁也不准做别的事，只准用心听，只准看着他"[⑤]。学习活动中，除非得到教师应

---

① 范梅南. 生活体验研究——人文科学视野中的教育学[M]. 宋广文，等译. 北京：教育科学出版社，2003：137.
② Maslow A H, et al. A clinically derived test for measuring psychological security-insecurity[J]. Journal of General Psychology，1945（33）：21-41.
③ 丁传标，等. 城中村空间形态对居民居住安全感的影响——以广州珠村为例[J]. 地域研究与开发，2015（4）：68-73.
④ 钱晓菲. 设计教育空间：美国现代学校建筑观念的形成[J]. 比较教育研究，2020（11）：45-52.
⑤ 夸美纽斯. 大教学论[M]. 傅任敢，译. 北京：人民教育出版社：1984：141.

允，否则学生不可到讲台上去，楚河汉界，泾渭分明。这也是导致师生之间互动缺乏的重要原因。其二，核心区与边缘区的分割。因为学习空间以"秧田式"（或变体）为布局，而且基本是固定不动的。受教师聚光程度的影响，学习区域就被无形地分割为聚光区（即核心区）与盲区（即边缘区）。核心区域往往被受到教师关注的"优等生"占据，而处于边缘区的空间往往被教师漠视的学生填充。其三，个体与个体之间的分割。各个座位沿着一条条过道左右一字排开，每个位置都有一名学生，每名学生也都有自己的位置和活动边界。

当然，由狭长过道或走廊区隔的空间并不必然引发个体的不安全感。但是，空间区隔化背后暗藏的规训机制会导致个体在空间中丧失轻松、放松、自由的感觉，从而引发不安全感。戴维·哈维（David Harvey）认为，空间分割或区块化是控制不安稳人群或人性的不安分因素的一种重要手段。[①]区隔后的学习空间宛如一个监视机构，"在这一空间中，每个人都被镶嵌在一个固定的位置，任何微小的活动都被监视，任何情况都被记录下来"[②]。因此，学习空间通过区块分割在不同的学习者之间建立起壁垒或壕沟，将他们限制在特定的边界之内。在这种封闭的、被割裂的空间内，他们处处受到监视，不可越界，否则将面临训诫等风险。研究发现，"设备齐全的独门教室造成空间上的压抑"[③]。由此，在区隔化的学习空间中，学生缺乏自由、轻松的空间氛围，进而导致学生缺乏安全感。

（二）学习空间客体化导致归属感缺乏

空间归属感是个体与空间建立情感联系或关系，并对其产生亲切和自豪的情绪体验。空间归属感缺乏多由于处于空间中的个体与空间和空间中的其他共同体缺乏联系所致。[④]空间的客体化异化了学习者与学习空间及空间中的人的关系。一是与学习空间缺乏栖居关系。客体化的学习空间中，学习者变成学习空间的"旁观者"。这种旁观者模型"使人和对象的基本关系看起来纯粹是空间上的近邻关系，任何对象就像一个对象和另一个对象并列在一起相互并肩

---

① 哈维. 叛逆的城市——从拥有城市权利到城市革命[M]. 叶齐茂，译. 北京：商务印书馆，2014：119.
② 福柯. 规训与惩罚：监狱的诞生[M]. 刘北成，杨远婴，译. 北京：生活·读书·新知三联书店，2012：221.
③ 胡森，等. 国际教育百科全书（第八卷）[M]. 贵阳：贵州教育出版社，1991：217.
⑤ 林想，文应威，陈晓刚. 哲学视域下居住场所归属感的若干思考[J]. 江西师范大学学报（哲学社会科学版），2020（3）：117-122.

而立"①。换言之，学习者与学习空间之间就像两个绝缘体，没有水乳交融的关系，学习者在学习空间内学习，就好比水与杯子的关系，水在杯子里，水可以从杯子里倒出来，不管是水量还是水质都不会发生变化，而且当水被倒出来后，水与杯子也不再有任何关联。具体到学习活动中，教室里有一排排的平板（靠背）椅和课桌，学生整齐地、安静地、长时间地坐在平板（靠背）椅上，四周是雪白的或贴有几幅图画作点缀的墙壁，为学习的活动范围划定边界。由此，学习空间与学习者之间成为两个静态的现成存在物的关系，而非空间是学习者"上手的东西"。② 二是与空间中的个体或群体缺乏社会交互关系。学习空间客体化的过程伴随着空间区隔化，这严重影响学生与同伴、教师与学生之间的讨论和交流，导致学习空间中不同个体之间本应充满情感的对话与交流的关系日益寡淡。研究发现，在传统教室形式的学习空间中，教师讲授的频数显著高于在相对开放的学习空间中的频数。③另有研究也证实，教室形式的学习空间阻碍了学生之间的社会性交往。④

学习者与学习空间关系的异化使学习者不再依寓于学习空间而存在。所谓"依寓于"是指学习者在此空间中显现自身、成其为自身，也就是学习者"依"此学习空间而"存在"，两者是不可分割的。空间客体化使学习空间丧失了"栖居地"的意义，导致学习者对学习空间缺乏认同感和亲切感。同时，学习空间中学习者共在关系的异化导致空间内部不同个体、不同群体之间的情感交流和对话日益冷漠，造成学生无法从社会性交往中寻求认同。因此，学习空间客体化导致空间归属感缺乏。2012 年的PISA测试显示，上海学生的学习空间（学校）归属感指数为 –0.32，显著低于经济合作与发展组织（OECD）发布的均值指数。⑤

① 马尔霍尔.海德格尔与《存在与时间》[M].亓校盛，译.桂林：广西师范大学出版社，2007：61.
② 海德格尔.存在与时间：修订译本[M].陈嘉映，王庆节，译.北京：生活·读书·新知三联书店，2014：82.
③ 王周秀，许亚锋.学习空间影响教学行为的实证研究[J].电化教育研究，2015（4）：95-102.
④ 许亚锋，塔卫刚.学习空间对学生学习的影响研究[J].远程教育杂志，2014（5）：82-89.
⑤ 国际学生评估项目中国上海项目组.质量与公平：上海 2012 年国际学生评估项目（PISA）研究报告[M].上海：上海教育出版社，2016：95.

（三）学习空间的标准化设计致使获得感弱化

获得感是指学习者体验到学习空间促成追求自己的能力或潜能并使之完善化的感觉。实践中，学习空间的标准化设计严重阻碍了学生生命可能性的筹划与实现，使学生缺乏获得感。现实中的学习空间基本是按照物理学和几何学的规范来建设的，国家对城市和农村中小学的教室建设标准有明确的规定，农村普通非完全小学普通教室的使用面积为 40 平方米[①]，城市九年制学校的普通教室每间使用面积为 67 平方米。[②]学习空间不仅使用面积被明确规定，结构设计也被精确规定，如空间的形状、窗户的设置位置及大小、讲台的位置及高度、墙面的布置、讲台桌的位置、课桌的大小重量及排列等；即使其他的功能性教室，如音乐教室、美术教室、科学教室或计算机教室等，也就是所谓的"专用教室"或"专业教室"，本质上与普通教室也别无二致。只不过这些教室的空间使用面积更大、配置更现代化，或者桌椅材料有所不同。采用标准化建设的学习空间"具有四方形空旷敞亮的屋子，整齐排放的桌椅，占据两面墙的窗户，俨然成为工业生产线的克隆品"[③]。

标准化是一套机制，其存在于多样性的地方，本质是多样性的绝对同一化。因此，标准化的学习空间对学生具有极强的形塑作用。正如列斐伏尔所言，"有能量可资利用的身体，有生命的身体，创造或者生产出他们自己的空间；反过来，空间的法则，也就是说，空间中的区分法则，也主宰着这个活的身体及其能量的分布"[④]。换言之，学习空间的标准化就是一种身体和个性的规训机制。福柯认为，规训包括一系列手段、技术、程序、应用标准、目标……它可以被各种机构或体制借过来使用，如"专门"机构，或者是把它作为达到某种特殊目的的基本手段。[⑤]教学过程中，利用学习空间的标准化技术，严厉地训诫个体身上的非标准化要素。当学习者和学习活动都被局限于这个标准化

---

① 中华人民共和国住房和城乡建设部. 关于批准发布《农村普通中小学校建设标准》的通知[EB/OL].（2008-09-18）[2024-03-29]. http://www.mohurd.gov.cn/wjfb/200809/t20080918_176929.html.

② 城市普通中小学校校舍建设标准[EB/OL].（2015-09-09）[2024-03-29]. https://www.csdp.edu.cn/article/589.html

③ 潘跃玲，熊和平. 教室空间的现象学之维[J]. 教育发展研究，2013（4）：66-70.

④ 列斐伏尔. 空间的生产[M]. 刘怀玉，等译. 北京：商务印书馆，2021：250.

⑤ 福柯. 规训与惩罚：监狱的诞生[M]. 刘北成，杨远婴，译. 北京：生活·读书·新知三联书店，2012：242.

的学习空间时，确实可在培养标准化人才方面大放异彩。但是，当恍然醒悟之时，人们会"逐渐发现原来这些被封装起来的事物都已失去了原初的味道和色彩，那些鲜活的或朴素的东西已经离我们远去"[1]。受标准化机制的制约，学生超出标准的潜能无法得到培养。不仅如此，学生的知识学习也受到影响。研究发现，在教室形式的学习空间中不利于学生理解相关概念及掌握基本操作。[2]同时，这样的学习空间也很少能为学生提供训练机会，包括"分析思维与创新能力、批判性思维与分析能力、复杂问题解决能力和领导力与社会影响力"[3]等10余种未来工作所需的核心技能。[4]因此，学习空间的标准化设计导致学习者难以从学习空间中体验到获得感。挪威的建筑现象学学者诺伯舒兹（Norberg-Schulz）认为，"人的空间认同在很大程度上取决于场所和事物的功能。"[5]由此可知，学习空间难以促成学生成长与发展也是造成学生缺乏空间归属感的重要原因。

二、基于生活世界的高品质学习空间的特征

科学化的学习空间是科学世界的具体化，科学世界不是生活世界，生活世界是前科学的、非科学的世界。正如德尔默·莫兰（Demot Moran）所言："生活世界是插入自然世界和文化世界之间的一个层次。生活世界是前历史经验的世界，是使我们得以与自然互动并发展我们自己的文化形式者。"[6]日常生活中，由于对科学的执迷，科学世界暗中代替了唯一现实世界即生活世界，导致我们经验的世界被形成科学化、客体化世界。遵循科学主义逻辑构建的学习空间脱胎于科学世界，学习空间科学化造成学习空间的科学化危机，导致学生缺

---

① 奈尔. 重新设计一所好学校：简单、合理、多样化地解构和重塑现有学习空间和学校环境[M]. 林文静，译. 北京：中国青年出版社，2019：33.

② 许亚锋，塔卫刚. 学习空间对学生学习的影响研究[J]. 远程教育杂志，2014（5）：82-89.

③ World Economic Forum. The Future of Jobs Report 2018[EB/OL]. https://www3. weforum. org/docs/WEF_Future_of_Jobs_2018: pdf.

④ 奈尔. 重新设计一所好学校：简单、合理、多样化地解构和重塑现有学习空间和学校环境[M]. 林文静，译. 北京：中国青年出版社，2019：33.

⑤ Norberg-Schulz C. Genius Loci: Towards a Phenomenology of Architecture[M]. Milano: Mondadori Electa S. p. A., 1980: 21.

⑥ 莫兰. 现象学：一部历史的和批评的导论[M]. 李幼蒸，译. 北京：中国人民大学出版社出版，2017：203.

乏学习意义体验。因此，为化解学习空间的科学化危机，我们需要回归生活世界，"即回溯到这样一个世界，在其中我们总是已经在生活着，并且它为一切认知作用和一切学科规定提供了基础"①。

"生活世界"是前科学的"原初的东西"，具有"前科学的""前概念化的"和"前理论的"等蕴意。"生活世界"是可理解的、给予意义的和自明的。②作为原初的"生活世界"具有如下特征：③一是"非课题性的世界"。生活世界与个体处于姻缘整体中，它不是独立于主体之外的认识对象，两者融为一体。二是随个体主观视域的运动而变化。当个体被抛于生活世界之中，生活世界会吸收个体的主观世界的内容而发生改变。因此，每个人的生活世界并不完全相同。三是"日常的、伸手可及的、非抽象的"。基于生活世界的学习空间还未分化出"为达到特定目的而兴建的规训场所"的功能，也不具有客体化和标准化等特征。因此，基于生活世界的学习空间是学习者栖居于其中以筹划并实现生命可能性的空间。就本体而言，基于生活世界的学习空间是原初的、前科学的，具有非结构性，能够为学生提供安全感；就与学习者的关系而言，学习者是"在学习空间之中……"学习者与学习空间是融为一体的，能够获得"家"一般的归属感；就功能而言，学习者在学习空间中筹划和实现生命可能性，从而体验到获得感。

（一）本体上：具有非结构性和动荡性

科学化的学习空间总是受话语、符号和权力所规制，因此它是理论化的几何空间。与此不同，基于生活世界的学习空间是直观的、非抽象的、日常的和综合统一的境域。所谓"境域"是指不带有现成性的活生生地在场，使我们领会到当下涉及的一切可能。④因此，基于生活世界的学习空间是未分化的混沌的境域，具有非结构性的特征。非结构性是相对于结构性而言的。结构性是指

---

① 胡塞尔. 经验与判断——逻辑谱系学研究[M]. 邓晓芒, 张廷国, 译. 北京: 生活·读书·新知三联书店, 1999: 58.
② 张祥龙. 从现象学到孔夫子（增订版）[M]. 北京: 商务印书馆, 2011: 26.
③ 倪康梁. 现象学及其效应: 胡塞尔与当代哲学[M]. 北京: 生活·读书·新知三联书店, 1994: 131-132.
④ 张祥龙. 海德格尔思想与中国天道: 终极视域的开启与交融[M]. 北京: 生活·读书·新知三联书店, 1996: 375.

学习空间的设计有固定的框架、明确的标准和清晰的边界。它能够确保学习空间规范整齐和学习活动有序开展。也正是因为将结构性奉为圭臬，导致学生产生"逃离感"。非结构化是指学习空间的设计以混沌的、原初的和感性的生活世界为蓝本，形式多样且具有可变化的学习境域。基于生活世界的学习空间的非结构性表现在三方面：一是内容的丰富性。以我们常见的教室为例，它有教材、练习册、笔记本与讲台、桌椅和四面墙壁等物质性要素，还有粘贴在墙壁上的行为规范、操行评定表和学生作品（作业）等文化性要素，这几乎是教室这一学习空间内包含的全部内容。单调的冷冰冰的空间要素造就了贫瘠的教室文化。生活世界包括自然层面和社会层面。就自然层面的生活世界而言，它是由各种各样的活生生的自然物构成的，是一个形态多样、声色各异的世界；就社会层面的生活世界而言，生活世界被各种社会化内容所充实。基于生活世界的学习空间是将生活世界的各种自然物和文化要素融于其中，使学习空间成为丰富多彩的文化空间。二是形式开放性。形式的开放性是指学习空间打破传统封闭的样态，不仅是指学习空间与生活世界的阻断被打破，而且学习空间内部无形的"隔墙"也被推倒，进而使学习空间与生活世界、学习空间内的各区域之间都可以进行开放性的交流。三是形态的生成性。生活世界是具有生活意义的场所，其意义在不同主体、不同主体与生活世界各要素的遭遇中形成。因此，基于生活世界的学习空间不是一个"现成存在物"，其包含着不断生成的意义，是一个容纳多种可能的开放的空间。

因为基于生活世界的学习空间具有非结构性，所以它是不稳定的，具有动荡性。海德格尔在论述"实际生活经验"时提出，"实际性（生活的存在意义）根据动荡而规定自身，动荡乃是实际生活的'原则性规定'"[1]。基于生活世界的学习空间具有非结构性和开放性，导致生活世界的诸多要素以及学习活动的各要素会不时涌入学习空间之中，使学习空间本身具有动荡性；同时，学习者、学习各要素和学习空间处于姻缘整体中，学习者在学习空间中与学习要素遭遇的过程中，也会引发学习空间的运动。因此，动荡性是基于生活世界学习空间的本体特征。学习空间的动荡性表现在两方面：一是学习空间是一个冒

---

[1] 朱松峰. 理解生活：基于现象学和生命哲学的视角[M]. 北京：中国社会科学出版社，2010：56.

险的地方。学习空间的动荡性为学习活动提供了一个冒险的胜地。"它不安定，不稳定，不可思议的不稳定。它的危险是不规则的，不经常的，讲不出它们的时间和季节。这些危险虽然是持续的，但是零散的，出乎意外的"①。二是学习空间蕴含着多种可能性。学习空间是在与学习者遭遇过程中才显现出来的。由此，学习者、学习要素和学习空间之间具有了"姻缘整体性"。但学习空间和各学习要素显示为什么取决于学习者的认知和各要素本身？正如海格尔举的例子：在建造饮水渠时，工人挖到一个有符号的金属物，如何看待这一金属物呢？海德格尔认为，"则取决于问题和主题的设定。比如，那个发现金属物的工人会说：这是古钱。而被叫来的专家则会说：这是罗马硬币，是罗马宫廷遗物"②。

（二）关系上：学习者依寓于学习空间

海德格尔在分析"此在"的基本结构即"在世界之中存在"时提出，"我们不可把'在世界之中存在'分解为一些复可加以拼凑的内容，但这并不排除这一建构的构成环节具有多重性"③。同理，我们在领会学习者"在学习空间之中学习"的内涵时，亦不可将其理解为学习者、学习活动和学习空间三者的拼合。要深刻理解其内容，需领会"空间"与"在……之中"的蕴意。依据海德格尔的分析思路，可以从以下几方面理解学习者与学习空间的关系。

一是学习者在学习空间之中。海德格尔认为，"在世界之中"是人存在的基础结构。传统意义上，"在世界之中"是指"两件在空间'之中'广延着的存在者就其在这一空间之中的处所而相对具有的存在关系"④，正如水在杯子之中，衣服在衣柜之中，"杯子""衣服"是现场存在者摆在空间"之内"的静态物，两者没有发生因缘关系。但在实践中，学习者和学习诸要素在学习空间之中，它们不是作为摆在学习空间"里面"的现成的东西；而是他们之间对彼此作出规定，学习各要素包括学习者也只有与周遭各要素照面时才成其为自身。

---

① 杜威.经验与自然[M].傅统先，译.北京：商务印书馆，2014：44.
② 朱松峰."实际生活经验"的一种扭变样式——早期海德格尔对科学的理解[J].科学技术哲学研究，2008（5）：53-56.
③ 海德格尔.存在与时间：修订译本[M].陈嘉映，王庆节，译.北京：生活·读书·新知三联书店，2014：62.
④ 海德格尔.存在与时间：修订译本[M].陈嘉映，王庆节，译.北京：生活·读书·新知三联书店，2014：63.

因此，"之中"强调的是不同存在者之间的因缘关系，他们具有因缘整体性，每一方都牵涉另一方，而且通过周遭的世界成为自身。如果缺乏因缘整体性，任何东西都不可能作为用具被使用，一支钢笔仅仅在和墨水、纸、写字台、书桌等关系中才作为一支钢笔存在。同样，以教室为例，只有当铃声、学习用具、学习材料、学习者等建立关系时，教室才作为学习空间而存在。因此，如果从存在论的角度来领会"学习空间"，其在存在论上绝不能离开学习者和其他诸要素而得到规定，而且，"在学习空间之中"还有学习者栖居于"学习空间"之意。海德格尔认为，"'之中'〔in〕源自innan-，居住，habitare，逗留。'an〔于〕'意味着：我已住下，我熟悉、我习惯、我照料"①。换言之，"空间"是人存在的家园②，基于生活世界的学习空间具有"家园"的性质，能够给学习者以"家园"的舒适感。

二是学习者"经营着学习空间"。在传统意义上，空间是静止的一成不变的容器，是现成的静止的存在物。而且，基于科学思维，人与空间的关系是纯粹的"认识关系"。在学习空间中，陈列于空间中的各种要素仅是学习者凝视的对象或者倚靠的用具。事实上，学习空间"既不是作为现成状态的事物也不是作为上手状态的事物显露出自身。因为它本身不是一个存在者，而是从社会或文化的角度被构造起来的指引网络"③。同时，学习者是发展中的人，时刻处于"去存在"的征途之中。因此，成长中的学习者像园丁一样经营和改造着学习空间。学习活动中，学习者会去点缀、装饰、调整甚至改造自身所处的学习空间。在经营学习空间的过程中，学习者体验学习活动，形成学习态度，全身心地融入学习空间中，从而对学习空间产生归属感和认同感。如果缺乏这种归属感，即便学习空间布置得再丰富，对学习者而言，此地与其说是一个"栖息地"，还不如说是一个冷冰冰的雪白的"大容器"。

三是学习空间是属于学习者的。科学主义为学习空间的设置设定标准和规则。在其间，学习者和桌椅等其他器物一样，遵循标准而设。基于生活世界的

---

① 海德格尔. 存在与时间：修订译本[M]. 陈嘉映，王庆节，译. 北京：生活·读书·新知三联书店，2014：63.
② 程金生. "空间"与"永恒"——实践哲学视域中的价值问题[M]. 南昌：江西人民出版社，2004：2-3.
③ 马尔霍尔. 海德格尔与《存在与时间》[M]. 亓校盛，译. 桂林：广西师范大学出版社，2007：58.

学习空间与之不同，胡塞尔（Husserl）认为："生活世界是所有人的世界。"[①]据此，基于生活世界的学习空间是属于所有学习者的。换言之，学习者不受外部科学化力量的钳制，可以按照他本己的可能性对学习空间有所作为。也就是说，学习者可以遵循其本真状态栖居于学习空间之中，可以根据他的生命可能性去筹划和营造本真的学习空间。因此，基于生活世界的学习空间具有向来我属的性质，属于学习者本身。

（三）功能上：筹划并实现学习者生命可能性

学习者是处于发展中的人，"去存在"是他的本质特征。正如海德格尔在论述"此在"的本质时所言："在这个存在者身上所能清理出来的各种性质都不是'看上去'如此这般的现成存在者的现成'属性'，而是对它来说总是去存在的种种可能方式，并且仅此而已。"[②]"此在总作为它的可能性来存在"[③]。基于生活世界的学习空间就是要帮助学习者去存在，去筹划并实现他们的生命可能性。当然，科学化的学习空间也致力于实现学生的可能性。但是，它所要发展的可能性是指向"预设的""定型的"，即成为"负载各种荣誉和成绩的"学习者。换言之，学习者已然是"现成的存在者"，即使在"去存在"的过程中仍然蕴含着诸多可能性，但在可能性未显现之时已经被挑选了、被给定了，也就是只能进入朝向"负载各种荣誉和成绩的"学习者的可能性，或者说学习者只能在既定的"可能性"中成长起来。事实上，"儿童的美好生活并不是某种成人设定的好生活，亦非为将来做准备的幸福生活，而是儿童在探究中不断适应、认知与改造的生活"[④]。基于生活世界的高品质学习空间所要筹划并实现的生命可能性不是指向"现成存在者"的可能性，而是遵循学习者自然天性的"可能性"。

当然，生活世界有使个体变成"常人"的倾向，但因空间本身的动荡性特征，能刺激个体保持警醒，时刻准备着与没落的倾向作斗争。换言之，生活世

① 胡塞尔. 欧洲科学的危机与超越论的现象学[M]. 王炳文，译. 北京：商务印书馆，2017：588.
② 海德格尔. 存在与时间：修订译本[M]. 陈嘉映，王庆节，译. 北京：生活·读书·新知三联书店，2014：49-50.
③ 海德格尔. 存在与时间：修订译本[M]. 陈嘉映，王庆节，译. 北京：生活·读书·新知三联书店，2014：50.
④ 刘旭东，王稳东. 儿童美好生活与教育空间的重构[J]. 西北师大学报（社会科学版），2019（2）：95-102.

界有让作为"此在"的学习者安于熟悉的、不言自明的生活世界，但是作为可能性存在，受良心的呼唤和生活世界动荡性的作用，学习者时刻准备着或进行着与这种安稳作斗争。因此，基于生活世界的学习空间，保留着活生生的生活要素和流动的学习生活方式，保留着鲜活的生活结构和关联特征。这样的学习空间有助于儿童天性的自然展开。

三、生活世界视阈下的高品质学习空间构建策略

基于生活世界构建高品质的学习空间要放弃对空间科学化的迷恋，回归学习空间的原初状态即生活世界的学习空间，复归学习空间的本体性；同时，打破学习空间的边界，增强灵活性和开放性；返空间权利给学生，打造个性化学习空间。以此增强学生的安全感、归属感和获得感。构建高品质的学习空间，有利于高质量开展公共空间意识教育。

（一）放弃对空间科学化的迷恋，复归学习空间的原初起点

学习空间的区隔化和标准化是生活世界科学化的结果。生活世界通过科学化获得了一个抹平一切的、对象化、标准化和去生活化的空间。这样的学习空间在培养同一性人格和提升学业成就方面确实具有优越性。但是，"失去了其实际的活生生的本己可能性，失去了其活生生的结构和关联特征，失去了其紧迫、紧张、可问和充盈"①。因此，为复归学习空间的本真价值和意义，建设基于生活世界的高品质学习空间，要在认识上放弃对空间科学化的迷恋，回归学习空间的原初起点即生活世界。一是坚持生活世界是学习空间之源。学习空间无法自行产生，其依存于生活世界。胡塞尔在论述科学世界与生活世界的关系时提出，"科学是人类精神的成就，它在历史上而且对每一个学习者来说都是以从直观的周围生活世界出发为前提"②。同理，学习空间存在于生活世界之中，脱胎于生活世界。实践中，科学化的热情使实践的兴趣局限于被客体化的封闭空间内，使我们将只不过是方法或技术的东西认作真正的存在。事实上，

① 朱松峰. "实际生活经验"的一种扭变样式——早期海德格尔对科学的理解[J]. 科学技术哲学研究，2008（5）：53-56.

② 胡塞尔. 欧洲科学的危机与超越论的现象学[M]. 王炳文，译. 北京：商务印书馆，2017：153.

科学化理念的外衣不过是装饰生活世界的东西。因此，构建高品质的学习空间不可将广袤的学习空间之源窄化为科学化主题化的科学世界。二是秉持非确定性是学习空间的本真状态。非结构性和动荡性是基于生活世界的学习空间的本体性。因此，构建基于生活世界的高品质学习空间要坚信非确定性是学习空间的本真状态，要吸收活生生的、流动的生活元素，让学习空间充满趣味性和不确定性。

（二）推翻"第四堵墙"，打破学习空间的区块分割

生活世界是一个混沌的整体，正如哈贝马斯所言："生活世界是灌木丛。"①因此，生活世界不是一个高度区块化的、冰冷的世界，而是一个开放的、丰富多元的、体验的世界。基于生活世界构建的高品质学习空间也是开放的、鲜活的、舒适的、灵活的、协作的和给人美的享受的空间。如前文所言，科学化的学习空间具有很强的封闭性，宛如一个个小囚室，无法让学生体验"宾至如归"的感觉。要构建开放、灵活、舒适的高品质学习空间，要打破空间内部的无形障碍，即"第四堵墙"。"第四堵墙"原是戏剧的概念。法国自然主义戏剧先驱安德烈·安托万（André Antoine）提出，"演员在自然的状态中表演，排练就在真实的房间里进行，等到他认为排练成熟了，才决定要让观众从哪一面墙的方向看进来。演出时就像把一个真的房间搬到舞台上，撤去一堵墙让观众看，让留下的三堵墙告诉观众剧情发生的地点"②。被撤去的这堵墙即"第四堵墙"。"第四堵墙"的作用在于将观众与演员分隔开来，可以确保演员沉浸于自己的表演之中，免受打扰。我们发现，"学习空间"中也存在着大量的"第四堵墙"，空间内部也正是因存在着大量的"第四堵墙"，才造成了当前的封闭和分隔。

基于生活世界的高品质学习空间就是要打破学习空间的区块分割，推翻无形的"第四堵墙"，保持学习空间的完整性、灵活性、开放性和舒适性。研究发现，开放灵活的学习空间能鼓励和促成学习任务的完成以及交互、跨界互动

---

① 倪梁康. 现象学及其效应——胡塞尔与当代德国哲学[M]. 北京：生活·读书·新知三联书店，1994：352.
② 孙惠柱. 第四堵墙：戏剧的结构与解构[M]. 上海：上海书店出版社，2011：4.

和对话等活动的开展。[①]学习空间中需推翻的"墙"主要包括：其一，拆除讲台与学生池之间的"墙"。拆除这堵墙可以使整个空间变成学习中心，把学生推上讲台，把教师拉下学生池。其二，拆除核心区与边缘区之间的"墙"。空间内部核心与边缘的区分本质上是空间的层级化、权力化。实践中，可以采用学习者在空间轮转或流动的方式，将这堵"墙"打破，让不同学生融合在一起，平等生活和互动。其三，拆除学习者与学习者之间的"墙"。改变"秧田式"的空间布局，根据学习内容的需要，采用"咖啡吧式""心形式""学习社区模式"等不同的空间布局形式，把学习者之间的隔墙打通，打破学生的活动边界，让学生可以放松自由活动。打破学习空间的区块分割，已有一些学校进行探索，浙江省金华市HHT小学以"没有隔阂的学习场域"为设计理念，打破学习空间中的区隔，将学习空间与校园闲置空间和自然生态空间融为一体，增强空间的人情味和趣味性，以学生为中心，使他们无须担心越界，可以自由互动，从而增强安全感。

（三）增强空间要素的友好性，实现学习者与空间的融合共生

生活世界视阈下的学习空间是非客体化的，是物我融合的状态。海德格尔论述"此在"与用具关系的思路可为我们构建学习者与空间友好共生提供思路。海德格尔把主体所遭遇的事物（工具）分为"上手之物"和"现成在手之物"。他认为，"用具本质上是一种'为了作……的东西'"[②]当用具使用起来非常顺手、称手，换言之，用具如其所是地展示自身之时，就是"上手之物"，处于"上手状态"，即用具与使用者之间处于友好关系。当两者处于友好关系时，用具的整体性就得到展现。它与其周围融为一体，主体也沉浸于其中，不会将其从空间中独立出来。比如，多媒体是智慧教室的一部分，多媒体设备顺畅友好地支持教师开展课堂教学，使教师无须花费过多的时间和精力去关注和研究它。比如，只有当"多媒体不能正常运作时"，教师才会去"观

---

① Ossiannilsson E. Leadership: In a time when learners take ownership of their own learning[EB/OL]//Buyuk K, Kocdar S, Boz-kurt A（eds.）. Administrative leadership in open and distance learning programs. Hershey: IGI Global, https://www.igi-global.com/chapter/leadership/182901.

② 海德格尔. 存在与时间: 修订译本[M]. 陈嘉映, 王庆节, 译. 北京: 生活·读书·新知三联书店, 2014: 80.

察"一番，拨弄一阵。也就是说，只有当学习空间的各要素处于"现成在手"的静止状态，并且与空间中的学习者处于不友好关系时，学习各要素才会从空间中脱离出来，成为外在于学习者的客体化用具。这样一来，学习者与学习空间就会变成"两张皮"，难以融通。

设计基于生活世界的学习空间，缓解学习空间与学习者个体的物我分离问题，增强空间的友好性，一是坚持以学生为中心的理念。当前学习空间要素的安排以方便管理、方便成人为基本指向，空有"学生中心"的口号，在实践中缺乏落实。坚持学生中心就是在空间设计、要素的配置和布局等，均从学生的视角，让学生参与其中，使其符合学生的视角、经验和立场。二是确保学习用具的称手性。学习用具的称手性是指空间中的各种用具都能恰到好处地在学生的学习过程中发挥作用。当空间用具称手时，它们能够与主体融为一体。在这样的环境中，学生也能够获得"心流体验"。"心流（flow）是一种令人无法自拔的主观状态，在这种状态中，他们忘记了时间、疲劳以及除了活动本身之外的任何事情"[1]。当学习用具成为"上手之物"，学生可以全身心地专注于学习活动，与学习活动、学习空间融为一体，达到"物我两忘"的境界。

（四）将空间权利返还给学生，塑造个性化学习空间

生活世界属于所有人，而不隶属于科学家。同理，学习空间属于所有学习者，而不属于"权力者""教师"或者"好学生"。因此，基于生活世界的高品质学习空间的构建要把空间构造和变革的权利还给学生，让学生按其自身的存在可能性构建符合其本真的学习空间。所以，变革科学化学习空间的第一原则就是从权力者手中夺回学习空间权利。在空间哲学看来，空间权利是"一种按照我们的期望改变和改造城市的权利"[2]。基于这样的认识，学习空间权利是指一种按照学习空间栖息者的预期改变和改造学习空间的权利，是一种学习者对学习空间再生产过程拥有某种控制权的诉求。返权给学习空间的栖息者时要思考两个问题：一是"学习空间的栖息者"是谁？也就是"谁"享有学习空

---

① Csikszentmihalyi M. Flow and the Foundations of Positive Psychology: The Collected Works of Mihaly Csikszentmihalyi [M]. New York: Springer, 2014: 230.

② 哈维. 叛逆的城市——从拥有城市权利到城市革命[M]. 叶齐茂，译. 北京：商务印书馆，2014: 1.

间权利，是教师？是"学业精英"？还是其他少数人？事实上，学习空间的建构不是"教师"或者"学业精英"的个人权利，而是符合学习者公意的集体权利。换言之，学习空间权利归属于学习空间中的所有个体，而不应把某些个体特别是"差生"边缘化。二是学习者的"预期"是什么？帕克认为，"如果城市是人类按照符合他自己的愿望来创造的世界，那么，这也是他注定要生活在这个世界里"①。因此，"个体在塑造城市的过程中也间接地按照自身所建设的城市的样子改造自己"②。据此，学习空间的栖息者按照自身潜能改造学习空间，建立学习生活方式，在此过程中，自己也形成了一种全新的与这一学习空间相匹配的空间人格。华东师范大学某附属学校积极实践，将学校空间设计权还给学生，让学生自主设计学习空间中的各种标识，比如学习空间的命名。同时，空间的装饰也都由学生自主完成，而且每个月更换一次，每次由不同学生设计完成。将空间权利要还给学生，让每位学生参与学习空间的创设，在学习空间再生产过程中发表声音、表达观点，以促进自身潜能的筹划与发展。

---

① Park R. On Social Control and Collective Behavior[M]. Chicago: Chicago University Press，1967：3.

② Park R. On Social Control and Collective Behavior[M]. Chicago: Chicago University Press，1967：3.

参考文献

一、中文文献

1. 著作

[1] 阿伦特.人的条件[M].竺乾威，等译.上海：上海人民出版社，1999.

[2] 阿伦特，等.《耶路撒冷的艾希曼》：伦理的现代困境[M].孙传钊，译.长春：吉林人民出版社，2003.

[3] 阿伦特.人的境况[M].王寅丽，译.上海：上海人民出版社，2009.

[4] 柏拉图.理想国[M].郭斌和，张竹明，译.北京：商务印书馆，1986.

[5] 鲍曼.个体化社会[M].范祥涛，译.上海：上海三联书店，2002.

[6] 鲍曼.流动的现代性[M].欧阳景根，译.上海：上海三联书店，2002.

[7] 鲍曼.通过社会学去思考[M].高华，等译.北京：社会科学文献出版社，2002.

[8] 鲍曼.共同体[M].欧阳景根，译.南京：江苏人民出版社，2003.

[9] 波兹曼.娱乐至死[M].章艳，译.桂林：广西师范大学出版社，2004.

[10] 蔡文辉，李绍嵘.社会学概要[M].北京：北京联合出版公司，2017.

[11] 陈乔见.公私辨：历史衍化与现代诠释[M].北京：生活·读书·新知三联书店，2013.

[12] 陈弱水.公共意识与中国文化[M].台北：联经出版事业股份有限公司，2005.

[13] 程金生."空间"与"永恒"——实践哲学视域中的价值问题[M].南昌：江西人民出版社，2004.

[14] 达维逊，果敦.性别社会学[M].程志民，等译.重庆：重庆出版社，1989.

[15] 戴烽.公共参与：场域视野下的观察[M].北京：商务印书馆，2010.

[16] 杜威.民主主义与教育[M].王承绪，译.北京：人民教育出版社，1990.

[17] 杜威.人的问题[M].傅统先，邱椿，译.上海：上海人民出版社，1965.

[18] 杜威.经验与自然[M].傅统先，译.北京：商务印书馆，2014.

[19] 范梅南.生活体验研究——人文科学视野中的教育学[M].宋广文，等译.北京：教育科学出版社，2003.

[20] 费孝通.乡土中国[M].北京：中国青年出版社，2022.

[21] 冯建军.公民身份认同与学校公民教育[M].北京：人民出版社，2013.

[22] 冯建军.主体教育哲学[M].太原：山西教育出版社，2023.

[23] 福柯.规训与惩罚：监狱的诞生[M].刘北成，杨远婴，译.北京：生活·读书·新知三联书店，2012.

[24] 高觉敷.西方心理学史论[M].合肥：安徽教育出版社，1995.

[25] 高奇琦.人工智能：驯服赛维坦[M].上海：上海交通大学出版社，2018.

[26] 高兆明.存在与自由：伦理学引论[M].南京：南京师范大学出版社，2004.

[27] 巩克菊.人的利益与思想政治教育创新[M].北京：中央编译出版社，2019.

[28] 郭湛.社会公共性研究[M].北京：人民出版社，2009.

[29] 国际学生评估项目中国上海项目组.质量与公平：上海2012年国际学生评估项目（PISA）研究报告[M].上海：上海教育出版社，2016.

[30] 哈贝马斯.交往与社会进化[M].张博树，译.重庆：重庆出版社，1989.

[31] 哈贝马斯.作为未来的过去——与著名哲学家哈贝马斯对话[M].章国锋，译.杭州：浙江人民出版社，2001.

[32] 哈佛燕京学社.人文学与大学理念[M].南京：江苏教育出版社，2007.

[33] 哈维.叛逆的城市——从拥有城市权利到城市革命[M].叶齐茂，译.北京：商务印书馆，2014.

[34] 海德格尔.海德格尔的存在哲学[M].唐译，编译.长春：吉林出版集团有限责任公司，2013.

[35] 海德格尔.演讲与论文集[M].孙周兴，译.北京：生活·读书·新知三联书店，2005.

[36] 海德格尔. 存在与时间：修订译本[M]. 陈嘉映，王庆节，译. 北京：生活·读书·新知三联书店，2014.

[37] 何云峰，张文潮. 理论经纬·2016[M]. 上海：上海三联书店，2018.

[38] 贺善侃. 当代中国转型期社会形态研究[M]. 北京：学林出版社，2003.

[39] 黑格尔. 法哲学原理[M]. 范扬，张企泰，译. 北京：商务印书馆，1961.

[40] 胡塞尔. 经验与判断——逻辑谱系学研究[M]. 邓晓芒，张廷国，译. 北京：生活·读书·新知三联书店，1999.

[41] 胡塞尔. 欧洲科学的危机与超越论的现象学[M]. 王炳文，译. 北京：商务印书馆，2017.

[42] 胡森，等. 国际教育百科全书（第八卷）[M]. 贵阳：贵州教育出版社，1991.

[43] 胡寅寅. 走向"真正的共同体"马克思共同体思想的致思逻辑研究[M]. 哈尔滨：哈尔滨工程大学出版社，2016.

[44] 胡泳. 众声喧哗：网络时代的个人表达与公共讨论[M]. 桂林：广西师范大学出版社，2008.

[45] 华中师范学院教育科学研究所. 陶行知全集（第2卷）[M]. 长沙：湖南教育出版社，1984.

[46] 黄忏华. 西洋哲学史纲[M]. 北京：东方出版社，2007.

[47] 黄彦华. 近代西方情感主义伦理学与道德教育[M]. 银川：宁夏人民出版社，2017.

[48] 霍布斯. 利维坦[M]. 黎思复，黎廷弼，译. 北京：商务印书馆，1985.

[49] 霍文，维克特. 信息技术与道德哲学[M]. 赵迎欢，宋吉鑫，张勤，译. 北京：科学出版社，2014.

[50] 吉登斯. 现代性与自我认同：现代晚期的自我与社会[M]. 赵旭东，方文，译. 北京：生活·读书·新知三联书店，1998.

[51] 吉洛维奇. 社会心理学：第3版[M]. 侯玉波，等译. 北京：中国轻工业出版社，2016.

[52] 蒋邦芹. 世界的构造——论海德格尔的"世界"概念[M]. 北京：中国社会

科学出版社，2012.

[53] 金里卡. 当代政治哲学[M]. 刘莘，译. 上海：上海三联书店，2004.

[54] 金耀基. 金耀基自选集[M]. 上海：上海教育出版社，2002.

[55] 卡斯特. 网络社会的崛起[M]. 夏铸九，等译. 北京：社会科学出版社，2006.

[56] 康德. 实践理性批判[M]. 韩水法，译. 北京：商务印书馆，1999.

[57] 康德. 法的形而上学原理——权利的科学[M]. 沈叔平，译. 北京：商务印书馆，1991.

[58] 康德. 实践理性批判[M]. 邓晓芒，译. 北京：人民出版社，2003.

[59] 康渝生. 马克思主义哲学研究的当代视域[M]. 哈尔滨：黑龙江大学出版社，2016.

[60] 科恩. 论民主[M]. 聂崇信，朱秀贤，译. 北京：商务印书馆，1988.

[61] 克里滕登. 父母，国家与教育权[M]. 秦惠民，张东辉，张卫国，译. 北京：教育科学出版社，2009.

[62] 夸美纽斯. 大教学论[M]. 傅任敢，译. 北京：人民教育出版社：1984.

[63] 拉波特. 屎的历史[M]. 周莽，译. 北京：商务印书馆，1961.

[64] 拉克劳，墨菲. 领导权与社会主义的策略——走向激进民主政治[M]. 尹树广，鉴传今，译. 哈尔滨：黑龙江人民出版社，2003.

[65] 勒庞. 群体心理研究[M]. 刘芳，译. 上海：上海社会科学院出版社，2018.

[66] 李普曼. 公众舆论[M]. 阎克文，等译. 上海：上海人民出版社. 2006.

[67] 利奥波德. 沙乡年鉴[M]. 侯文蕙，译. 北京：商务印书馆，2017.

[68] 联合国教科文组织，世界文化与发展委员会. 文化多样性与人类全面发展——世界文化与发展委员会报告[M]. 张玉国，译. 广州：广东人民出版社，2006.

[69] 联合国教科文组织. 反思教育：向"全球共同利益"的理念转变？[M]. 联合国教科文组织中文科，译. 北京：教育科学出版社，2017.

[70] 梁启超. 梁启超全集[M]. 北京：中国人民大学出版社，2018.

[71] 梁漱溟. 中国文化要义[M]. 上海：上海人民出版社，2005.

[72] 廖申白.交往生活的公共性转变[M].北京:北京师范大学出版社,2007.

[73] 列斐伏尔.空间的生产[M].刘怀玉,等译.北京:商务印书馆,2021.

[74] 林语堂.吾国与吾民[M].南京:江苏人民出版社,2014.

[75] 刘春荣.社区治理与中国政治的边际革新[M].上海:上海人民出版社,
2018.

[76] 刘铁芳.公共生活与公民教育:学校公民教育的哲学探究[M].北京:教育
科学出版社,2013.

[77] 刘义富.网络政治:网络社会与国家治理[M].北京:商务印书馆,2002.

[78] 卢梭.论人类不平等的起源和基础[M].李常山,译.北京:商务印书馆,
1962.

[79] 卢梭.社会契约论[M].3版.何兆武,译.北京:商务印书馆,2003.

[80] 卢梭.爱弥儿[M].李平沤,译.北京:商务印书馆,2011.

[81] 吕玉冬.法语词根宝典[M].上海:东华大学出版社,2016.

[82] 罗尔斯.政治自由主义[M].万俊人,译.南京:译林出版社,2000.

[83] 罗尔斯.作为公平的正义——正义新论[M].姚大志,译.上海:上海三联
书店,2002.

[84] 罗尔斯.正义论[M].何怀宏,何包钢,廖申白,译.北京:中国社会科学
出版社,2009.

[85] 马尔霍尔.海德格尔与《存在与时间》[M].亓校盛,译.桂林:广西师范
大学出版社,2007.

[86] 迈尔斯.社会心理学:第11版[M].侯玉波,等译.北京:人民邮电出版
社,2016.

[87] 麦克卢汉.理解媒介:论人的延伸[M].何道宽,译.南京:译林出版社,
2011.

[88] 曼昆.经济学原理[M].梁小民,译.北京:北京大学出版社,2009.

[89] 梅罗维茨.消失的地域:电子媒介对社会行为的影响[M].肖志军,译.北
京:清华大学出版社,2002.

[90] 米切尔.城市权:社会正义和为公共空间而战斗[M].强乃社,译.苏州:

苏州大学出版社，2018.

[91] 苗力田. 古希腊哲学[M]. 北京：中国人民大学出版社，1989.

[92] 明恩浦. 中国人的素质[M]. 2版. 秦悦，译. 上海：学林出版社，2001.

[93] 莫兰. 现象学：一部历史的和批评的导论[M]. 李幼蒸，译. 北京：中国人民大学出版社出版，2017.

[94] 奈尔. 重新设计一所好学校：简单、合理、多样化地解构和重塑现有学习空间和学校环境[M]. 林文静，译. 北京：中国青年出版社，2019.

[95] 内斯科乌. 社交机器人：界限、潜力和挑战[M]. 柳帅，张英飒，译. 北京：北京大学出版社，2021.

[96] 尼采. 快乐的知识[M]. 黄明嘉，译. 北京：中央编译出版社，1999.

[97] 尼葛洛庞帝. 数字化生存[M]. 胡泳，译. 海口：海南出版社，1997.

[98] 倪梁康. 现象学及其效应——胡塞尔与当代德国哲学[M]. 北京：生活·读书·新知三联书店，1994.

[99] 诺尔-诺依曼. 沉默的螺旋：舆论——我们的社会皮肤[M]. 董璐，译. 北京：北京大学出版社，2013.

[100] 秦晖. 变革之道[M]. 郑州：郑州大学出版社，2007.

[101] 曲蓉. 公德论[M]. 北京：社会科学文献出版社，2020.

[102] 入江昭. 全球共同体：国际组织在当代世界形成中的角色[M]. 刘清，颜子龙，李静阁，译. 北京：社会科学文献出版社，2009.

[103] 萨拜因，索尔森. 政治学说史：城邦与世界社会[M]. 邓正来，译. 上海：上海人民出版社，2015.

[104] 赛佛林，等. 传播理论：起源、方法与应用[M]. 郭镇之，译. 北京：华夏出版社，2000.

[105] 桑内特. 公共人的衰落[M]. 李继宏，译. 上海：上海译文出版社，2014.

[106] 桑斯坦. 网络共和国：网络社会中的民主问题[M]. 黄维明，译. 上海：上海人民出版社，2003.

[107] 桑斯坦. 信息乌托邦：众人如何生产知识[M]. 毕竞悦，译. 北京：法律出版社，2008.

[108] 施特劳斯. 自然权利与历史[M]. 彭刚，译. 北京：生活·读书·新知三联书店，2003.

[109] 石中英. 教育哲学[M]. 北京：北京师范大学出版社，2007.

[110] 孙惠柱. 第四堵墙：戏剧的结构与解构[M]. 上海：上海书店出版社，2011.

[111] 索罗姆. 构建一种公共理性的理想[M]. 陈肖生，译. // 谭安奎. 公共理性. 杭州：浙江大学出版社，2011.

[112] 覃光广，等. 文化学辞典[M]. 北京：中央民族学院出版社，1988.

[113] 谭安奎. 公共理性与民主理想[M]. 北京：生活·读书·新知三联书店，2016.

[114] 滕尼斯. 共同体与社会：纯粹社会学的基本概念[M]. 林荣远，译. 北京：商务印书馆，1999.

[115] 梯利. 伦理学导论[M]. 何意，译. 桂林：广西师范大学出版社，2002.

[116] 万明钢，刘显翠. 现代社会心理学[M]. 北京：对外经济贸易大学出版社，2013.

[117] 王春光. 反思型教师教育研究[M]. 长春：东北师范大学出版社，2010.

[118] 王宇环. 从同意到公共理由：政治正当性的来源及其发展研究[M]. 上海：复旦大学出版社，2018.

[119] 维贝克. 将技术道德化：理解与设计物的道德[M]. 闫宏秀，杨庆峰，译. 上海：上海交通大学出版社，2016.

[120] 吴士新. 走向公共空间的艺术[M]. 北京：九州出版社，2017：160.

[121] 西塞罗. 国家篇 法律篇[M]. 沈叔平，苏力，译. 北京：商务印书馆，2002.

[122] 习近平. 论坚持推动构建人类命运共同体[M]. 北京：中央文献出版社，2018.

[123] 习近平. 习近平谈治国理政（第三卷）[M]. 北京：外文出版社，2020.

[124] 习近平. 习近平外交演讲集（第二卷）[M]. 北京：中央文献出版社，2022.

[125] 夏征农. 辞海[M]. 上海：上海辞书出版社，1999.

[126] 熊威. 网络公共领域研究[M]. 北京：中国政法大学出版社，2016.

[127] 徐贲. 政治是每个人的副业[M]. 北京：东方出版社，2013.

[128] 徐光春. 马克思主义大辞典：纪念版[M]. 北京：崇文书局，2018.

[129] 徐梦秋，等.规范通论[M].北京：商务印书馆，2011.

[130] 徐向东.自由主义、社会契约与政治辩护[M].北京：北京大学出版社，2005.

[131] 雅各布斯.美国大城市的死与生[M].金衡山，译.南京：译林出版社，
2020.

[132] 雅诺斯基.公民与文明社会[M].柯雄，译.沈阳：辽宁教育出版社，2000.

[133] 亚里士多德.政治学[M].吴寿彭，译.北京：商务印书馆，1965.

[134] 亚里士多德.政治学[M].高书文，译.南昌：江西教育出版社，2014.

[135] 严从根.在正当与有效之间——社会转型期的道德教育[M].杭州：浙江大
学出版社，2017.

[136] 燕国材.新编普通心理学概论[M].上海：东方出版中心，1998.

[137] 杨国荣.伦理与存在——道德哲学研究[M].上海：上海人民出版社，2002.

[138] 伊德.技术与生活世界[M].韩连庆，译.北京：北京大学出版社，2012.

[139] 张凯.生命政治：现代国家治理术[M].上海：上海社会科学院出版社：2021.

[140] 张祥龙.海德格尔思想与中国天道：终极视域的开启与交融[M].北京：生
活·读书·新知三联书店，1996.

[141] 张祥龙.从现象学到孔夫子（增订版）[M].北京：商务印书馆，2011.

[142] 张晓东.中国现代化进程中的道德重建[M].贵阳：贵州人民出版社，2002.

[143] 张一兵.反鲍德里亚：一个后现代学术神话的祛序[M].北京：商务印书馆，
2009.

[144] 张岳，熊花，常棣.文化学概论[M].北京：知识产权出版社，2018.

[145] 张哲.利益多元化格局中的党群关系问题研究[M].天津：天津人民出版
社，2015.

[146] 朱松峰.理解生活：基于现象学和生命哲学的视角[M].北京：中国社会科
学出版社，2010.

[147] 朱滢.中国人的自我[M].香港：开明书店，2021.

[148] 朱云汉.全球化的裂解与再融合[M].北京：中信出版社，2021.

[149] 佐佐木毅，金泰昌.21世纪公共哲学的展望[M].卞崇道，王青，刁榴，
译.北京：人民出版社，2009.

2. 论文

[1] 成伯清. 从嫉妒到怨恨——论中国社会情绪氛围的一个侧面[J]. 探索与争鸣，2009（10）：49-52.

[2] 程海东，贾璐萌. 道德物化——技术物道德"调解"解析[J]. 道德与文明，2014（6）：111-116.

[3] 崔春梦. 网络交往"信息茧房"的意识形态效应及其治理[J]. 北京交通大学学报（社会科学版），2023（3）：151-160.

[4] 冯建军. 学校公共生活的建构[J]. 西北师大学报（社会科学版），2014（5）：106-113.

[5] 冯建军. 从主体间性、他者性到公共性——兼论教育中的主体间关系[J]. 南京社会科学，2016（9）：123-130.

[6] 冯建军. 迈向人类命运共同体的价值教育[J]. 高等教育研究，2018（1）：1-8.

[7] 冯建军. 公共人及其培育：公共领域的视角[J]. 教育研究，2020（6）：27-37.

[8] 冯仕政. 社会治理与公共生活：从连结到团结[J]. 社会学研究，2021（1）：1-22，226.

[9] 傅维利. 我国学校公德教育的现实路径[J]. 教育研究，2015（12）：20-24.

[10] 高岩. 公共空间 2.0？——Web2.0 视角下网络公共空间的转型[J]. 广西大学学报（哲学社会科学版），2011（3）：84-87.

[11] 高兆明. 公共权力：国家在现时代的历史使命[J]. 江苏社会科学，1999（4）：77-83.

[12] 高兆明. 公共理性·市场经济秩序[J]. 东南大学学报（哲学社会科学版），2002（3）：103.

[13] 郭湛，王维国. 公共性的样态与内涵[J]. 哲学研究，2009（8）：3-7，128.

[14] 哈贝马斯. 公共空间与政治公共领域——我的两个思想主题的生活历史根源[J]. 符佳佳，译. 哲学动态，2009（6）：5-10.

[15] 金生鈜. 论教育权力[J]. 北京大学教育评论，2005（2）：46-51.

[16] 李海青. 理想的公共生活如何可能——对"公共理性"的一种政治伦理学阐释[J]. 伦理学研究，2008（3）：55-60.

[17] 李建华，李斯瑶. 政治妥协的伦理价值如何实现[J]. 伦理学研究，2018（1）：106-110.

[18] 李山，吴理财. 公共人：现代国家治理的社会基础[J]. 兰州学刊，2014（10）：74-80.

[19] 廖申白. 论公民伦理——兼谈梁启超的"公德""私德"问题[J]. 中国人民大学学报，2005（3）：83-88.

[20] 林想，文应威，陈晓刚. 哲学视域下居住场所归属感的若干思考[J]. 江西师范大学学报（哲学社会科学版），2020（3）：117-122.

[21] 刘利民. 学校教育与家庭教育的边界[J]. 中国教育学刊，2017（7）：43-47.

[22] 刘铁芳. 学生何以进入公共生活之中——基于学生视角的学校公共生活建构[J]. 山西大学学报（哲学社会科学版），2013（5）：126-134.

[23] 刘旭东，王稳东. 儿童美好生活与教育空间的重构[J]. 西北师大学报（社会科学版），2019（2）：95-102.

[24] 刘要悟，柴楠. 从主体性、主体间性到他者性——教学交往的范式转型[J]. 教育研究，2015（2）：102-109.

[25] 刘铮. "设计者谬误"与前反思自身觉知——论技术人工物道德化设计的身体现象学基础[J]. 东北师范大学学报（社会科学版），2021（3）：1-7.

[26] 刘铮. 技术物是道德行动者吗？——维贝克"技术道德化"思想及其内在困境[J]. 东北大学学报（社会科学版），2017（3）：221-226.

[27] 马超. 互联网与公共领域：西方经验与中国语境[J]. 西南政法大学学报，2019（4）：71-83.

[28] 潘跃玲，熊和平. 教室空间的现象学之维[J]. 教育发展研究，2013（4）：66-70.

[29] 钱晓菲. 设计教育空间：美国现代学校建筑观念的形成[J]. 比较教育研究，2020（11）：45-52.

[30] 秦龙. 浅析马克思关于国家作为"虚幻共同体"的思想[J]. 政治学研究，2008（1）：12-16.

[31] 桑玉成，熊觉. 论政治妥协与协商民主[J]. 学术月刊，2015（8）：84-90.

[32] 申建林，邱雨.重构还是解构——关于网络空间公共领域命运的争议[J].
武汉大学学报（哲学社会科学版），2020（5）：146-154.

[33] 孙向晨.莱维纳斯的"他者"思想及其对本体论的批判[J].哲学动态，
2001（1）：40-41.

[34] 田超.公德、私德的分离与公共理性建构的二重性——以梁启超、李泽厚
的观点为参照[J].道德与文明，2013（3）：28-34.

[35] 田凤.后真相时代教育舆情研究[J].华东师范大学学报（教育科学版），
2022（3）：30-39.

[36] 王周秀，许亚锋.学习空间影响教学行为的实证研究[J].电化教育研究，
2015（4）：95-102.

[37] 肖群忠.现代中国应并重公共道德和个体美德——对陈来、蔡祥元两位先
生的回应[J].文史哲，2020（4）：23-31.

[38] 熊光清.中国网络公共领域的兴起、特征与前景[J].教学与研究，2011
（1）：42-47.

[39] 许纪霖.国本、个人与公意——五四时期关于政治正当性的讨论[J].
史林，2008（1）：53-62，187.

[40] 许亚锋，塔卫刚.学习空间对学生学习的影响研究[J].远程教育杂志，
2014（5）：82-89.

[41] 宣云凤.论个体道德意识的发展[J].南京师大学报（社会科学版），1999
（2）：28-34.

[42] 严从根.论公共空间意识教育[J].教育研究，2016（5）：60-65.

[43] 严从根，商庆义.大学的后科层制取向及批判[J].教育发展研究，2018
（7）：67-74.

[44] 严从根，陈丹琴.信息技术时代教学空间的隐私风险[J].华东师范大学学
报（教育科学版），2022（3）：10-19.

[45] 叶飞.公共参与精神的培育——对"唯私主义综合症"的反思与超越[J].
高等教育研究，2020（1）：18-24.

[46] 叶飞. 当代道德教育与"公共人"的培育[J]. 南京社会科学，2020（8）：146-151.

[47] 殷辂. 网络公共空间的治理路径研究[J]. 北京社会科学，2020（3）70-77.

[48] 尤西林. 中国人的公德与私德[J]. 上海交通大学学报（哲学社会科学版），2003（6）：7.

[49] 余雅风. 引入契约理念 创新高校学生管理制度[J]. 教育研究，2007（6）：48-53.

[50] 袁祖社. "公共性"的价值信念及其文化理想[J]. 中国人民大学学报，2007（1）：78-84.

[51] 张新明. 网络学习社区的概念演变及构建[J]. 比较教育研究，2003（5）：55-60.

[52] 赵汀阳. 论道德金规则的最佳可能方案[J]. 中国社会科学，2005（3）：70-79，206.

[53] 郑新蓉，王国明. 教育公共性的嬗变——也谈我国农村教育兴衰[J]. 妇女研究论丛，2019（1）：23-32.

二、外文文献

1. 著作

[1] Bourdieu P. Language and Symbolic Power [M]. London：Polity Press，1991.

[2] Button H W，Provenzo E F. History of Educational Culture in America [M]. 2nd ed. Englewood Cliffs，NJ：Prentice Hall，1989.

[3] Channell D J. The Vital Machine：A Study of Technology and Organic Life [M]. Oxford：Oxford University Press，1991.

[4] Csikszentmihalyi M. Flow and the Foundations of Positive Psychology：The Collected Works of Mihaly Csikszentmihalyi [M]. New York：Springer，2014.

[5] Dagger. Civic Virtues：Rights，Citizenship，and Republican Liberalism [M]. Oxford：Oxford University Press，1997.

[6] Fairclough N. Language and Power [M]. London：Longman，1989.

[7]   Farazmand A (eds.). Global Encyclopedia of Public Administration, Public Policy, and Governance [M]. New York: Springer International Publishing, 2016.

[8]   Lefebvre H . The Production of Space [M]. Oxford: Wiley-Blackwell, 1991.

[9]   Manley F J, Reed B W, Burns R K. Community Schools in Action: The Flint Program [M]. Chicago: University of Chicago Process, 1961.

[10]   Mukerji J, Schudson M (eds.). Rethinking Popular Culture: Contemporary Perspectives in Cultural Studies [M]. Berkeley: University of California Press, 1991.

[11]   Norberg-Schulz C. Genius Loci: Towards a Phenomenology of Architecture [M]. Milano: Mondadori Electa S. p. A., 1980.

[12]   Park R. On Social Control and Collective Behavior [M]. Chicago: Chicago University Press, 1967.

[13]   Qvortrup J, Corsaro W A, Honig M S. The Palgrave Handbook of Childhood Studies [M]. London: Palgrave Macmillan, 2009.

[14]   Rawls J. Political Liberalism [M]. Columbia: Columbia University Press, 1993.

[15]   Thompson J B. The Media and Modernity: A Social Theory of the Media [M]. Stanford, California: Stanford University Press, 1995.

2.论文

[1]   Alier M, Casañ G M J, Amo D, et al. Privacy and E-learning: A pending task [J]. Sustainability, 2021 (16): 2-17.

[2]   Arnstein S R. A ladder of public participation [J]. J Am Inst Plan, 1969 (4): 216-224.

[3]   Banerjee A. A simple model of herd behavior [J]. The Quarterly Journal of Economics, 1992, 107 (3): 797-817.

[4]   Duncan G J. Modeling the impacts of child care quality on children's preschool cognitive development [J]. Child Development, 2003, 74 (5): 1454-1475.

[5]   Gumpert G, Drucker S. The green line: Impact and change in Nicosia [J]. Journal of Mediterranean Studies, 1998, 8 (2): 205-222.

[6]   Hanson F A. Beyond the skin bag: On the moral responsibility of extended

agencies [J]. Ethics and Information Technology，2009（11）：91-99.

[7]　Hart W，Albarrcain D，Eagly A H，et al. Feeling validated versus being correct：A meta-analysis of selective exposure to information [J]. Psychological Bulletin，2009，135（4）：555-588.

[8]　IAIA. Public participation. International best practice principles [J]. Special Publication Series，2006（4）：1.

[9]　Marler P，Dufty A，Pickert R. Vocal communication in the domestic chicken：Ⅱ. Is a sender sensitive to the presence and nature of a receiver? [J]. Animal Behaviour，1986（34）：194-198.

[10]　Maslow A H，et al. A clinically derived test for measuring psychological security-insecurity [J]. Journal of General Psychology，1945（33）：21-41.

[11]　Mcpherson M，Smithlovin L. Birds of a feather：Homophily in social networks [J]. Annual Review of Sociology，2001，27（1）：415-444.

[12]　Myers D G. Polarizing effects of social comparison [J]. Journal of Experimental Social Psychology，1978，14（6）：554-563.

[13]　O'Faircheallaigh C. Public participation and environmental impact assessment：Purposes，implications，and lessons for public policy making [J]. Environment Impact Assess Review，2010（30）：19-27.

[14]　Parsons T. The school class as a social system：Some of its functions in American Society [J]. Harvard Educational Review，1959，39（4）：297-318.

[15]　Potter W J. Argument for the need for a cognitive theory of media literature [J]. American Behavioral Scientist，2004（48）：266-272.

[16]　Rawls J. The idea of public reason revisited [J]. The University of Chicago Review，1997，64（3）：765-807.

[17]　Rosenberg S W. Rethinking democratic deliberation：The limits and potential of citizen participation [J]. Polity，2007，39（3）：335-360.

[18]　Tormey S. The individualized society [J]. Contemporary Political Theory，2003（2）：245.

后　记

2012 年，为推进公德教育，提升市民公共素养，杭州市提出了公共空间意识教育的概念，并在全市中小学推进公共空间意识教育。当时，"公共空间意识"和"公共空间意识教育"都非学术用语，而是政府行政用语。不过，我觉得这两个概念非常精妙和重要。人们虽然常说公德是公共领域或公共空间的道德要求，但是很少有人从公共空间意识培养的角度谈论公德培养。正是"公共空间意识"这个概念让我突然意识到，一些国人违反了公德规定，比如随地吐痰、乱扔垃圾等，但他们并不觉得他们"不道德"，其原因并不在于他们缺乏道德品质，而是因为他们根本就没有意识到随地吐痰、乱扔垃圾是不道德的行为。这些国人没有充分意识到公共空间是"公共"的空间，是众人协同当家做主的空间，是需要按照众人约定行事的空间。他们往往不是把"公共空间"理解为"无主空间"，就是把"公共空间"理解为"政府空间"。当把"公共空间"理解为"无主空间"的时候，有人就会认为，进入这种空间，个人可以我行我素，任性而为；当把"公共空间"理解为"政府空间"的时候，有人就会认为，进入这种空间，个人无须承担维护公共空间运行和促进公共空间发展的责任，承担责任的应该是政府。当个人意识到公共空间是众人协同当家做主的空间，是需要按照众人约定行事的空间的时候，个人就会认识到，在公共空间，不可以我行我素，必须按照众人的约定行事，才具有公德意识，形成公德素养，成为公共人。因为意识到公共空间意识是形成公德素养的前提和基础，所以我觉得实施"公共空间意识教育"非常必要和重要。

因为意识到公共空间意识教育的重要性，所以我开始从学术的角度研究公共空间意识教育，但是相关研究并不丰富，参考书目也不多，研究起来非常困难。不过，这一切都没有阻挡我对公共空间意识教育问题的思考和研究。随着思考的深入，我逐渐意识到，现实中实施的公共空间意识教育还存在诸多问题。比如，把公共空间仅仅理解为遵纪守法就可以维系和发展的空间，没有把论坛、报纸等需要大众积极参与方可得以维系和发展的空间视为公共空间；再比如，仅仅把公共空间理解为一种物理空间，没有把公共空间理解为一种社会化和主观化的空间；等等。随着研究的推进，我发现需要研究的问题越来越多，正是这种发现，我以公共空间意识教育为主题，申报了浙江省哲学社会科学规划课题和国家社科基金课题，均幸运立项。立项之后，在团队的共同努力下，对浙江、安徽和陕西近1.5万名中小学生进行了调研，获得的数据不仅夯实了我们的论证，还帮助我们发现了诸多实践问题，也给予了我们很多理论启示。

在研究过程中，我开始涉猎空间和教育空间的相关研究，逐渐发现人文社会科学研究正在发生"空间转向"，国内外诸多人文社会科学研究者开始研究空间，并以空间为视角研究各种政治经济及社会问题。然而，研究教育空间，以空间为视角研究教育的成果并没有成为显学。随着研究的深入，我的兴趣点已经不只是公共空间意识教育领域，而是教育空间生产、教育空间正义和空间德育等方面，因此，我聚集了一批志同道合者，成立了教育空间研究中心。教育空间研究中心既是一个紧密的团体，也是一个松散的团体。言之紧密，是指教育空间研究中心的教师和学生志趣一致，活动固定，定期开展教育空间读书会；言之松散，是指教育空间中心并不强求教师和学生参与我们的研究活动，但即便如此，我们还是吸引了很多教师和学生的参与。教育空间研究中心既是一个理论研究团队，也是一个实践研究团队。我们不仅从各个角度开展教育空间研究，还和几十所中小学开展合作，开展教育空间改造和学校文化建设。在团队的集体努力下，我们的教育空间研究产生的影响力也日益提升。后续，我们将在教育空间的理论研究和实践研究方面，贡献更多的成果。

拙著是团队的集体成果。各章由不同的作者完成，虽进行了统一筹划，但在具体论证中仍存在交叉的情况。导言、第一章和第九章第一节由严从根撰写，第二章、第四章、第五章和第九章第二节由程建坤撰写，第三章由李丽撰写，第六章由徐洁撰写，第七章由范云霞撰写，第八章由杨茜撰写。各执笔人完成初稿后，严从根和程建坤进行了统稿和完善。

拙著是在张斌贤、范国睿教授的指导下完成的，任何感谢用词都无以表达我们的谢意。拙著的顺利出版得到了浙江大学出版社朱玲老师的大力帮助，正是她的精心编辑，才使拙著更显丰富和多彩。

严从根

2024 年 5 月 8 日于诚园